RICH
ARK
致富方舟

RICH ARK

致富方舟

尤利西斯之約

玩當沖、做波段、選飆股……
害你賠錢的「股市迷魂曲」，
不聽就能打敗80%投資人

THE ULYSSES CONTRACT

How to never worry about
the share market again

MICHAEL KEMP
麥可・坎普——著　呂佩憶——譯

方舟文化

目錄

第2部　取得優勢

第3部　把自己綁在船桅

第4部 尤利西斯之約

推薦序
用尤利西斯之約，綁緊你的投資信心

——史考利・佩普[1]

拿起這本書，你可就走運了。這本書會完全改變你對股市的看法。不過，現在這樣說還是操之過急了。

如果你正在讀這本書，那麼我或許能猜到一些你的心聲：你可能投資了一段時間，也許很久了。你了解投資的基本概念，而且在這個領域待得夠久，已不再相信那些老師們說的「快速致富」。但是，在你內心深處的某個角落卻總是恐懼著……「大事」。

只要一場災難性崩盤，就可能會使股市跌幅超過五〇％（二〇〇七年到二〇〇九年的全球金融危機）、將近七〇％（一九九〇年代的日本），或是幾乎九〇％（美國大蕭條）。**大部分投資人永遠活在這種恐懼之中**（畢竟，大部分經濟分析師預測九次衰退中，就有三次會真實發

1 編按：Scott Pape，澳洲知名理財作家暨節目主持人，著有《白手起家的投資者》（*The Barefoot Investor*）系列作品。二〇二〇年，因其對金融教育與社會的貢獻獲頒澳洲勳章。

生嘛！）。

但不是每位投資人都是這樣。每隔一陣子就會遇到這樣一位投資人，擁有**大多數投資人所沒有的東西：信心。**不論發生什麼事，都有著深厚的、不可動搖的信心。

我告訴你，有個人就是這樣：本書作者麥可・坎普。

麥可什麼大風大浪都見過了。一九八七年崩盤[2]那天，他就在證交所的交易廳裡。他經歷過網路泡沫、全球金融危機，還有每一次衰退與恐慌。而**經歷過這一切種種……他仍繼續投資。這就是他這麼富有的原因。**所以他這本書，也不需要向你兜售任何東西。麥可的熱忱，只在於和你分享他付出一生時間所學到的經驗。而他把這一切總結成一個簡單的概念：「尤利西斯之約」。

你手上這本書要說的，就是這個。

麥可在送印前把書的手稿寄給我審閱。然而在讀完手稿的每一頁後，我僅僅編輯一處就交還給麥可。

「這本書需要一個副標題，」我告訴他：「例如『再也不必擔心股市的動盪』之類的副標題，因為這就是這本書所要說的。」

所以，你手上拿的這本書非常珍貴。

如果你按照這本書中（的確很不傳統的）步驟去做，你將得以省下數千、數萬甚至幾十萬、幾百萬的高昂費用，還能享有更高的報酬。最重要的是，你可以擺脫一直擔心股價下跌的壓力和緊張。你所省下的時間，是你最珍貴的禮物，也是你最貴重的資產。

這本書會告訴你該怎麼做，而你將再也不必擔心股市的動盪了。

史考特．佩普

寫於佩普家庭農場

二〇二二年十二月

2 編按：一九八七年十月十九日，又稱「黑色星期一」。美國道瓊指數下跌五〇八點，跌幅達二二．六一%，引發全球市場恐慌。

自序 投資能力到底是什麼？

這是我的第三本書，但我一直到最近才想清楚，自己為什麼要寫這本書的內容。對我來說，寫作是自我表達的一種形式——就像音樂家感受到內心的新曲調，然後用鋼琴或吉他表達出來。不過我是音痴，所以我用的是電腦的鍵盤。

我寫的每一本書，都反映了我仍在開展中的人生新階段。以第一本書為例：《創造真正的財富：創造財富的四個維度》（*Creating Real Wealth: The Four Dimensions of Wealth Creation*），它源自我為解決事業與幸福之間，兩者內在衝突的嘗試。

我那時的工作就像一段糟透了的婚姻。雖然我對這份工作有種責任感，但它並沒有帶給我喜悅。當時我是執業牙周病醫師（periodontist，一種牙醫的專門分科），可我一直都和投資與金融市場維持著「婚外情」。我在空閒時不會去讀醫學或牙科期刊，反而是大量閱讀金融史和股票估值的書。（我年輕時曾在金融市場工作，二十幾歲時也讀過幾個金融方面的高等教育學位。）

研究和寫書確實是步好棋，事實證明，這促成了我在工作和個人方面的改變，讓我結束了牙周病醫師的工作，以金融分析師與撰稿人的身分，與佩普（也就是大家熟知「白手起家投資人」）共事了九年，而我樂在其中。此外，職涯上的轉換也帶來了額外的好處，較少的工時，和更多陪伴朋友、家人的時間。

然後是我的第二本書：《真知灼見：自股市成立以來的投資智慧》（*Uncommon Sense: Investment Wisdom Since the Stock Market's Dawn*）。這本書為我開啟了更多扇門，讓我受邀到美國內布拉斯加州的奧瑪哈，在年度價值投資人大會上演講。這是一年一度的研討會，都在波克夏海瑟威的年度股東大會之前舉行。

那只是我五次奧瑪哈之行的其中一次。我去那裡主要是為了聽巴菲特（Warren Buffett）和蒙格（Charles Munger）在股東大會上說話。去那裡的旅程充滿樂趣。對奧瑪哈的造訪，也讓我有機會認識波克夏旗下幾間公司的執行長，聽他們談論自己的公司。這讓我得以深入了解股神巴菲特的投資風格。

隨著我的投資知識增加，我很開心……嗯，算是吧。但我還是有個揮之不去的問題需要解答。我不知道的是，我高於平均的投資報酬率，究竟是源自我的能力和努力，或者就單單只是運氣好。

所以，我展開研究。當我看得愈多，就愈懷疑自己的投資能力。我開始著迷於能力與運氣之間的大哉問，而我在研究時的發現，讓我寫下了這本書，我的第三本書。

我發現，**真正能輾壓市場的投資能力非常罕見**，罕見到你不太可能憑一己之力培養出這種能力，甚至遇到這樣的人。我也了解到，**成功的投資更倚仗於人格特質，而非聰明才智**；而其中最重要的特質，**是紀律、一致與耐心。**

就算你覺得自己不具備這些特質也沒關係，在本書中，我會告訴你如何做到能體現這些人格特質的投資規畫。我也會告訴你這一切有多麼容易，任誰都能成為成功的投資人——未必超越大盤，但絕對是真正的成功。

是的，你也可以辦得到。

這就是我寫這本書的原因。

引言
財務自由四部曲

這是一本關於投資的書。你能「投資」的東西很多，所以我也可以寫些不動產、固定收益證券、高級葡萄酒、古董車或加密貨幣。但本書不談這些，單純只談股市投資。

史上第一個股票市場（也就是我們現在熟知的股市）始於一六〇二年。它當時成立只為一個簡單的原因：**為企業提供大量且靈活的資金來源**。股市的運作原理是，某個人或某群人發展出一門生意或商業構想，其他人透過買進在股市發行的企業股份，為公司注入資金。

如果生意興隆，買進股份的人就會獲利。如果生意不好，投資人就會損失部分或全部資金。股市也提供一個次級市場，讓投資人能買賣現有的股份給其他投資人。

就這樣，這就是股市的入門知識。

聽起來很簡單，但是投資就像洋蔥：當你剝開一層，卻發現裡面還有一層；一層又一層。因此，投資對沒有經驗的人來說可能看來很複雜。但是好消息是，你不需要剝開許多層才能成為有能力的投資人。**你只需要了解自己在投資方面的缺陷是什麼**，然後加強那個部分。本書的目標是幫助你清楚了解自己的個性。

本書共分為四個部分：

一、**投資迷魂曲**：我會警告你投資的陷阱。我不希望你掉進這些陷阱中。

二、**取得優勢**：第二部將會探討極少數成功的人如何運用能力，創造超越大盤的績效。我的目標並不是鼓勵你模仿市場中了不起的人；而是要向你解釋，這麼做很困難，幾乎不可能。

三、**把自己綁在船桅**：投資界中充滿不確定性。一旦發現了真理，就要大力抓緊它們。第三部會幫助你找到這些真知灼見。

四、**尤利西斯之約**：第四部是萬無一失的計畫，幫助你追求自己的投資成就和財務自由。

我所說的財務自由，並不是指去蒙地卡羅的賭場、買噴射機、一百英呎長的私人遊艇。我指的是過著你所選擇有意義的人生：花時間陪伴朋友和家人、幫助你的孩子實現人生目標、不再需要償還高額的負債，或做著令你受不了的工作。

簡而言之，我說的是三件事：家庭、朋友、自由！這些代表了人生中重要的事。

財務自由對我來說一直很有吸引力。一九六〇年代，我年輕時常看的電視節目叫做《七海遊俠》（*The Saint*，說實話我到現在還是會看）。我總是很好奇，為什麼主角賽門・坦普勒（Simon Templar，羅傑・摩爾〔Roger Moore〕飾演）從來不需要工作？他會在鄉間開著一輛白色跑車，拯救陷入困境的美女。這就是我說的財務自由！

我和他一樣，現在也在做著喜歡的事——不是拯救美女，而是過著自己嚮往的生活。在我寫下這段文字時，我就只想做一件事：

坐在鍵盤前把想法打出來，看著面前藍色的海洋。下午我要在家前面的海灘遛狗，或是從碼頭划槳板到衝浪救生俱樂部（視風有多大而定）。然後看看我的兩個孩子過得好不好（他們都成年了）。

晚餐前，我要和太太坐在陽台上聊天。下個星期五，我會花幾個小時的時間和女兒一起工作，接著晚上和好朋友打撞球。週末和兒子一起看足球賽，還要和狗狗玩我丟你撿。

真是幸福。

不同於坦普勒的情況，財務獨立不是別人送給我的，我必須自己爭取。這就是本書要談的：該如何獲得自己的財務自由。

希望你喜歡本書。

第 1 部

投資迷魂曲

第一章

先別急著吃棉花糖

「在我們下定決心得到任何東西前，先看看已經擁有的人是否快樂。」

——法蘭索瓦六世（François VI，法國箴言作家）

美國史丹佛大學研究團隊，在一九七二年進行了一項心理實驗，讓我們進一步了解人類的發展過程。此研究由心理學家沃爾特・米歇爾（Walter Mischel）領導，他們給一群年齡屆於三到五歲的兒童，一個棉花糖或是一個蝴蝶餅（讓兒童自己選擇），並且向他們保證，**如果能先等十五分鐘不要吃，稍後就可以再多拿一個**。每一次兒童在兩個零食之間做選擇時，成年研究員都不在屋裡。

這項研究的名稱是「延後滿足的認知與注意力機制」，但是對兒童來說更恰當的研究名稱應該是「十五分鐘的折磨」：在孩子們獨自做選擇的十五分鐘內，第一個引誘他們的零食就放在面前的桌上。

這項研究結果為人所知：**能忍住不吃第一個零食（並且得到第二個零食）的兒童，後來的人生會過得比較好**——學術成績較高、身體質量指數（ＢＭＩ）較低，以及其他衡量人生和事業的指標較成功。**看起來「延後滿足」能力較好者，往後就能得到更多回報。**

但重要的是，後續由其他研究員採取類似實驗程序所做的研究，卻沒有得到米歇爾最初的發現。那麼，我為什麼要告訴你這項實驗？因為我發現一個比較不知名，但也經過同行評審的研究結果，而且這個研究更有意思得多。

米歇爾其實分別做了三次研究。知名的「棉花糖研究」是其中的第二次，但是早在一九七〇年的實驗中，他和其他研究員的假設是，將零食放在顯眼的地方，會提高兒童延後吃掉零食的能力。

換句話說，研究員相信，當獎勵就在他們面前時，兒童比較能堅持整整十五分鐘，以得到第二個零食的獎勵。結果正好相反：他們發現能成功轉移注意力，不去想額外獎勵的兒童（例如遮住眼睛、唱歌、玩耍，甚至是睡著），比較可能抗拒誘惑。應該是**把獎勵拿走的效果最好，而不是放在他們眼前**。

研究結論指出，延遲滿足更依賴於認知上的迴避或壓抑，而非生理上的迴避。事實是，我們的想像力是非常強大的動力，這是好事也是壞事。

好投資人能了解心智能力有多強大。人的感受強過現實，我們的想像力也通常會引導投資決策。

控制欲望野馬

好了，接下我要把話題從棉花糖、蝴蝶餅和兒童心理學，轉移到希臘神話。

兩千多年前，一位名叫柏拉圖的希臘哲學家走在雅典狹窄、塵土飛揚的街道上。聽說，當此人停下來閒聊時，他的話語都很值得一聽。他管理的大學叫做「學院」（The Academy），年輕雅典男子會在此討論當時重要的學術議題。他們除了研讀文學也涵蓋多種領域，包括哲學、政治和數學。

柏拉圖留給後人的文字延續了下來，而且被永世流傳。其在著作《共和國》（*Republic*）中訴說一個故事，一個名叫利昂提奧斯（Leontius）的男人走在他所居住城市的圍牆邊，並看到了一堆屍體。他感受到互相衝突的情緒：雖然很想看著這些屍體，但是這股欲望也令他感到噁心。

柏拉圖說，我們內心有許多個「人」拉著我們朝向不同的方向。這些相反的觀點會創造內在衝突，雖然這些其實都是同一個人，在同一個情況下所形成的想法。

時光快轉兩千年，人們到現在還是會有這種內在掙扎。雖然時代改變，但人類的情感依然如故。這裡提供幾個簡單的例子，幫助你更了解我的意思。

當我們在寒冷的冬日早晨醒來時，我們知道自己要起床，但仍想待在溫暖的被窩裡。健康的選擇也是一個例子：我們知道上健身房對身體是好事，但是躺在沙發上看網飛（Netflix）要來得簡單得多。這就是我們自己造成的內在衝突！

在柏拉圖的另一本書《費德魯斯篇》（*Phaedrus*）中，他把人類比喻成一輛由兩匹馬拉的雙輪戰車：一匹是高貴的馬，另一匹是野馬。野馬很難控制，牠的行為受欲望驅動，而非由理性控制。**如果讓野馬不受約束的奔馳，將會導致人們陷入不良後果。**

柏拉圖告訴我們，為了達到幸福，我們需要控制欲望這匹馬；換句話說，我們需要抑制沒有生產力的熱情。柏拉圖的比喻說道，驅使人類往前的動力，有很大一部分和動物界的其他成員相同。

這讓我想到另一個三千多年前的古代故事，可以解釋前面說過的棉花糖、起床、上健身房。這個故事和一位名叫奧德修斯（Odysseus）的男人有關，拉丁文是尤利西斯（Ulysses）。

尤利西斯是充滿傳奇的希臘國王，他的故事被人以古代的詩句寫成《奧德賽》（*Odyssey*）。大部分人記得的其中一段故事，發生在尤利西斯航行經過海妖居住的島嶼時。海妖魅惑人心的迷魂曲，會誘使水手讓船撞上島嶼附近的岩石。

為了避免災難，尤利西斯讓水手們把耳朵用蠟封住，這樣當他們航行經過時就聽不到海妖的聲音了。但尤利西斯自己很想要聽聽這迷魂曲，所以他叫水手把自己牢牢綁在船桅上（沒有用蠟封住耳朵）。因為被綁住，所以即使掙扎也不會被海妖的聲音吸引，而將船駛向岩石。

後來這個故事變得非常知名，甚至還有一種契約以他為名——「尤利西斯之約」。

尤利西斯之約，避免犯蠢

是的，「尤利西斯之約」就是本書的書名，讓我花點時間來解釋我怎麼想到這個書名的。畢竟以理財書來說，這個書名有點奇怪，對吧？你看到封面上這樣的書名，可能會以為這是一本有關希臘法律的書。

首先，讓我先從定義開始解釋：尤利西斯之約是一種自由做出的決定，旨在約束自己在將來做出某個特定行動。換句話說，基本上就是你現在做出一個承諾，**這個承諾之後會讓你不做出蠢事**（因為擔心萬一你沒有想清楚）。這就是與尤利西斯間的關聯：讓手下把自己綁在船桅上，以免未來做出蠢事。

舉一個相較之下程度小很多的狀況為例，這就好像你在節食，而且你知道冰箱裡有個美味的巧克力蛋糕。你的內心深處知道不應該吃，因為你正在節食，對吧？但只有個問題：你真的非常想吃一口。光是知道蛋糕就在冰箱裡，就讓你一整天快要抓狂（這就是柏拉圖說的那匹野馬）。所以，你要如何解決內心的衝突？或許你可以把蛋糕丟掉。但這樣太浪費了。

這就是尤利西斯之約派上用場的時候了。這就像是事先給的指示——一個實用的自我節制的形式、一個對自己的承諾。**目的是保護自己不被最強大的敵人打敗，那就是「你自己」**。

我小的時候就常常給自己這樣的約定（說實話，我到現在還是會這麼做）。放學回到家後，我會說：「我保證要先讀書兩個小時，然後才開始看電視。」所以我不會坐在電視機前放鬆，看《蝙蝠俠》（*Batman*）或是《糊塗情報員》（*Get Smart*），我會嚴格執行不看電視的尤利西斯之約！然後接下來兩個小時開始讀書，我不會感到不安，也非常堅定。畢竟不能違反自己許下的諾言吧？好吧，至少我不能。

如果你能成功執行尤利西斯之約，接下來會有兩個好處。第一：你會比較開心，因為你已經解除了立即的內心衝突；第二：忍耐不拿小獎勵，接著得到了更大的獎賞——就像先不急著吃棉花糖的兒童一樣；或是下定決心念書而不是看電視，最後通過重要考試的學生一樣。

但這是一本有關理財的書——不是雙輪戰車、棉花糖、電視節目或是愛琴海上的帆船。所以，我們還是把話題轉回到理財，相信我，所有這些內容都可以直接應用於理財之路，讓你獲得良好的財務報酬。

克服投資航道上的迷魂曲

錢是拿來花的。但是，如果你相信把錢用來買那些「非必需品」能讓自己感到快樂，則相當愚蠢。這件事人們經常搞砸。

不是只有我這麼說而已。兩個半世紀前，美國開國元勛班傑明・富蘭克林（Benjamin Franklin）寫過一句很棒的話，描述那些試著只用錢來實現幸福的人：

「金錢從來就不會令人幸福，以後也不會。金錢的本質並不會創造幸福。人擁有的東西愈多，想要的就會愈多。金錢不會填滿空虛，而是會創造空虛。」

讓我再給你們一個例子，十九世紀美國哲學家亨利・大衛・梭羅（Henry David Thoreau）曾說：「花最少錢就能得到快樂的人，就是最富有的人。」

儘管知道這些智者的話，多數人卻也不會這麼做。社會上大部分的人揮霍無度，而且這並沒有帶來幸福（正如預期），反而帶來反效果。

尤利西斯之約非常適合用來解決這種情況，也就是下定決心讓自己不要因為內在衝動而做不必要的花費。我稍後會談到，比起不受控消費，定期儲蓄、投資計畫更能帶來幸福感。

相對於身為投資人所面對的挑戰和誘惑，尤利西斯要做的事簡單得多。如果手下沒有把他綁在船桅，他的船和水手就會出事。這的確是讓人採取行動的好動機！但是身為儲蓄者、投資人，你將面對的誘人迷魂曲比較微妙、持續，而且諷刺的是，也一樣難以抗拒。

我們一起來看看那些令我們無法儲蓄的原因：享樂和被接受的欲望。

第一層：享樂跑步機

我要先提出一個問題：你是否曾有那種如同折磨一般的感覺，好像自己需要的東西，永遠比擁有的還要多？

你一定常常有這種感覺吧？而且就算已經擁有很多東西了，你就是需要更多物質才能獲得幸福感。這種情況的心理臺詞通常是：「如果我得到○○，人生就會更美好！」（請自己填空）你也會欺騙自己，只要得到那個東西，欲望就會被滿足，渴望的感覺就會消失。

所以你就下單買了那個東西。也許是支很不錯的手錶、一個精美的首飾、一輛新車、一艘船、一間更大的房子。問題是，**一旦得到那個東西後，那種有如折磨般的感覺一定又會回來。**

你會用對新物品的欲望，來取代對之前那個東西的欲望。欲望消失、重來一次；欲望消失、重來一次；欲望消失、重來一次……你總是不斷想要更多東西。

我們來看一個明確的例子：汽車。很多人買車只因為車子的實用性。畢竟你需要有車才能接送孩子上下學，但是許多人買車的原因完全不同。他們不是因為汽車的實用性，他們買車通常只是因為這些原因：

- 性能（一定要很快才會爽吧？）
- 聲望（這輛新車這麼貴，一定會讓人很羨慕吧？）
- 形象（特斯拉很酷，二手車？還是算了吧！）

情況是這樣的：你現在的車很好，直到你在廣告看見新款的車子。你覺得新車款看起來很酷。所以你開始在路上尋找這種車，並且會問自己一些有引導性的問題：「我喜歡哪種顏色？哪一種方向盤的樣子看起來最棒？」

接著，你開始讀有關這臺汽車的評價；你會接受好評，忽略劣評（拜託，那傢伙根本不知道自己在說什麼）。而且運用想像力這個非常強大的工具，你現在可以想像自己坐在方向盤前面。不知不覺中，你就已經站在當地的車行裡，和新車業務員握手寒暄了。

然而，問題在於：在多巴胺短暫作用過後，新車變成了舊車。這輛車又變成了從A點到B

點的工具而已；你現在也很少洗車了，車地毯上都沾了食物和狗毛。兩年後你又發現新的車款，然後重新開始這整個過程……。

心理學家稱這個為「**享樂跑步機**」。「跑步機」是指**這個沒有用的行為無法讓你到達任何目的地**。就像我說的，這種情況不限於汽車：同樣也適用於衣物、房子和所有廉價的小東西。其中有很多，最後都會被遺忘在倉庫或是垃圾掩埋場。

想要擁有我們還沒有的東西，這些欲望的內心折磨並非現代才有的情況。十九世紀法國政治哲學家、社會學家亞歷克西·德·托克維爾（Alexis de Tocqueville）於一八三一年前往美國，目標是研讀他所謂的「世界未來的形貌與氛圍」。

他發現，不同於歐洲人較能接受自己的社會地位，美國人在追求美國夢（物質）時不會受到阻礙。令托克維爾感到驚奇的是，雖然美國人比法國人享有更高的生活水準，但美國人對自己一生擁有的東西也感到不滿意，而且想要更多。

現在我們感受到的不滿足，更甚於托克維爾觀察的時期，而且從那時到現在，西方社會的生活水準已經有更多的進步了。因此我們只能假設，問題不在於絕對的富裕；**問題在於對當下的富裕感到不滿足，不論當時的情況為何。**

知名的十九世紀經濟學家暨哲學家約翰·彌爾（John Mill）簡潔的說道：「人們想要的並不是富有，他們想要的是比其他人更富有。」毫無疑問，彌爾非常了解十八世紀哲學家尚－賈克·盧梭（Jean-Jacques Rousseau）的著作，他曾寫道：「財富不是絕對的，而是相對於欲望。」

每當我們追求自己負擔不起的東西，就可以視為貧窮。」——而每當我們對自己擁有的感到滿足，就可以視為富裕。

有趣的是，我們在十八世紀英國航海家詹姆士・庫克（James Cook）船長的日誌中，也看見了對這種行為的描述。庫克航行至澳大利亞時，當地居民還處於相當古老的社會——澳洲原住民已經過著狩獵採集者的生活好幾萬年。在庫克到達以前，他們對歐洲社會或是其富饒的程度一無所知。庫克早期和原住民族互動之後寫下：

「……但事實上，他們比我們歐洲人更快樂；他們不只完全不了解過剩的概念，而且對歐洲人非常想要的、必要的便利性也完全一無所知，不知道這些東西用途的他們感到相當快樂。他們的生活很平靜，不會受到『條件不平等』（Inequality of Condition）的影響。」

澳洲原住民不會（像歐洲人那樣）感到不滿足，因為他們根本沒有物質上的不平等。彌爾運用這樣的想法來幫助自己。當他感受到對物質的欲望時，他就會主動把這個想法排除。他知道**比起取得某個想要的東西以滿足欲望，排除欲望的能力更能實現內在幸福感。**

梭羅也經歷過類似但更戲劇性的行為：他完全脫離社會，在麻州康科德附近的森林裡，自己建造的小屋中生活了兩年多。在沒有任何物質干擾的情況下，梭羅找到現代社會中幾乎所有人都沒有的內在平靜（我小的時候也體驗過一次，我們家在森林深處也有一間小木屋。我非常喜歡去那裡遠裡人群，物質的概念也完全消失）。

雖然這些邏輯很明顯，但為什麼我們會有這種揮之不去，想要買更多新東西的衝動？因為這種行為是天生的。我們生來就是這樣，而且沒有這種感覺的人很少。取得我們想要的東西並不會讓這種欲望消失。這是一種永遠存在於內心的迷魂曲。

所以，既然欲望是與生俱來的，那麼為什麼澳洲原住民（對庫克來說）看起來比他的祖國英國人要來得更滿足？他們不是也應該會感覺到嗎？在古老的社會中，這種內在行為會發生是因為完全不同的理由，而且是能保命的理由。欲望不是被導向過多的物質，而是被運用在基本的需求。

如果追溯到過去夠久，任何社會都有物質匱乏的問題。這表示如果人們不是一直都有需要更多的感覺，他們就會死。我們每個人之所以存在，都是因為祖先曾經為了滿足這種感覺而奮鬥，較弱的生物就會死亡。

如果你的老祖宗穴居人在飽餐一頓烤牛羚後，就打算躺在洞穴的地上休息幾天，你能想像會有什麼結果嗎？這不可能發生，因為那時候的食物不足而且很難取得，所以老祖宗必須削尖長矛，並且為下一次狩獵做計畫。

在面對物質匱乏的情況下，永不滿足的欲望對維繫生命來說非常重要。更多食物、更多水、更多遮蔽處、更溫暖的地方。生存原本對我們延續基因來說很重要（現在仍是如此）。但在現代已開發的社會中，我們有那種折磨人的欲望已不再是為了食物、漿果、水或遮風避雨的地方。

現在這種需要被轉移為對新車、更大的電視和出國度假的欲望。

第二層：被接納的欲望

對於被接納的欲望，其根源也來自很久以前。人們想要加入團體，渴望被接納。人類是群居動物，這同樣也是我們的遠祖能生存下來的原因。被接納一直都是群居社會通往溫暖和安全的辦法。

孤僻、不同於群眾的人則會被排擠；他們會被霸凌、挑釁、排除在團體之外。我不是說這種霸凌的行為是可以接受的；我只是說這種行為源自古老的年代。

再回過頭去用汽車的比喻，有些人相信駕駛新的法拉利或是保時捷，可以吸引別人接納他。甚至是經過的路人短暫表達對車子的欣賞，也足以滿足這些車主。但這並非真正的接納吧？畢竟欣賞的人所評論的是車子，而不是車主！他們比較有可能是在想像自己坐在那輛酷炫的車裡，而車主並不在他們的想像中。

我不想要太深入探討這個話題，只是要說明：若想利用購買任何東西來被其他人接納，完全是白費力氣。真正的接納比較是別人對我們身為人的特質所持的態度，例如熱情、同理心、慷慨、感恩、溫暖和謙遜——這些東西都買不到。

我也希望藉由鼓勵你減少消費，能幫助你儲蓄和投資。這非常重要，因為儲蓄和投資最終能帶來更多好的結果，而失控的支出和消費只會在某天讓你感到懊悔。

儲蓄和投資能累積你的資金，一旦有了投資的資本，就可以創造持續的被動投資收入金流。這樣就可以讓你有更多的時間，去追求對人生來說更重要的事；例如花時間陪伴家人和朋友，以及從事你有熱情的事（非物質），而不是覺得需要工作或買一大堆東西。

那麼我們開始吧。把自己綁在船桅上，我們要揚帆出發了。前面還有很長一段路，我要提醒你，接下來還有很多危險的迷魂曲，如果你想要投資成功，就需要避開這些海妖之聲！

第二章

麻煩的源頭：不實資訊

「給你惹麻煩的不是你不知道的事，而是你所相信的不實資訊。」

——許多人都這麼說過

一九九五年四月十九日，一名持槍歹徒大膽走進匹茲堡的兩間銀行搶劫。當時監視攝影機運作正常，清楚拍到了搶匪的臉——這位大膽的歹徒，進入兩間銀行時竟然都沒有蒙面。當天晚間新聞播放了錄影畫面，麥克阿瑟・惠勒（McArthur Wheeler）不久後就在自己的家裡遭到逮捕。

驚人的是，他竟然很訝異自己這麼容易就被認出來。被逮捕時，惠勒難以置信的哀嘆道：「我明明抹了檸檬汁啊！」

惠勒說他在進入銀行前，把檸檬汁抹在了臉上，好讓自己變隱形——他聽說檸檬汁可以當成隱形墨水來使用，所以他真的相信沒有人能看得到他。

這世界上有很多「檸檬汁發明家」，他們相信自己有能力成功。但事實上，這種能力只是一些沒有價值的概念、理念和儀式而已。他們認為價值很高的發明工具，其實就像是這個故事中的檸檬汁而已。

在市場認識自己，代價很昂貴

本章以及接下來十章的目標，是要替身為投資人的你，介紹一些最強大且誘人的投資迷魂曲。這些迷魂曲絕對無法提高你投資成功的機會，反而比較可能會讓你撞上大岩石（差勁的理財績效）。以下迷魂曲都是一些捏造出來的故事，卻被人們當成理財的真理來兜售。

我們就開始談談第一個迷魂曲吧。

研究員指出，**人們承認自己缺點的能力……很不足**。這種情況甚至還有個名稱，叫做「**達克效應**」（Dunning-Kruger effect）[1]。

當然，我們會很痛苦的知道自己有一些做不到的事情。舉例來說，你知道自己不是厲害的運動員，因為你無法在十分鐘內跑完一英哩；或是你知道自己不會彈鋼琴，因為完全看不懂五線譜。但是那些比較不明顯的事呢？像是你的工作表現或是開車技術？或是以很多人來說，你的投資能力如何？

《商業風險期刊》（*Journal of Business Venturing*）曾發表一篇研究，詢問兩千九百九十四位商務人士「創業成功的機率」。這些調查中，有七〇%的人覺得自己成功的機率很高；只有三九%的人覺得其他從事類似業務的人也有可能成功。這些結論很驚人，因為受訪者要比較自己和完全不認識的人，誰比較有商業頭腦。

「達克效應」存在的原因很可能是：如果我們都很清楚自己有哪些能力不足的地方，那麼我們會什麼事都還沒開始前就失敗了。這樣會壓抑人們的抱負而且不願付出努力。顯然**自我欺騙所強化的樂觀態度，正是使世界運作的原因**。

1 編按：又稱「井蛙現象」，指能力欠缺的人有一種虛幻的自我優越感，錯誤的認為自己比實際情況更優秀。

但是在**金融市場裡不容許自欺欺人。自欺欺人的人比較可能會賠錢，而不是累積大量的投資組合。**

所以如果你想要成為好的投資人，最好盡全力了解自己的長處和弱點。

美國財經作家喬治・古德曼（George Goodman）在《金錢遊戲》（*The Money Game*）[2]曾說：

「如果你不了解自己，那麼要在這裡（金融界）認識自己是很昂貴的。」

成熟投資人：「曾經虧錢」的人

最常發生達克現象的領域，就是投資理財市場。

我相信自己也會出現這種情況。但說到投資，保持謙虛總比傲慢來得安全得多。正是因為如此，前澳洲證券與投資委員會（Australian Securities and Investments Commission）主席艾倫・卡麥隆（Alan Cameron）將**成熟的投資人定義為「曾經虧錢的人」**。

不可思議的是，許多新手都相信自己是很厲害的投資人。幾年前，我在對大約五十名小白投資人演講時，親自試驗了一下這個信念。我詢問在場的聽眾，有誰知道澳洲綜合指數（All Ordinaries index）？幾乎所有人都信心滿滿的舉手。

然後我再問第二個問題，我問有誰可以上來對觀眾解釋一下，這個指數是如何組合的？也就是說，指數中納入多少檔個股，以及每一檔個股加權計重的條件是什麼？

面對所知有限的情況下，除了少數人之外，所有人都把手放下。我想了一下他們反應背後的原因。幾乎所有人都聽說過這個指數，但也就只是這樣而已。

這些人把曾聽過的資訊，誤認為能熟悉運用的知識。這兩件事是不一樣的。

新手（以及許多經驗豐富的）投資人會犯的其中一個大錯，就是相信自己的知識很完整。

沒有人的投資知識是完整的。

諾貝爾經濟學獎得主、行為心理學家丹尼爾・康納曼（Daniel Kahneman）在他富有洞見的著作《快思慢想》（*Thinking, Fast and Slow*）中，將這種現象稱為「所見即全部」（what you see is all there is）。「所見即全部」指人們在只知道有限事實的情況下，仍堅持對某件事抱有強烈觀點的能力。

沒有人能避免這種現象，這也正是許多爭論的根源。想像一個情況，當一個人正對某個他所知不多的主題發表觀點（這種事經常發生），然後第二個人說第一個人錯了。可惜的是，通常兩方都對這件事一無所知；所以兩人都可能錯了，或是其中一人可能說對了，不過卻是因為錯誤的原因！在沒有完整真相的情況下，兩人都不應該對自己的觀點抱持強烈的看法。

「所見即全部」的現象發生於生活中的所有領域。但是因為這是一本理財書籍，所以我只

2 編按：古德曼在本書化名為亞當・斯密（Adam Smith）。

會討論有關理財的部分。

在理財的世界裡，確定性是很罕見的。**投資絕對是關於未來，但未來很大的程度上是無法現在決定的。但人們無法忍受知識的空白，所以投資人就會捏造事實填補這個空缺。**

這就是為什麼我們會看到二十五歲的年輕人，抱著滿滿的信念高談闊論某一檔他最喜歡的股票——不是因為他做過完整的分析，單純只是因為這檔股票的價格一直在漲，或這是最新流行的資產類別。

這就是為什麼我們可能會聽到有些人堅定反對持有任何股票——原因是他幾年前因為某一檔股票虧了錢。

這就是為什麼我們會看到有些被稱為「理財專家」的人在電視上胡說八道——不是因為他們知道事實，而是因為他們沉浸在電視帶來的知名度。

我不是說自己完全沒有所見即全部的情況，但如果事先了解可能會有這種現象的話，在做出投資決策時可能會更加完整。

真正能力高超的投資人，會比大部分的人更清楚這個問題。這些人知道我們生活在未知的世界裡，因此**他們專注於可以得知的事，而比較不依賴無法得知的事。**他們會研究和自己相反的觀點。雖然有相關能力，但也會接受自己的知識有限。他們了解，在最好的情況下投資是對未來非常模糊的展望，而且他們知道，即使用盡全力也只能有某種程度上的「了解」。因此，他們知道自己還是可能會搞錯。

正是這個殘忍的現實，讓美國企業波克夏海瑟威的副董事長蒙格說：「承認你不知道就是智慧的開始。」由於他在寫下這句話時已經高齡九十八歲了[3]，他仍在學習投資，而且已經學習了六十幾年了，使得他說的這句話更顯得深奧。

想法→行為→市場

幾年前我開始從事理財的事業時，我相信可以運用對數學、會計和經濟學的概略知識，理解股票市場。

我真是大錯特錯。

我很快就了解到，我的知識有很多漏洞：我對人類行為的所知有限。**市場的變化是由人類的想法所帶動的，而人的行為就是想法的結果。**

但是這只是開始而已，金融市場有很多層次而且很複雜。所以任何想要了解金融市場運作的人，都需要具備許多領域的能力。了解歷史會有很大的幫助，因為歷史顯示了人們過去的行為，而且在類似的情況下很可能會做出相同的行為。

3 編按：蒙格於二〇二三年十一月逝世，享耆壽九十九歲。

我們所有人的知識都有缺漏。舉例來說，如果你對微生物學、生物化學或細胞生物學一無所知，那我認為你不該投資生物科技公司。如果你不知道電解精煉（electrorefining）和生物溶出（bioleaching）的差別，你怎麼能「理性的」投資礦業公司？而且如果你不去讀也不了解資產負債表或是損益表，你要怎麼有信心的投資任何一間公司？

可悲的真相是，我們都可以投資任何一間上市公司。只要在券商開戶就可以下單了。嘿，你們看，我在投資了！

單純「聽過」不是真正的了解，這是個自欺欺人的陷阱，所有人都很容易落入其中。

別依賴陌生人的投資建議

在我撰寫本章時，墨爾本第六次因為新冠肺炎封城，我正待在自家的書房裡。儘管這種全球疫情很嚴重，而且對商業造成巨大負面衝擊，股市卻仍持續飆漲（之前已經歷了一段崩盤），許多虧損公司的股價變成了時間充裕的千禧世代的玩物。

另一方面，受到比特幣價格推升影響，每天都出現無數新的（且沒有價值的）山寨加密貨幣。許多資產（我在此對「資產」一詞的定義很寬鬆）的價格完全與經濟現況背道而馳。

我並不是要攻擊其他人的行為，但我還是要說這些話。

現在有太多「投資人」把自己的投資「教育」工作交給社群媒體。現在的人甚至會把推特上的匿名發文當成投資建議。我們的世界正在數位化，雖然這有很多優點，但是從智慧型手機獲得理財教育，並不是其中一個。

可惜的是，**數位平台也給了無知者發言的機會，而無知者利用這個機會，來那些引導盲目且更無知的人。**

某天我在聽一個播客（podcast），主持人是一位年輕的市場專業人士，他在節目中描述社群媒體是影響金融資產市場價格的主要因素。他說得沒錯，但也不正確：雖然社群媒體短期內可以影響價格，但是長期下來，經濟現實這股殘酷的力量最終還是會反撲。

投資人看社群媒體貼文並不會得到好的指南，倒不如用蘇格拉底的方法。投資名家班傑明．葛拉漢（Benjamin Graham）在著作《智慧型股票投資人》（*The Intelligent Investor*）中寫道：「只因為別人同意或是反對，不表示股票投資人的意見就是正確或錯誤的；他是正確的是因為他的事實和分析是正確的。」這番話就是認同古希臘哲學家蘇格拉底的智慧。

問題當然是自己研究需要花費心力。既然社群媒體會把答案送到你的手上，又何必自己花這麼多功夫呢？針對這一點我要說的是，**仰賴陌生人給的投資建議是最危險的事。**

加拿大美籍經濟學家約翰．肯尼斯．高伯瑞（John Kenneth Galbraith）在智慧型手機發明前就過世了，但下面這句話似乎預言了現今手持式裝置被誤用的情形：

「人與人之間有一種交流，這種交流並非源自於知識，也不是因為缺乏知識……而是因為不知道自己不知道的事。」

這是無法逃避的，**你必須自己學習分辨事實和虛假、什麼是已知、什麼是永遠無法知道的事。唯有如此你才會不再相信虛假的事情。**

第三章

直覺告訴我，這支會漲

「投資人主要的問題——甚至是最大的敵人——可能就是他自己。」

——班傑明．葛拉漢（價值投資之父）

行為心理學家很早就發現了我們在處理資訊時的很多問題。在投資時，我們會誤判價格、誤會和誤解情況，結果就是讓自己的資產縮水。

左頁表3-1是心理學家發現人們在投資上的弱點概要：

雖然這個清單看起來好像很長，但實際上還有更多。

這些行為缺陷都在我們的腦袋裡，但我們完全沒有發現。說到投資決策，這些缺陷會創造一種潛意識混亂。如果不知道自己有這些弱點，則會使這些弱點變得更危險！

這個主題很大，而且有很多很棒的書都已經寫過了。但是，我想要在本章探討其中一點：偏誤（bias）的迷魂曲。

行為偏誤正如我們其他天生的行為，可以追朔至人類的天擇以及生存。偏誤讓我們的遙遠先祖能快速做出決定。在面臨危險時，快速思考非常重要；無法迅速反應的人可能就會死亡。

想想生活在森林中的老祖宗們，當他們在黑暗中聽到樹枝折斷的聲音時，可沒有那麼多時間去猜想造成此聲的所有可能因素；如果這時整個部落的人還圍著營火坐下來腦力激盪，他們可能就會變成某群野獸的晚餐。

人類到現在還是需要迅速做出結論，我們每天都必須做出許多決定。我們也沒有時間在採取所有行動前，都去研究和衡量每一個可能的結果。

偏誤的缺點在於可能會令我們做出很不好的選擇，尤其是在投資的時候。但偏誤的真正問題在於：**人們不知道自己的偏誤到底有多嚴重。**

成熟投資人明白每個人都有偏誤，而且包括自己也是。

諾貝爾經濟學獎得主司馬賀（Herbert Simon）花了四十年研究人們處理資訊的能力。他發現，我們只會對一小部分能取得的資訊做出反應。這表示當我們做重要決策時，會太快下定決心，而且通常運用的資訊也不充分。

為了解釋偏誤的力量有多強大以及多普遍，我要說一個有關少數人自身利益，以及許多人的偏誤改變一個國家思維的故事。

這個故事是關於一個母親和她的寶寶；它不是投資的故事，但沒有關係，因為這突顯了人類大腦的認知扭曲有多嚴重。別忘了，我們就是用這顆大腦來做投資。我們在做投資決策時一樣也有偏見，也許更嚴重！

表 3-1：人們的投資弱點（只是一小部分）

定錨效應
可利用性法則
稟賦效應（endowment effect）
恐懼
賭徒謬誤
貪婪
團體迷思（groupthink）
後見之明的偏誤
希望
控制的幻覺
沒有耐心
不當的框架
不理性的承諾升級
過度自信
後悔

被澳洲野犬咬走的寶寶

這天是一九八〇年的八月中，基督復臨安息日會（Seventh-day Adventist）牧師麥可．張伯倫（Michael Chamberlain）駕駛著亮黃色的霍頓托拉納（Holden Torana）汽車，準備進入澳洲的某露營地。

這個地區以巨型砂岩艾爾斯岩（Ayers Rock，現已改為當地原住民語「烏魯魯」〔Uluru〕）為主，座落於荒涼平坦的地形，高三百四十八公尺。這塊紅色巨型岩石非常壯觀，但張伯倫牧師沒有時間欣賞它的美；他正專心把露營用具從塞滿設備的車子裡取出來，準備在此過夜。

他和妻子琳蒂（Lindy）此時距離在伊薩山市（Mount Isa）的家一千六百公里遠，帶著三個孩子展開露營之旅。當時最小的孩子艾莎莉雅（Azaria）只有九週大。

然而，這趟旅程並不如他們預期。小艾莎莉雅隔天就死了。

她和四歲大的哥哥瑞根（Reagan）都在張伯倫的小帳蓬裡睡覺。因為另一位露營者說她聽到寶寶的哭聲，所以琳蒂來帳蓬查看艾莎莉雅。琳蒂進帳蓬時，艾莎莉雅已經不見了，而她當時也沒有發現床墊上有血跡。後來警方發出失蹤兒童警示，並且派出搜救隊。

當地原住民被請來協助救援，他們發現澳洲野犬的足跡，隨著線索進入了矮樹叢裡，並在沙地上發現一塊凹陷的地面。他們猜測那可能是艾莎莉雅的屍體，被一隻野犬暫時放置在這裡時所留下的。

澳洲野犬在當地一直都是很大的威脅。在艾莎莉雅失蹤前兩年，烏魯魯當地的騎警長德瑞克・洛夫（Derek Roff），就不斷在呼籲控制野犬數量以確保大眾安全。但他的警告被當局忽視。此外，艾莎莉雅被叼走的前一天，一隻野犬就曾接近並咬傷另一位露營者。

艾莎莉雅的屍體沒被找到，根據目擊證人的說法和明顯的環境證據，負責調查她死亡的法醫認為，張伯倫夫妻並不是造成孩子死亡的原因。

然而，事情並沒有結束。政治與輿論的風向開始指向琳蒂。有謠言說也許琳蒂應該為艾莎莉雅的失蹤負起責任。當局選擇不否認這些謠言——畢竟野犬攻擊人的新聞，對他們的觀光來說可不是好事。

隨後第二次調查展開，結果琳蒂被判謀殺自己的女兒罪成立，終身監禁。

幾年後定罪被推翻，但一直到二〇一二年，艾莎莉雅的死才被官方記錄為澳洲野犬攻擊，這場長達三十二年的法律訴訟才結束；中間包括四次調查、一次審判、兩次上訴以及一次皇家調查委員會。

琳蒂是無辜的，她一直都是。她被錯誤判刑將成為澳洲歷史上最嚴重的司法不公案之一。琳蒂因為薄弱的刑事鑑定證據而被判刑，最後被證明是個錯誤。這個案件沒有武器、沒有動機也沒有屍體。露營地所有的證人都證實琳蒂沒有罪。

那麼到底是什麼出了這麼大的差錯？

這整件可怕的災難，某種程度上可以歸咎於自私的北領地（Northern Territory）政府。北領地政府擔心，法院證實澳洲野犬攻擊會衝擊他們的觀光業；而其他責任則在於許多澳洲人的偏見。在缺乏證據的情況下，官方和民眾都做出了自己的結論。

在審判前，這起案件被澳洲全國大肆報導；澳洲人們對琳蒂是否有罪持兩極態度。雖然事證很少，但這些觀眾還是能對此事抱持某種強烈對立的觀點。以下三個評語取自琳蒂當時收到的無數仇恨信：

「琳蒂，妳應該被吊死在樹上。九九．五％的人都知道妳有罪。」

「凶手！凶手！妳殺了那個寶寶是因為妳不想要她。」

「如果不是妳殺了寶寶，就是妳兒子殺的！」

這些話都很惡毒。而我要說的是，這些甚至都是在審判開始之前出現的言論。

人類的想像力會創造理論，這些理論後來會變成錯誤的信念。以下是幾個針對艾莎莉雅失蹤所提出的奇怪解釋：

- 是張伯倫家長子下的毒手，他的母親想要為他頂罪。
- 張伯倫花錢請人假造艾莎莉雅的死。

- 艾莎莉雅被賣到亞洲當奴隸。
- 一隻巨型蝙蝠把她抓走了。
- 一個原住民女子把她帶走了。

當時另一個很多人接受的理論是，張伯倫一家在黑暗的撒旦儀式中用艾莎莉雅來獻祭。這個瘋狂的理論，來自張伯倫一家的基督復臨安息日會背景[1]。他們家的世交萊爾・海斯（Lyell Heise）博士後來總結道，人們認為張伯倫家的宗教信仰很奇怪，而基督復臨安息日會的牧師（張伯倫恰好是其中之一）也被某些人視為是騙子。無法容忍不同的宗教，也是造成偏見的另一個原因。

然而，司法審判並沒有改變情況。過程中的每一天，全國電視新聞都在報導這件事，攝影機從頭到尾拍攝琳蒂進入及離開達爾文地方法院。琳蒂非常清楚，澳洲人只會看著她在小螢幕上的表現來評斷。

如果看到她微笑，民眾就會認為她漠不關心、沒有良心。如果看到她哭泣，就會指控她在演戲給攝影機看，搏取同情。所以，儘管琳蒂內心的情緒非常激動，她仍強迫自己每天在經過攝影機時維持堅定的眼神。

1 編按：為基督新教的教派之一，特點在於遵守星期六為安息日，並且強調耶穌基督迫近的第二次再來（復臨）。

不過這麼做也沒用，群眾認定她是根本不在乎。他們質疑，一個剛失去孩子的女人，怎麼有辦法看起來這麼堅定和冷靜：「她怎麼沒哭？」這些觀眾只根據在電視上看到她的樣子，就判定她有罪。

這些人並沒有看到琳蒂到底有多悲傷。當她不在攝影機前面時，那些親近她的人才看得到。群眾根據短暫而且被剪接過的新聞畫面就做出判斷，但這只是她一天二十四小時中相當短暫的時間。

同溫層只會增加你的偏見

就像我之前說的，琳蒂和艾莎莉雅故事中的偏見、假設和所見即全部的所有扭曲結論，也都適用於做投資決策時。這些年來我看過無數次，那些在投資時走捷徑的人，通常他們對採取這種行動（或是不採取行動）的理由都是：「我買這支股票，因為直覺告訴我是對的。」

直覺？**我們的直覺根本沒有能力做投資決策！**直覺的意思就是「我才懶得（或是沒有能力）去做任何研究。」說得更簡單一點，意思就是：「我根本完全搞不清楚狀況。」

當你聽到有人憑直覺給你投資建議時，你應該要感到害怕，而且要很害怕。直覺根本是偷懶和偏見。

我們會做出有偏見的結論。然後呢？更精確的說，要如何對待後續出現的新事證？如果新的資訊和之前已經做出的結論互相衝突，該怎麼辦？

《大亨小傳》（*The Great Gatsby*）作者費茲傑羅（F. Scott Fitzgerald）曾寫道：「能同時持有兩種相反看法，還正常過生活的人，擁有一流的才智。」這聽起來是充滿智慧的箴言，但現實是，只有非常少數人能實現這麼崇高的理想。

心理學家告訴我們，當人們試圖同時持有兩種以上互相衝突的信念時，他們會經歷一種心智上的壓力，稱為「認知不協調」（cognitive dissonance，這也可以加進本章一開始的那個弱點清單中）。

我們需要一致性才能感覺自在。那麼，當新的資訊與人們原先做出的結論互相衝突時，我們會怎麼做？當然是抗拒新的資訊！

人們，包括你和我在內，**通常會忽略或不相信那些與自身信念衝突的資訊**。但是任何新的資訊若是符合已形成的信念，他們就會接受。人們**甚至會主動尋找能證明自身信念的消息**。

搜尋引擎和社群媒體平台的軟體程式設計師，非常清楚我們對「證明」的渴望。他們設計的數位平台，會提供與我們的信念一致的內容。

演算法會根據使用者之前的線上活動偵測喜好，這些資訊會決定使用者後續收到的資訊。這表示他們的信念不論對錯，都比較不會被挑戰，因此比較可能繼續待在平台上。

這會盡可能拉長他們留在網路上的時間，平台就能賺取更多廣告收益。重點是，多數人也很樂意繼續待在個人化的數位小世界裡。

這對社會來說是個很大的問題。**如果使用者一開始的信念和偏見被愈來愈強化，這些信念就可能會嚴重脫離真實的世界。最不幸的情況，還可能導致偏激的思想。**

在做理財決策時，人類尋找相同資訊的這個弱點隨處可見。的確，某些股票分析師經常這麼做；他們根據有限的研究和已形成的偏見，很容易就能找到有利於投資某一檔個股的資訊。

他們會尋找證據以支持這個選擇，並且抗拒不支持此決定的資訊。然後，他們會提出很有說服力的論點，特別是向那些對理財所知不多的人解釋，為什麼他們的分析很穩健——這就是我不會盲目相信別人的投資建議的原因。

不論我們是不是理財分析師，我們都有可能掉入這個陷阱裡。你有沒有想過，當你在讀一本書或文章時，為什麼會用螢光筆標記某些文字或寫下筆記？事實是，你會這麼做十之八九是因為這符合你已經有的某個信念。當人們同意某個作家寫的話時，就會認為他很聰明，不同意時就會覺得對方很蠢。

我之前提到過，有些投資人從社群媒體向陌生人尋求投資線索。他們會找到同溫層以強化自己的偏見。**在做投資時絕對不能尋找同溫層。**

理性的決策者，應該遵循以下這句據說是英國經濟學家凱因斯（John Maynard Keynes）說過的話：「當事實改變時，我的想法就會跟著調整。」

能力好的投資人，即使在相信自己已經做出結論後，仍會抱持開放的心胸。可惜的是，大部分的投資人不會這麼做。

偏見會讓人快速做出決定，但投資人並不需要趕著決定。股市明天還是會照常運作。

第四章

人多的地方別去

「人群所累積的是愚蠢，而不是智慧。」

——古斯塔夫·勒龐（Gustave Le Bon，法國社會心理學家）

我在前一章說過，許多讓人類祖先能生存下來並繁衍的特性，未必適合用於投資。舉例來說：我們是會模仿的猿類，然而與金融市場互動時，模仿通常不是好的方式。但我們會這麼做是有原因的。

幾千年來，在人類有文字之前，模仿有助於技能與知識代代相傳；這麼做也有助於安全。未經思考的模仿，讓我們在發現危險之前就能跟隨前人逃離危險。

那麼模仿是好事吧？

嗯……算是吧。但是當你模仿的人群正好是錯的，那就不是好事了。而且**說到股市，人群通常都是錯的。**

關於錢，我們無法好好思考

在開始有關人群的內容前，我想要談一談，就算沒有人群可以跟隨時，人們所做的理財決定也可能非常糟糕。有個很好的例子，出自某個對九十一人所做的研究：「如果六個月後你需要新的洗衣機和烘乾機，費用是一千兩百元，你會怎麼做？」

• 每個月支付兩百元，六個月後取貨。

•取貨後每個月支付兩百元，持續六個月。

八四%的受訪者傾向選項二；也就是他們想延後付款。

然後這九十一個人要再回答：「你正在計畫六個月後前往加勒比海度假一個星期，費用是一千兩百元，你會怎麼做？」

•每個月支付兩百元，六個月後去度假。

•度假回來後，每個月支付兩百元，持續六個月。

六〇%傾向選擇一；也就是說，大部分的人想事先支付。雖然這完全是一樣的問題，但大部分的人卻給了不同答案。

對財務理性的人在回答兩個問題時，應該都會選擇「選項二」。把固定支出延後愈久愈好，是比較理想的選擇。

但是為什麼相同的問題會有不同的答覆？研究員的結論是，**情緒蒙蔽了穩健的理財決策**。洗衣、烘乾機被認為是無聊、實用的消費。許多人討厭更換壞掉的家電用品帶來的感受，所以會想要延後付款。

但是度假支出給人的感覺則不同。受訪者傾向事先支付，才不會在享樂時還要擔心錢的問題。度假是種獎勵，但是要先有所犧牲才能得到獎勵，而不是事先獎勵然後才犧牲。

這很有趣，不過完全比不上在股市裡所面對的情緒挑戰。如果經濟上來說理性的答案很明顯，但前面所述研究中的人們卻會做出愚蠢的決定；那麼想像一下當資訊不完整、沒有資訊、無法取得資訊，或是資訊根本錯誤的情況下，人們會做出什麼樣的選擇！

「資訊不完整、完全沒有、無法取得，或是根本是錯的」是很大一部分人在接觸股市時的寫照。因此，股市可以說是所有不理性行為表演的大舞台。

FOMO：別人賺錢比自己虧錢還難受

說實話，看著別人在股市大賺一票，並不是令人愉快的感覺。我們會很想放下謹慎和紀律，盲目跟他們一起跳進股市裡；聽根本不認識的人提供的「熱門小道消息」就採取行動；信任某個好運爆發戶的不實說法。這樣一來，投資的焦點就只會轉移到一件事：股價上漲。

如果你看到身邊的人都在賺輕鬆就能賺到的錢，那麼你很難不跟著做。**當貪念啟動時，大腦就不會運作！**這叫做「害怕錯過」（FOMO，fear of missing out），是個非常強大而且令人有動力的情緒。

許多東西可能引發恐懼，例如：鯊魚在附近的水域打轉；三更半夜時樓下的腳步聲；畢生積蓄在崩盤的股市中蒸發。雖然恐懼的原因可能不同，但情緒的反應都是一樣的。

恐懼就是恐懼，不論觸發的原因如何，感覺都是一樣的。我接下來要告訴你的真實故事，百分之百和股市崩盤時投資人的感覺（與行為）有關。

布魯克林大橋「倒塌」，十二人因此送命

一八八三年五月二十四日，新落成的紐約與布魯克林大橋舉辦了盛大的慶祝會。這是當時世界上最長的吊橋，超過一英哩，連接布魯克林與曼哈頓。

儘管這座橋對周邊社區帶來了顯著好處，但還是籠罩著質疑之聲。首先，它使用氣壓沉箱所建成，這是一種相對新穎的技術，能在水下建造龐大的岩石吊橋；再加上這座橋的新潮設計和驚人長度，都在大眾的心目中引發質疑：「未經考驗」就表示「不安全」。

接著還有建造時的監工過程。土木工程師約翰．羅布林（John Roebling）在工程開始前就過世了。他的兒子華盛頓（Washington）也是一名工程師，接手了建造監工的工作，但是初期時因為在工地受傷而導致癱瘓。

後來由華盛頓的妻子艾蜜莉（Emily）接手，並完成整座橋的工程。時間明顯證明了艾蜜莉有資格接下這個任務——這座橋至今仍屹立不搖就是最好的證據。然而當時人們不斷質疑，她

是否有能力監督這個重大工程。

不過，也有大批人群沒有被這些不確定因素嚇倒，選擇在開幕式當天登橋。但才過了六天，悲劇就發生了。

一八八三年五月三十日，美國陣亡將士紀念日[1]當天，上橋的人數非常多。一名婦女在曼哈頓端的階梯不慎失足摔倒，使她的朋友驚嚇得大叫。

原本就擔心這座橋安危的群眾，全都對那名女子的尖叫做出反應。對原本就充滿恐懼的人來說，尖叫聲被認為是橋要塌了的訊號。於是恐慌開始蔓延，人們就像一群受到驚嚇的羚羊一樣奔逃。

階梯很快就變得擁擠，人們互相推擠設法下橋，甚至踩著別人的身體向前。最後造成十二人喪命，另有三十六人據報受了重傷。

然而事實是，布魯克林大橋非常安全[2]，這全是人們想像出來的，只是一個女人沒站穩摔倒所發出的尖叫聲。

正如柏拉圖在《費德魯斯篇》中的理論，部分引發人類行為的情緒就和引發動物的情緒是相同的。在面對危險時（就連想像的危險也是），我們會先做出反應，然後才提出問題。

和錢有關的事，也受到同樣的情緒所驅動。

再來說另一則故事，這一次則和金融有關。

銀行的運作方式稱為「部分準備金制度」（Fractional Reserve System）。根據這個制度，銀行能持有比存款負債額還要少的現金。這代表如果每一個存戶都在同一天跑到銀行要求提出存款，銀行可能沒有足夠的現金讓所有存戶提款。

然而，這並不表示銀行的財務狀況不佳；只是大部分銀行的資金都是不流動資產，例如房貸和企業貸款，而不是櫃檯裡的現金。

沒有足夠的現金不是什麼大問題。銀行並不認為會有這麼多客戶，在同一天要求提領出所有存款。

但是萬一發生了這種事怎麼辦？由於現金不足以讓所有人提領，銀行就會被迫關門。這就叫做「擠兌」，這通常是當存戶普遍擔心銀行的前景不佳時會發生的事。存戶會趁銀行金庫裡的錢還沒被提領一空前，就在銀行門口排隊以提領存款。

但問題是：就像橋沒有真正倒塌，人們就會相信橋會倒一樣，銀行不需要陷入財務困境，存戶就會開始要求提領存款。接著就是我要說的故事。

達頓商學院的羅柏．布魯勒（Robert Bruner）教授在部落格文章中，描述了一則（可能為虛構的）故事，發生在一九八五年的香港：

1 編按：定於每年五月的最後一個星期一。

2 編按：同年五月十七日，美國「玲玲馬戲團」創辦人巴納姆（Phineas Taylor Barnum）帶領二十一隻大象，在布魯克林大橋上遊行，由此打消人們對於布魯克林大橋穩固性的顧慮。

有天，某間銀行的門前排滿了人，還搞不清楚狀況就引發了人們的擠兌潮。愈來愈多焦慮的存戶開始加入排隊的行列。排隊的人龍愈長，他們就愈焦慮。

然而，隊伍最前面的人並不是要去銀行領錢的，他們是在排隊買糕餅。那間銀行的隔壁有一間生意很好的糕餅店。這天有特別多顧客想要買蛋糕和甜點，所以糕餅店排隊的人潮拉長到了街上。

後面來排隊的人才是要領錢的人。那天根本沒有擠兌，這全都是想像出來的。

雖然現在看來這個故事很好笑，但是你也很有可能會加入那個隊伍，迫切的想把錢領出來。人們通常都會先採取行動，然後才提出問題。

股市末日來了！（已經好多次）

接著我要再告訴你一則故事。關於我永遠也忘不了的那一天。

一九八七年十月二十日，星期二。我的廣播鬧鐘在早上七點響起，新聞報導說美國股市前一天收盤重挫，跌掉了約二二％的市值。那是美股史上最大單日跌幅，至今仍沒有被超越！

一個半小時後，我走出辦公大樓的電梯，走進信孚銀行（Bankers Trust）位於墨爾本的辦公室。通常交易室裡都非常忙碌，但是這天早上的氣氛相當不同，沉浸在一陣死寂中。

平常很活躍的交易員都看傻了，沒有人敢相信自己螢幕上的金融大屠殺。空氣中甚至嗅得出恐懼的味道。然而，那陣沉寂並沒有維持下去。九十分鐘過後，澳洲股市一開盤，就好像炸彈爆炸了一樣。

因為想要深入感受這整件事，所以我走出辦公室，走捷徑柯林斯街到墨爾本股票交易所（Melbourne Stock Exchange）的交易廳。那時我對即將經歷的事完全沒有心理準備。

進入那棟有如大教堂般的交易廳，可以說是我這輩子最接近格鬥士走進知名的羅馬競爭場一般的感覺。場內很吵，環境非常狂躁；交易員抓著彼此，設法把沒人要的股票賣掉。空氣中殺聲震天，但他們的喊叫根本沒有用；場內的買方非常少，市場價格簡直是自由落體。

那天澳股被血洗，比前一天美股的跌勢更嚴重。廣泛的澳股綜合指數收盤重挫二五%。

那天的交易結束後，我買了一份最後一版的《先驅報》（*The Herald*）。備受敬重的金融記者泰瑞．麥卡藍（Terry McCrann）對那天發生的事所下的結論是：

「我們到了歷史性的重要分水嶺：股市崩盤後的世界將與上星期四非常不同。」

就這樣，我當年才二十幾歲，從事第一份金融業工作還不滿十二個月，就有人告訴我這世界永遠改變了。

我來說明一下，如果投資人忽略那天股市的殺聲震天並且持續投資於股票，後來會發生什麼事。他們的股票投資組合幾十年後會值多少錢？答案是，**只要維持無腦投資澳股指數，並且將股利拿來再投資，現在的價值會是一九八七年那一天的價值的十四倍。**

我要提醒你，這一天被人們說成是「世界的末日」。

一九八七年十月的崩盤，開啟了我尋找驅動股價原因的研究。明顯的長期動力是組成股市之企業的獲利成長。股市成長與經濟和商業成長有關；企業獲利愈多，價值就會愈高，股價就會愈高。

獲利成長過去一直都在不斷波動，未來仍繼續會不停波動，但是只要時間夠長也會持續成長下去。**如果想要獲取股市的收穫，你只需要進場就夠了……而且要一直待在場內。**

然而大部分投資人不會這麼看。他們比較喜歡專注於其他不重要但更引人注意的因素。

正是因為專注於股價波動造成原始的情緒，導致我們看到的所有不理性行為。

恐懼，尤其是群眾所散發出的恐懼，正是長期投資人必須忽略的迷魂曲。

投資最大威脅：你的想像力

正如先前談過的，威脅不必是真的就會被當真。人們的想像力自然會填補缺乏的真相。接著我要告訴你一個故事，以解釋我的意思。

我曾和一個親近的友人之子聊天，他想要尋求財務規畫建議。他說自己正在儲蓄，並且打算定期存下退休基金。

他已經計算過，如果把投資組合集中在股票而非現金、固定利息或比特幣ＥＴＦ，未來可能的身價是多少。他想投資基金，但是該選哪一種呢？基金有許多不同類別，例如防禦型、成長型、穩健型、保守型和平衡型。

他的理財專員不給他看較保守的選擇，並引導他關注那些成長型基金。這麼做的原因在於，成長型投資組合通常投資股票的比例較高，這對像他一樣的年輕長期投資人來說是件好事，因為長期下來，股票的報酬率是最好的。

問題在於，股票較少的投資組合，通常都被基金公司描述成防禦型或保守型，如果你是個容易擔心的人，就像這位年輕人一樣，那麼這類字眼就可能對你來說很有吸引力。他有點擔心股市可能會崩盤，而且向我說了他的擔憂。

我試著減輕他的疑慮並告訴他，**投資就是無法避免股市崩盤，在他退休前很可能會經歷好幾次**。我對他說：「別管它就好了。」

我也建議他用電腦看看先鋒基金（Vanguard）的互動式指數線圖[3]。這個互動式指數線圖顯

3 作者按：如果你感興趣的話也請馬上看看：vanguard.com.au/adviser/en/index-chart。

示，雖然股市每隔一段時間就會重挫，但投資股票長期下來的報酬率，會超越投資於現金和固定收益資產（也就是他問我的保守或「安全」的選項）。

我覺得我應該說得很清楚了。我以為這位年輕人，現在會對於把錢投資在成長型基金感到安心，而且認為這是好的選擇。他和我握手道別後離開。

（請注意，這是個只有二十幾歲的年輕人。考量到他的情況以及未來還有四十年的投資時間，股票是很適合他的選擇。但同樣的情況可能不適合你，特別是如果你已接近退休年齡。在建構你自己的投資組合時，必須考量你個人特定的情況。）

幾個月後我們再次見面，他很自豪的告訴我，他的錢投資於退休基金所提供的「高成長型」選擇，這表示將近百分之百的資金投資於澳洲或海外股票。

但後來我們又見了第三次面。他向我承認自己最近聯絡了退休基金，並將退休基金的錢從高成長型的選擇轉進到保守型的選擇。保守型的選擇包括股票，但是也有一半投資於現金與固定收益。

我說：「什麼？你的理專還有我和你談了這麼多，你為什麼還要這麼做？」

他有點不好意思的承認：「幾個星期前，我下班回到家看電視新聞時，電視上有個人在說現在的經濟展望不太好，而且……。」

我說：「等等。那你的四十年投資計畫怎麼辦？你根本還沒見識到什麼叫真正的金融危機，就嚇得逃跑了。只因為一個電視名嘴，你的退休投資策略就完全報廢了，說實話，最後可能只是證明這個名嘴說的全都是空話。」

這位年輕的朋友則說：「但是我聽了他的說法後開始擔心，而且保守型的選擇聽起來安全得多。」

後來，他又把投資組合換回成長型。但如果股市開始震盪（我們知道這一定發生），我敢說這位年輕人又會開始憂心忡忡。

那麼我的故事重點是什麼？這是為了證明，**人們所面臨最大的投資風險不是股市。最大的風險其實是自己。**

好了，你可能會說：「你說得倒輕鬆，麥可，但這可是我的錢，不是你的錢。下一次股市崩盤時，我可不想要有錢投資在股市裡。」

讓我再說一次，以免你之前沒注意到。股市就是會波動。有時候會重挫二○%、三○%、四○%，甚至是五○%。但是**以長期複利創造財富來說，沒有別的投資能比得上股市。**

所以，**如果想要長期投資成功，就需要找到一個辦法，來面對股市大幅波動時你會有的反應。**就像尤利西斯，你得把自己綁在象徵性的船桅上。相信在重挫之後，股市就會漲回來，而且會再度上漲。

別讓恐懼干擾你（不論來自別人還是自己）。記住，當你開始驚慌時，先不要採取行動。正好相反，你應該要按兵不動。

第五章

股市預言家

「預言者有二：不知者，還有不知自己不知者。」

——約翰‧肯尼斯‧高伯瑞（美國經濟學家）

人類使用文字溝通已有約四千年到六千年的歷史，然而我們使用口語溝通的時間比那還要早得多。雖然口語溝通沒有留下考古紀錄，但是研究員普遍認為，我們用言談來溝通的時間，比用文字紀錄要來得長得多。這表示很久以來，我們只使用交談的方式傳遞知識。

因此，如果說智人（homo sapiens）是透過敘事來學習的猿類，你應該不會覺得意外。是的，我們愛聽故事，很顯然一直都是如此。敘事形塑信念的力量非常強大，我們比較容易被好聽的故事說服，而不是相信冰冷、僵硬的資料。

二〇二〇年初新冠肺炎疫情爆發，就是一個很好的例子。當時充斥著陰謀論、人們不願注射疫苗，這些都是透過社群媒體來散播的。

不看經驗豐富的感染病學專家、流行病學家所做的研究和統計資料；不去管全世界每天都有成千上萬的人將因這種病毒而死，這樣明擺著的現實。

以上所有數據，都比不過社群媒體上所散播的故事。

早期有一個很受歡迎的陰謀論指出，新冠肺炎是由貪腐、充滿謊言的政府所虛構的。他們甚至說：「難道你看不出來嗎？新冠肺炎其實根本不存在。我從來沒遇過任何被感染的人。你有遇過嗎？」

另一個後來變得流行的奇怪說法是，新冠肺炎是個騙局，讓各國政府可以把微晶片注射到民眾體內，這樣就可以每天追蹤人民的行動了。

還真的有人相信這些話！遺憾的是，金融界也充斥著假新聞，而人們也相信這些虛構的事。

分析師／預言家？

經常有人請經濟學家針對未來的走向提供預言。奇怪的是，大部分的人竟然毫不質疑的相信他們。

當我為一個很受歡迎的投資快報擔任分析師和撰寫稿件時，我們經常會收到恐慌的會員寄來電子郵件。內容通常會像這樣：

「我昨晚在電視上看到一位經濟分析師，他說澳洲經濟正邁向衰退。我的天啊……我好擔心。我該賣掉所有的股票嗎？你們覺得如何？」

「有些分析師說經濟即將衰退。我該暫緩買進任何股票，等股價變便宜嗎？」

我的回覆總是一樣：「不，別這麼做。」

我懷疑任何人會有能力預測未來，包括經濟分析師在內。

不對，那句話的力道不夠強。我不是懷疑，而是**我知道沒有人能預測未來**。回想一下，我們在談的是未來，是還沒發生的事。

關於人們選擇相信經濟分析師的預測，經濟學家高伯瑞的說法非常好：「智慧本身通常是一個抽象的概念，與真相或現實無關，而是和聲稱知道真相的人，以及表達方式有關。」

高伯瑞先生，我相信你說得沒錯。電視上充滿自信的經濟分析師——聽眾相信經濟知識淵博的人——通常能高談闊論一些觀點，而且穿著高級的西裝。但是這些都不表示他們有預言的能力。

如果給某個人一支麥克風，對方就誤以為自己有能力回答任何問題。英國政治人物諾曼·拉蒙（Norman Lamont）提到他最喜歡的經濟學專家時說得很好：「他通常都是錯的，但從來不懷疑自己說的話。」

還有一些經濟先知，他們發現了預言最好的方式就是模仿壞掉的時鐘。他們就只是一直提供相同的經濟預測——例如，我們的經濟即將衰退。一直這麼說，只要時間夠久，總有一天會是對的！

你可能很難接受這樣的說法，畢竟許多經濟分析師聽起來好像真的知道自己在說什麼；而且，這些人投入這麼多時間和精力在做這些工作！這麼努力一定有些用處吧？

很抱歉，我要告訴你：沒有用。

離譜的是，雖然他們沒有預言能力，但很多人卻還是會認真聽他們說話。大公司雇用經濟分析師；政治人物則模仿他們用模型虛構故事；經濟分析師定期會出現在電視上。

但我要提醒你，如果你放下戒心而且發現自己在注意聽他們的預言，那麼請聽聽丹麥物理學家尼爾斯·波耳（Niels Bohr）的建議：「預言很困難，尤其是預言未來的事。」

「在不確定的年代投資」，廢話

幾年前，我接受邀請到一個全國性的投資會議上演說。會議的標題是：「在不確定的年代投資」。在演講開始前，我對會議的標題充滿疑惑。為什麼主辦單位稱當時為「不確定的年代」？我知道這可能只是宣傳用的標題，但我覺得標題那幾個字很多餘。會議的主題應該只是「投資」就好，因為所有年代的事物都是充滿不確定的。

我對聽眾引述暢銷心理學作家丹・加德納（Dan Gardner），在二〇一〇年出版的《未來的胡言亂語》（*Future Babble*）中的統計數字。加德納說，「不確定的年代」（Age of Uncertainty）一詞從一九二四年開始出現在《紐約時報》後，一直到他的書出版時，總共出現了五千七百二十次，而「不確定的時代」（Uncertain Times）則是自一八五三年首次出現後，總共出現了兩千八百一十次。

我提醒聽眾，我們現在所認為的公開交易股票始於一六〇二年——當時第一個公開交易股票的公司，荷屬東印度公司剛成立——而且從一開始投資人就必須在不確定的年代中操作，這就是無可避免的事實。知名猶太商人約瑟夫・德拉維加（Joseph de la Vega）早在一六八八年就已知曉，他探討十七世紀阿姆斯特丹股票交易所的著作，書名就叫《混亂中的混亂》（Confusion de Confusiones）。

四個世紀過去了，什麼也沒變，而且未來也不會改變。

預言家沒算到大蕭條

伯納德．巴魯克（Bernard Baruch）生於一八七〇年，以充滿洞見、經驗豐富和備受敬重的金融家身分聞名。他在第一次和第二次世界大戰期間，為美國總統和後續的政府擔任顧問。但是在一九二九年十一月時——就在美國股市災難性的崩盤幾週前——巴魯克打電報給邱吉爾（Winston Churchill）並告訴他：「金融風暴絕對已經過去了。」巴魯克應該比任何人都清楚，**「絕對」這個詞不應該用於經濟或股市中。**

不意外的，巴魯克錯了。金融風暴根本還沒過去，股市又重挫了八二%。

當時做出錯誤預測的人還不只巴魯克。一九二九年十一月十六日，哈佛經濟學會（Harvard Economic Society）的一篇文章寫道：「發生像一九二〇年到一九二一年那麼嚴重經濟蕭條的可能性不大。」這也錯了，在哈佛經濟學會那篇文章之後馬上就發生了大蕭條。

我們再來看看偉大的耶魯教授爾文．費雪（Irving Fisher）的預言，他是美國最受敬重的金融專家之一（一直到一九二九年十月前）。費雪在一九二九年股市崩盤前不久曾說，股價「已達到看來非常高的水準」。然後他繼續說：「我預期股市幾個月內會比現在還要高許多。」就在費雪的預言不到兩週後，股市就像墜入懸崖一樣：從一九二九年的高點重挫八九％。

費雪拒絕接受他的預言是錯的，崩盤之後他馬上就對崩盤前的說法提出辯解，他說是其他人錯了。對費雪來說不幸的是，這個說法並沒有恢復他的名譽。他當時是這麼說的：「這是群眾心理學，而不是因為市場價格高得不合理……股市下跌主要是因為心理因素，股價下跌就是下跌的原因。」[1]

費雪設法恢復形象的說法根本沒有人聽進去。結果，美國股市花了二十五年才站回費雪崩盤前說的高點——經通膨調整後更是花了二十九年！費雪錯了。群眾心理因素才不會持續二十九年！

柏南克：「全美房價不會下跌」

現在我們來看看一些比較新的預言失誤（我不是開玩笑的，有關這類失誤的書多到可以塞滿好幾間圖書館了）。

---

1 作者按：《紐約先驅論壇報》（*New York Herald Tribune*）於一九二九年十一月三日刊登。

美國聯準會是世界上影響力最大的金融機構之一。班．柏南克（Ben Bernanke）自二〇〇六年初到二〇一四年初擔任聯準會主席。這表示他在近代最大的金融危機之一時是最重要的人物。柏南克不只是位備受敬重的經濟學家，也是一九二九年崩盤與後續大蕭條的專家。

因為他的地位、經驗與學術資歷，當柏南克在談利率、金融市場和整個經濟時，人們都會端坐傾聽。柏南克經常受邀提供經濟預測。但是人們沒有了解到一件事，那就是柏南克的水晶球，並沒有比其他預言家的水晶球更清晰。

二〇〇七年，美國愈來愈多人擔心提供大量的房貸給首次購屋者，而這些人根本不可能還得起房貸。這種被稱為「次貸借款」的不當借款行為，使得大量房貸違約，最終造成二〇〇八年的美國金融市場脫軌。而且問題並不只限於美國，後續效應就像感染一樣蔓延全球。

在還不完全了解次貸借款的效應時，柏南克在商業新聞頻道《CNBC》的訪談中被問到：「如果美國的房價大跌，你認為最糟的情況會是什麼？」

柏南克回答道：「我不太認同你的假設前提。這個可能性不太高。我們從沒發生過全國房價下跌的情況。」

讓我告訴你吧，事情就快要發生了。

他後來又說：「我們不認為次貸市場的問題，會外溢到經濟的其他部分或金融體系中。」

又說錯了。次貸問題的外溢造成全球經濟衰退，全世界有好幾間銀行倒閉、股市崩盤。

在發生經濟後續效應前，柏南克被問到美國經濟的展望如何，他回答：「就業會繼續成長……全球經濟持續強勁……金融市場仍支撐經濟成長。」

五個月後，美國經濟陷入衰退。隔年全球經濟危機全面爆發，是一九二九年股市崩盤以來最嚴重的金融事件。柏南克和全世界其他的經濟學家和金融大師一樣，根本沒有預期會發生。

這件事很令人意外，但人們不應該感到意外。正如經驗豐富的美國金融學者羅伊・紐柏格（Roy Neuberger）曾寫道：「我致力研究經濟學，但是對我在市場上的表現並沒有幫助。我的經驗是，這一門『沉悶的科學』對市場來說一點也不重要。」

事實與幻想的界線

於小布希（George W. Bush）和福特（Gerald Ford）政府任內擔任國防部長的唐納・倫斯斐（Donald Rumsfeld）曾說：「我們知道自己知道一些事。我們也知道有些已知不知道的事；意思是說，我們知道自己不知道一些事情。」

這兩句話描述的是身為投資人，你所能發展出最重要的能力之一：**清楚分辨事實和幻想、已知和未知事物的能力。**

美國企業波克夏海瑟威董事長巴菲特也這麼認為。在二〇一一年的致股東信中，巴菲特歡迎兩位新同事加入公司（托德・康布斯〔Todd Combs〕以及泰德・魏斯勒〔Ted Weschler〕）。

雖然兩人的經驗都非常豐富，但巴菲特在提到他們時寫道：「他們了解什麼是可以預測的，以及什麼是未知的，這幫助了他們思考。」巴菲特這麼說就是承認：**即使是在最高的層級，所有的投資都是在不完整的資訊世界中進行的，而能力好的投資人比較能了解事實和幻想的界線在哪裡。**

以下是幾個確定未知的資訊，然而，某些金融評論員和作家卻會定期提供相關的消息，往後在看到這些言論時，要更加注意：

- 經濟的方向（無從得知）。
- 哪些未來的科技會打亂現在已有的產業（無從得知）。
- 股市下星期或下個月的情況會如何（無從得知）。
- 一間公司未來的獲利會如何（他們頂多可以估計，而且經常無法估計；因此不可能提供精確的股價評估）。

觀眾不喜歡聽實話

曾經有人問過我，想不想定期出現在電視台討論經濟和股市。我馬上就拒絕邀請。當有人問我原因時，我的回答是：「因為我會誠實回答每一個問題，而觀眾不會喜歡我的答案。」

我接受訪談的情況通常會是這樣：

主持人：「今晚麥可．坎普要和我們談談今天股市發生的事件。首先，麥可，今天股市漲十點的原因是什麼？」

我：「我無法明確指出原因。沒有明確的原因。反正漲十點沒那麼重要。意義並不大。」

主持人：「那麼接下來市場走勢會如何？」

我：「我不知道。任何其他人也不會知道。」

主持人：「你還有沒有……其他要補充說明的？」

我：「沒有了。」

無奈的主持人可能會選擇改變策略：

主持人：「那好吧，我們來談談澳幣的走勢。昨晚澳幣兑美元升值。升值的原因是什麼，麥可？」

我：「沒有特定的原因。」

這樣你應該就明白，這個節目再也不會請我回去了。

即使根本沒有標準答案，但這些節目仍總是要求評論者要給一個有信心、決定性的回答。

這件事還有個很好的例子，是墨爾本第二次新冠肺炎導致封城時發生的事。有很多勞工閒坐在家中。但是那一天卻公布了優於預期的失業率數字。一位心情愉快的財政官員告訴我們，澳洲全國的新增就業比前一個月多了十一萬人。

然而事實是，情況並不如看起來那麼樂觀。報告的數字是由於就業定義方式而產生統計異常。但拋開這一點，這仍然是數字好於預期的情況。這表示經濟分析師和政客都很意外。

而且因為這是個驚喜，所以人們可能會預期股市表現很好。但是正如喬治・查爾斯・賽爾登（George Charles Selden）在一九一二年出版的著作《股市心理學》（*Psychology of The Stock Market*）中所說：「不論情況中的某一個因素對你來說有多重要，也不會不受所有其他因素的影響而控制價格波動。」

情況就是這樣，優於預期的就業數據不足以推升股市。那天股市下跌了一・三％。

為什麼會跌？原因可能多到數不清。那天澳洲股市有超過十億股交易，成交量並沒有什麼異常。但是就像所有的交易日一樣，**人們都因為許多不同的原因買賣股票。**（不然就不會有任何交易吧，不是嗎？）下跌一・三％就是所有原因的總結果。

股市波動的力道多得數不清而且很複雜，無法濃縮成一個簡單的因果關係。所以，那個優於預期的就業數據，被淹沒在其他影響的因素之中。別問我那些因素是什麼，或是每一個因素影響的程度多大！

我們再回來談談，當評論員被問到他們的看法時，通常如何思考這個情況。如果那天的股市上漲而不是下跌，那麼所有的股市評論員都會一致聲稱：「今天股市漲勢強勁，因為就業數據優於預期。」每一位評論員到了晚上，都會對他們報告當天發生的情形感到很滿意。

但結果並非如此。就像我說的，股市其實是下跌的。**評論員的兩難就是，他們必須找到不同的原因以解釋股市為什麼會下跌。**

那麼他們當天晚上是怎麼說的？不重要。反正不是正確答案。

這應該要提醒我們：就算有很好用且可信的因素，能讓每個評論員都說一樣的話，但股市波動背後的原因仍非常不明確。

還有一點。財經評論員最喜歡每個月的第一個星期二，因為澳大利亞準備銀行（Reserve Bank of Australia）會在這一天重新檢視利率。有時央行調高利率、股市下跌，這種時候評論員就會說：「因為利率升高，投資人現在要求投資的股票提供更高的殖利率。殖利率若要升高，股價就會下跌。」

但是當央行升息，股市卻上漲時又如何呢？評論員會說：「央行升息是因為預期未來經濟成長強勁。」如果經濟成長強勁，那就對股市是好事。所以股價上漲！

（股市的反應也要視利率公布前的預期而定。但這突顯了市場是頭有著多面向的野獸。它有著許多會動的部分，只指出一個原因造成變動，就是提供股市很容易解釋的錯誤訊息。）

讀者還要對一個原因很小心；評論員常會用這個理由來解釋新聞不多而股市下跌的情況。**當評論員找不到經濟活動可以解釋股市的波動時，他們就會說：今天市場下跌是因為「獲利了結」。**

人們不質疑評論員的信譽，或是他們提出的解釋是否正確。只要聽起來是對的，而且解釋的人說得很有自信，人們就會相信。

就像美國心理學家阿摩司．特沃斯基（Amos Tversky）曾說：「只要符合事實，人們就會接受任何解釋。」

那麼為什麼這些市場專業人士要改變說法？很簡單，他們這麼做是為了保住面子。想像一下，自己馬上就要出現在晚間新聞了，你必須想出一個可能的說法來解釋當天的事件。所以**這些人並不是把分析的能力用在分析，而是用在提供合理的解釋。**

在這些情況下，想要分析幾乎是不可能的。因果關係太複雜了，根本無法找出來。所以，別想什麼分析了。只能找理由！

愈大聲的專家，愈有可能預測錯誤

好，我已經給你很多人預測不準的例子了。但這樣夠清楚嗎？也許真的有些專家有能力提供可靠的預測。

幸好，有研究員花時間調查了這個問題。他們記錄「專家」們所提供的預測，並在稍後查看他們的推論是否正確。在一個現在很知名的研究中，美國學者菲利普．泰特拉克（Philip

Tetlock）請兩百八十四位政治與經濟專家，為政治與經濟趨勢和事件提供預測。經過多年研究，泰特拉克收集這兩百八十四位專家做的總計兩萬七千四百五十次預測。他發現，**這些人的預測比隨便亂猜還要糟**。他語帶批判的說，「猩猩擲飛鏢」的結果可能都還好一點。他也發現，**愈大聲的預言者愈有可能預測錯誤**。

心理學家特沃斯基和康納曼應該也會同意泰特拉克的發現。在前兩位的研究報告〈預測的心理學〉（*On the psychology of prediction*）中，他們發現「令人們對自己的預測比較有信心的因素，也是導致這些預測較不準的原因。」

當你遇到經濟預測時，你最好一直提醒自己，「專家」不一定有自信、口條好或是穿著體面（這些是許多人評斷專家的條件），這樣也就夠了。儘管如此，預測這一行是很大的產業。每年都要花上數十億美元，在做一件對社會或是對投資人來說沒有好處的事。

大部分的經濟預測都沒有實現，沒有人預測的事件則常常會發生。那麼為什麼人們還是一直提供預測，還有為什麼人們還是一直留意那些預測？

人們喜歡聽故事，不論真假

我無法得知每個預言家的想法，但我認為許多人繼續預測是因為他們就是忍不住，希望有人來提升他們的自尊。只要有人繼續聽他們說話（而且一定會有人），那麼他們就會繼續針對無法發表看法的事情，發表自己的幻想。

我真的相信自尊被推高，讓許多預測員開始相信自己離譜的謬論！這就讓我想起一個投資界的老掉牙笑話。因為這個笑話和本章討論的內容太相關，我實在不能不說：

一位石油探勘者正在前往天堂的路上，而聖彼得在珍珠大門前告訴他壞消息：「你有資格成為天堂的居民。但是你也看到了，這裡的房子已經全都被石油業者訂下了。我們沒辦法把你擠進去。」

在思考了一下後，石油探勘者問能不能讓他對現在的居民說一句話。聖彼得想一想覺得沒有什麼不好，石油探勘者就把雙手放在嘴巴旁然後大喊：「地獄有石油！」天堂的大門馬上開啟，所有的石油業者都衝出屋子，朝向地下衝過去。然後深感佩服的聖彼得就請那位石油探勘者進去。

那位石油探勘者停了一下然後說：「不，我想我要跟其他人一起去地獄。那個謠言可能是真的。」

關於為什麼人們相信經濟預測人員的話，考爾斯經濟研究委員會（Cowles Commission for Research in Economics）創辦人阿爾弗雷德・考爾斯（Alfred Cowles）所說的原因是我聽過最棒的。

在經過廣泛研究，卻無法在股票消息和預測報告中找到任何有用的建議後，考爾斯的結論是：「就算我每五年就做一次負面調查，或是等我過世後人們繼續研究，也不會有用。人們還是會相信有人是真的知道未來。一個沒有人知道情況的世界是很可怕的。」

就是這樣。我們不知道未來會如何，所以請別人來告訴我們。但是他們其實也不知道，只是聽起來好像知道而已。這表示光是有自信這一點，就足以讓許多聽他們說話的人感到滿足。

過去和未來的差別就像黑夜與白天一樣明顯。歷史是事實，未來是未知。這聽起來再明顯不過了，但是請相信我，對許多人來說並沒有那麼明顯。對許多人來說，歷史和未來之間的界線非常模糊。

歷史被當成故事來訴說，而未來通常也被當成故事來傳達。

同樣的，人們喜歡聽故事。所以當人們聽到以有說服力的故事來呈現的預言，他們就有可能會相信。

為了說明故事的效力有多大，請參考以下這件事。我認識一個聰明的人了解我在本章中說的每一個字，但是關於經濟的未來，他還是會建構自己的故事。而且他對經濟分析師所說的故事很有信心，尤其是當他們的說法和他的預設立場一致時更是如此。

事實是，經濟和市場預測員一直都能自由的提供錯誤敘事。而且只有極少數人，才會想要在事後檢驗他們過去的說法有沒有成真。記者派屈克．科明斯（Patrick Commins）在《澳洲金融評論報》（*Australian Financial Review*）的最後一篇文章中寫得很好：

「每一篇揭露文件都會有免責聲明：過去的績效不表示未來的績效。我相信每一個市場預測都應該要強制規定開頭要這麼寫：未來是無法得知的，但我頂多可以猜測……。」

請忽視所有的預測

那麼，你可以從這個章節學習到什麼？那就是**你的任何投資決策，都不能以經濟或大盤的預測為根據**——不論是自己的預測還是任何人的預測都不行。

所以你該如何處理預測的問題？合理的方法只有一個。那就是**別管所有關於經濟和股市的預測。**

沒有例外，請忽視所有的預測。

你要了解，在不確定的世界裡做明確的投資是一門藝術。而且雖然這看似很難接受，但我有個好消息要告訴你：你不需要預測或是接受別人的預測也能投資獲利。

第六章

擇時交易，我能辦到

「我不知道誰能辦得到，也不知道有誰過去曾經辦到。嘿，我甚至不知道有誰認識任何人能一致、成功、反覆正確判斷市場時機。」

——約翰．柏格（世界上第一檔指數型基金：Vanguard 500 Index Fund 發行人）

股市絕對不會維持靜止不動。股市會漲、會跌，然後會再漲。

這些永不停止的動作，令人提出一個非常重要的問題：如何利用感受股市接下來的動向賺錢？也就是說，在股市跌時買、漲時賣，這是有可能的嗎？有些人相信是有可能的。而有些人則認為不可能。

那麼誰是對的？判斷市場時機（擇時交易）是神話還是賺錢的方法？我們在本章要深入一窺這個問題。

賺錢的方式，就是每次都「太早賣」

在我們研究是否有可能判斷市場時機時，首先定義判斷市場時機「不是」什麼，比較會有幫助。

判斷市場時機不在於知道市場在接下來短期到中期（幾天、幾週或幾個月）的走向，甚至也不是判斷走向。我從沒見過任何人能精準預測，而且我也相信自己絕對做不到。

這話聽起來很奇怪。如果你要預測市場的走向，當然需要指出何時會發生你預期的事吧？未必如此。

判斷市場時機並不是明確知道未來市場一定會在某個點。**重點是判斷相對於長期價值正常**

範圍，目前的市場價格在哪裡。現在很貴，還是現在很有價值？如果你能辨別市場正處於無法持續的高價位或低價位，那麼**判斷市場時機的重點就在於：根據你的判斷來配置投資組合**，然後什麼事也不做，只等待你判斷的事情發生。

所以，判斷市場時機比較像是在「**判斷現在的價值相對於長期正常的價值**」，而不是精準預測未來動向。

而且當市場價格脫離你相信的長期正常價值愈遠，你就愈能相信（但永遠無法確定）你的判斷在未來某個時候能得到回報。

判斷市場時機並不是每天股市開盤時可以做的事。就連支持判斷市場時機的人也會說，只有在市場出現極端價格時才能試著這麼做；也就是說，當股市的價格比歷史正常範圍高得離譜或低得離譜時。

這就又有一個問題了。一個投資人的一生，可能只會發生幾次重大的市場極端情況。既然能經歷的機會不多，就很難準確判斷市場時機！

判斷市場時機絕對不是一門精準的科學，也不是精準判斷市場的頭部或底部。換句話說，這不是在市場開始下跌時看出市場的頂點，也不是在市場又開始上漲前看出市場的底部。能這麼精準看出頭部和底部，就只是運氣好而已。正如投資人巴魯克曾說過的名言：「我賺錢的方式就是太早賣出。」

雖然我們談了這麼多，但重要的是要知道，許多經驗豐富的投資人都不認為判斷市場時機是有可能辦到的。

在知道這些條件後，我們就來看一看支持和反對判斷市場時機的看法。

先從反對判斷市場時機開始。

只贏一次的大師

不相信的人說，判斷市場時機是不可能的，因為未來永遠是未知的。他們指出，金融市場受制於不斷發生的新聞報導。新聞就是新聞。這表示，要知道市場應有的價位就必須等到……現在！這些人也說，**極端的市場波動很多時候是受到極端投資人情緒所帶動的**。情緒是很難解讀或預測的力量，它很快就會改變。

他們還說，任何能成功判斷市場時機的人都只是運氣好，絕對不要把運氣和能力混為一談。

不久之前，一個全澳洲投資人團體邀請我出席一場「判斷市場時機大師」的演講。被稱為「大師」是個很大的殊榮，所以我決定查一查演講者的投資紀錄。

他在二〇二〇年初新冠肺炎引發的市場賣壓前做了重大決定，將基金的股票曝險降低。但是在那個決定之前的幾年，這位基金經理人的表現很不怎麼樣。他的基金當時已經成立七年了。從成立到新冠肺炎前減持股票的決定——總共六年半的時間，這檔基金的績效顯著落後所追蹤的大盤績效（標普澳股兩百指數，S&P/ASX 200）。

他因為一個決定，而變成了股市贏家。但是在股市崩盤前脫手，只是故事的一半而已。重要的是在市場開始回漲前回到股市。在市場回漲時手上有太多現金，會嚴重拖累長期報酬。

那麼我們就來看一看這位「市場時機大師」，在新冠肺炎導致決定賣出之後的績效吧。

對他來說，或者對他的投資人來說，遺憾的是股市回漲既快速又強勁。但他當時手中卻持有過多的現金，錯過了回升的漲勢。這表示他的基金必須設法恢復投資人關係。當市場的跌勢全部漲回來（而且還漲得更高）時，這檔基金宣布，股市的漲勢比他們原先預期的還要強得多。他們的說法是，市場「達到他們永遠無法衡量的程度」。

「市場時機大師」又掉到同類型績效的底部了。

接著我要提供一些數字來說明他們的失望程度。從二〇二〇年五月到二〇二一年五月的一年間，這檔基金的績效落後大盤三五％。大盤上漲了逾二八％，但是這檔基金的報酬率卻是負六．六％。

整體而言，從這檔基金成立以來就顯著落後大盤。這段期間投資人如果把所有的資金投入在低成本的指數型基金，獲利反而會比較好。這位基金經理人一次性的成功，就好像一位撲克牌玩家輸了一整晚，但就在你走到他的牌桌前時，他亮出了手中的同花順。大家就開始稱他為撲克大師！

我還要強調這個故事的第二個面向。請記住，這場活動是全國性的股東協會，在推廣這位基金經理人預測市場時機的能力。所以請小心。看起來任何人或任何團體，甚至是對外廣為宣傳自己是投資權威的團體，都可能受到市場時機迷魂曲的影響。

預測市場時機的基金經理人

說到基金經理人被宣傳成判斷市場時機的權威，再讓我告訴你，有一位澳洲第二級基金經理人自我宣傳無極限的事。他曾公開說：「如果我們（基金經理人）不是來判斷市場時機的，那麼我們是來幹嘛的？」（我對他的回答是，投資未來可以創造強勁報酬的穩健資產，這是我認為基金經理人的主要工作，而且不需要判斷市場時機也可以辦得到。）然後他又繼續宣稱自己判斷市場時機的能力。

所以我查了一下他的投資紀錄。

在全球金融危機最嚴重時，他公開建議投資人別進入股市。他警告，這時候投資實在太危險了。

錯了。市場從那個時間點反彈並強勢上升。

在我寫這些事情時，這位經理人管理的基金仍持續落後大盤。更重要的是，不論你選擇任何期間，他管理的每一檔基金都落後大盤很多。

績效落後並沒有打擊他，這位經理人仍繼續嘲諷任何推廣買進並持有的策略（也就是不試著判斷市場時機）。

就像英國經濟學家凱因斯在一九三八年寫給科申（FN Curzon）的一封信上說的（稍後會再詳細說明），**買進並持有的投資人，通常都會超越任何判斷市場時機卻嚴重誤判波動的人**。自以為能判斷市場時機絕對很吸引人，但是上述兩位基金經理人，可能只是在愛蘭爾童話中，尋找傻子才相信存在的黃金而已。

好吧，我承認到目前為止，我說的這些故事無法證明或反證判斷市場時機是否可行。正如他們說的，一隻燕子（或是在這個情況下是兩隻）並不能證明夏天來了。所以問題仍在於，凱因斯說的是否正確？判斷市場時機是否只是另一個股市迷魂曲？或者，到目前為止這兩位基金經理人只是運氣不好，接下來的幾年績效會比較好？

我們就來問問一些金融專家的看法吧。有請凱因斯站上證人席，指證市場時機。

接受股票會下跌，這是投資人的責任

一九三八年三月十八日，經濟學家凱因斯寫信給保險公司國衛（National Mutual）的代理董事長科申。科申在凱因斯不在時代理董事長的職務。

凱因斯會寫這封信，是因為科申最近批評凱因斯的投資風格。科申尤其覺得在凱因斯的管理下，這間保險公司的股市曝險過高。

科申打算透過出售凱因斯之前推薦的公司股票來減少曝險。那陣子美股重挫令他感到擔心；在那之前十二個月，道瓊工業平均指數比當時高出六〇%。由於有說服力的凱因斯倡導高曝險，所以市場下跌對國衛投資組合的影響，比對競爭對手的投資組合還要來得更嚴重。

但是科申的意見被否決了。凱因斯是比他更有眼光的投資人。以下的內容摘錄自凱因斯寫給科申的信中，為自己的投資策略辯護的三段文字：

「我不相信以非常低的價格賣出，可以彌補沒有在高價位時賣出的錯誤。如果我們會被人批評，那也會是批評我們沒有在去年八月前賣出更多。在事件發生之後看來，提早賣出的確是有好處的。但即使是現在回顧過去，必須要有異於常人的先見之明才會這麼做。」

「……然後美股崩盤的速度和程度是任何人都無法預測的，所以沒有人有時間採取預期的行動。不論如何，我不認為在暴跌後沒有賣出應該要被任何人批評。在價格跌破內在價值以及長期機率的合理估計值後，也無法再補救了。這時要彌補先前策略的缺點已經太遲了，正確的做法是留在原來的地方什麼也不做。」

「當市場觸底時，我並不覺得手中仍持有股票是一件丟臉的事。我不認為機構投資人或任何其他認真投資人的工作，是一直考量是否要在市場大跌時停損並逃命，更不用說這根本不是他們的責任。我認為不只是如此，我認為認真投資人的責任是，時不時就要接受手中的持股價值會下降，而不是責怪自己。」

這些話清楚說明了凱因斯對判斷市場時機的觀點：判斷市場時機是很困難的事，甚至是不可能。

凱因斯建議不要在那時賣股票，這個想法後來證明是正確的。在他寫這封信時，美股正在低點。一年後漲了二〇％、十年後漲了四〇％。凱因斯反對科申試著判斷市場時機的做法，後來被證明是正確的。

金融六巨頭

二〇一六年時，我受邀對一個投資人團體演講，題目是「如何判斷市場時機」。但我把演講題目改成「判斷市場時機以及其他童話故事」。接下來我要告訴你，那天晚上我和聽眾們說的話。

很多金融界的大人物都說自己很懷疑「判斷市場時機」這件事。我放的第一張投影片引述資深投資人約翰．柏格的話，也放在本章的開頭：

「我不知道誰能辦得到，也不知道有誰過去曾經辦到。嘿，我甚至不知道有誰認識任何人能一致、成功、反覆正確判斷市場時機。」

如果真的有人能抓得準市場時機，那就是柏格了。他從事金融業將近七十年。他是二十世紀中一直到二十一世紀初，金融業最受敬重的人之一。一九九九年，《財星》（*Fortune*）雜誌評選他為二十世紀投資業四大「巨人」之一。但是柏格並不相信人們能判斷市場時機。

在我以柏格的那句話作為演講的開場後，我感謝觀眾請我出席，然後就走到觀眾席裡坐下。我想著：「為什麼不行？」柏格比我更有資格談論判斷市場時機的問題。

但是這些人在澳洲寒冷的五月天夜晚來聽演講，我知道不應該只給他們看一張投影片。所以我又回到講臺上，繼續演講。

接下來，我給觀眾看我在旅行時讀過的一些書，這張投影片的目的是要突顯一些市場上的離譜信仰。

首先，有一本書名叫做《關於市場時機：輕鬆開始》（*All About Market Timing: The Easy Way to Get Started*）。嗯……輕鬆是嗎？

然後下一本書名是《股市時機終極指南：地球宇宙與操作週期的相關性》（*Ultimate Book on Stock Market Timing: Geocosmic Correlations to Trading Cycles*）。嗯……占星嗎？我不知道研究天體要如何幫助我們了解市場，但是我們不妨保持開放的心胸，繼續看下去。

接下來，我介紹了股市重要人物中，我的「夢幻團隊」。投影片放了夢幻團隊中每一個人的觀點，以及他們判斷的市場時機。先前已經提過柏格對於預測市場時機的看法了，後續又在夢幻團隊中加入五個人：

一、巴菲特：被視為史上最成功的投資人
二、葛拉漢：巴菲特的恩師，常被稱為「證券分析之父」。
三、凱因斯：二十世紀最重要的經濟學家，本身也是很厲害的投資人。
四、彼得．林區（Peter Lynch）：富達投資公司麥哲倫基金（Magellan Fund）的經理人，從一九七七年到一九九〇年的年報酬率驚人，只略低於三〇%。
五、約翰．皮爾龐特．摩根（John Pierpont Morgan）：十九世紀末到二十世紀初，全世界最有權勢、最有影響力的金融巨擘。

我告訴聽眾，**如果有人想要辯論市場時機這個主題，我很樂意把我的夢幻隊伍「金融六巨頭」拿來和任何團隊比較。**而且我會請對方「別遷怒傳遞訊息的人」，並告訴他們，上述所說的意見都不是我自己的，而是有史以來最偉大的六位投資專家的意見。

我們已經聽過柏格的說法了，接著就來聽聽夢幻隊其他五個人的看法：

- **巴菲特**：一九八七年在波克夏海瑟威的年度股東大會上，巴菲特告訴股東：「我從沒遇過任何能預測市場的人。」巴菲特一直保持這個觀點，因為他在許多年前也曾說：「我的工作不是預測大盤或是商業波動。如果你認為我能辦得到，或是覺得這對投資來說很重要，那麼你就不應該和我合夥。」

- **葛拉漢**：「除非『買入時機』是指吸引人（合理）的價格，否則不可能靠預測市場取得成功。」
- **凱因斯**：「因為很多原因，全面轉換投資策略的想法既不可行，也絕對不理想。大部分的人都太晚賣、太晚買。」
- **林區**：「我永遠保持滿倉，這樣機會來臨時才會不錯過。這種感覺很棒。」
- **摩根**：當記者問他，股市未來的走向如何時，他回答：「會波動。」

在介紹這些反對判斷市場時機的時候，我是否帶有偏見？我是不是精挑細選證據，以支持我本來的觀點？也許是吧，但是這些金融巨頭的意見實在不容忽視。別忘了，這些話是他們說的，不是我。

要成功預測市場時機（而不只是運氣好），需要感覺到事情會改變，認為市場正在失常。接著我們就來看看為什麼這很難辦得到。

人們就是無法預測未來

就在導致美國參與第二次世界大戰的日本偷襲珍珠港前幾個月，前海軍情報部主任威廉・波爾斯頓（William Puleston）上校曾說：「夏威夷群島受到非常良好的保護……日軍艦隊和空軍對歐胡島不會造成嚴重的威脅。」

偷襲珍珠港前三天，海軍部長弗蘭克・諾克斯（Frank Knox）說：「不論發生什麼事，美國海軍不會猝不及防。」

日軍攻擊當天早上，在被告知至少有五十架飛機靠近時，負責雷達的軍官回應說：「別擔心……沒事的。」

這類行為並不是獨立的事件，在我們生活中各種層面都充斥著，包括投資在內。**不同於海嘯和極端氣候事件，股市崩盤前不會警告你快要垮了。**知名猶太商人德拉維加見證了一六八八年的荷蘭股市崩盤，並撰寫成書。在他的著作《混亂中的混亂》中，他描述在崩盤前投資人普遍的氣氛是這樣的：「在交易所有很多資金和充足的信貸……充滿創業的精神……有好消息。」換句話說，德拉維加和投資人都不知道即將發生的崩盤。

英國銀行家亨利・霍爾（Henry Hall）親自體驗了在一九〇七年崩盤之前，盲目的樂觀氣氛充斥於美國投資人之間。他的描述如下：「那個古老的危機前兆故事，在所有細節上都重複出現了。」

類似的評論也可以用來描述過往的任何一次股市崩盤前，投資人、券商、分析師以及評論員的氣氛。

我會把崩盤前的投資人比喻為一整船尋歡作樂的人，在尼加拉河順流而下。他們對即將來臨的危險毫不知情，盲目的狂歡，而船卻愈來愈接近瀑布。經濟學家高伯瑞在《金融狂熱簡史》

（*A Short History of Financial Euphoria*）中寫道：「參與派對的人保護並且維持狂歡的氣氛。」

別忘了，**不只是新手的行為如此。就連專業人士也和其他人一樣，他們都曾在崩盤前盡情狂歡。**

會發生這樣的事是因為，目前的條件會矇蔽了我們對未來的感受。我們相信現狀會維持下去，而且現在可以推斷未來。我們低估了改變的可能性。但現實情況正如希臘哲學家赫拉克利特斯（Heraclitus）所說的：「改變是唯一不變的事。」

諷刺的是，當改變無可避免的發生時，很多人會說：「這其實很明顯。」**但如果很多人看得出來股市即將崩盤，早就已經崩盤了。**想一想吧！

為什麼看不出來股市快要崩盤？

你是不是很常聽人說：「我早就發現上次的崩盤。」

我的投資生涯經歷過四次股市崩盤。有三次我沒有算到，只有一次預期到了：

- 一九八七年——我沒預料到。
- 二〇〇〇年——網路泡沫（太明顯了）。
- 二〇〇八年——我沒預料到。
- 二〇二〇年——我沒預料到。

以上是我誠實的自我闡述。然而，你必須小心那些承認自己失誤的人。因為人們有放馬後炮的傾向。**在崩盤前沒有說，卻在崩盤後說早就預料到了。**

那麼我說自己預料到網路泡沫破滅，是不是也犯了相同的錯？絕對不是。早在泡沫破滅之前好幾個月，我就像膽小鬼一樣喊個不停。問我的朋友就知道了。

我認為當時網路被過度炒作的原因很簡單：因為那些新創網路公司毫無價值，但價格卻高得離譜。願意花時間看的人，很容易就能看到這些跡象。顯然，很多人都不去看。

若要預測崩盤，你必須看得出來情況失衡——例如違反金融規範……而且程度很嚴重。

羚羊害怕時只會跟著跑，不問原因

如果要在市場修正前預測是件困難的事，那麼事後一定會很清楚吧？

未必如此。

以美股一九八七年十月的崩盤為例來說明。股市在一天內就跌掉了二三％（十月十九日）。這是史上最大單日跌勢（以跌幅來計算）。

二十三％！這麼大跌幅背後的原因一定很明顯——就算事前不明顯，事後也一定能看出來。

並沒有！

在那次創紀錄的崩盤後的四個月，有六個獨立調查以判斷崩盤的原因。以下是進行調查的機構：布雷迪委員會（Brady Commission）、商品期貨交易委員會、美國證券交易委員會、美國審計總署（General Accounting Office）、紐約證券交易所、芝加哥商品交易所。

調查後各式各樣的解釋出爐，光是這一點就說明了一件事：他們的調查發現不一致。關於一九八七年十月崩盤背後的原因，每個人都會提出自己的論點。但事實是，從來就沒有任何明確、普遍被接受的單一的原因。

所以我要問一個很明顯的問題：如果六份獨立調查（包括好幾個小時的專家意見）都無法判斷史上最大單日崩盤的原因，甚至是在事後也找不到原因，那麼任何人還能抱有什麼期望，以為能在崩盤之前預測到即將崩盤？

美股在單一交易日內暴跌二十三％，這個簡單的事實表示這是一個巨大的意外。**市場上普遍的觀點是不可能崩盤，因為認為會崩盤這樣的想法，早就導致崩盤了。**

美國經濟學家羅伯·席勒（Robert Shiller）在一九八七年崩盤後，對專業投資人進行意見調查，試圖深入了解他們當時想法背後的原因。

結果顯示，沒有任何新聞報導或謠言導致受訪者決定出售。大多數受訪者表示，他們的行為是在回應周遭人們的行為。**他們的反應是對正在發生的事情所做出的反應，而不是因為他們了解發生了什麼事。**

我想把他們的行為比喻為一群正在吃草的羚羊。羚羊群中有一隻感覺到危險便飛快跑走。其他羚羊跟上去並不是因為牠們感覺到立即的危險，而是因為其他羚羊正在行動。

一九八七年十月崩盤的並不是只有美股而已。世界各地的股市都在同步重挫。在華爾街崩盤後，澳股隔天跌了二十五％。

看來羚羊蹄子的聲音似乎可以跨越海洋。

麻省理工學院在一九八八年做的一項研究，探討許多股市重大波動背後的因素。他們檢視戰後美股五十次單日最大跌幅，然後在《紐約時報》尋找突發的新聞報導。他們提出的問題是：「重大新聞和重大的波動：兩者之間有關聯嗎？」

他們所做的結論如下：「我們的結果顯示，有將近一半的股價變化，很難用與基本面價值有關的公開資訊來解釋。」

這是個早就被認同的事實。德拉維加於一六八八年就寫道：「股市的漲跌可能是因為對股票交易本身的意見。因為這個原因，（這類）新聞的價值並不高；正反兩面的消息，都有可能會朝相反的方向運作。」

換句話說，小道消息與股市波動之間的關係，並非你可能預期的那麼清楚。新聞不多時，股市同樣有可能會修正。

離開派對很痛苦

想像一下，你是判斷市場時機的信徒——也就是說，你相信有可能預測市場時機，所以你正在尋找可能的市場修正。你就像前面的比喻中，在尼加拉瀑布順流而下的船上乘客。你並沒有盲目的和其他人一起狂歡。相反的，你正在船首，充滿警覺尋找可能的危險。

你希望在崩盤發生前，賣掉你手中的持股以換成現金。但是市場仍在上漲，所以你不想要太早賣掉，才不會錯過任何可能的漲勢。你在貪婪和恐懼之間拉鋸著。你享受著投資組合的漲勢，但風險在於你可能在漲勢頂端把錢全都押進去了，而沒有足夠的時間可以離開。

在討論預測股市崩盤前的出場時機時，我所能提供最好的描述就是巴菲特在二〇〇〇年致股東信中的一段話：

「最能讓人失去理智的東西，就是輕鬆賺到的大筆金錢。在經歷那樣令人頭暈目眩的事情後，正常理性的人會開始出現像灰姑娘在舞會中的行為。他們知道在狂歡中待太久……終究會現出南瓜和老鼠的原形。但是他們仍不想錯過這場狂歡的任何一刻。因此，興奮的參與者全都打算在午夜前幾秒鐘離開。問題在於：在他們狂歡的舞廳裡，時鐘並沒有指針。」

崩盤通常都沒有警告就發生了。甚至在崩盤真正來臨時，可能都不是很明顯。

這是因為重大的修正，並非都像一九八七年十月那樣是一次令人痛苦的重挫。通常比較像是諺語所說的「慢速火車事故」。

每一次崩盤真正的規模，幾乎都只能在事故發生之後才能確定。而且很明顯的是，當我們需要決定該怎麼做時，都無法及時獲得崩盤的資訊。**金融危機通常都是每天令人痛苦的慢慢揭**

露出來。今天是否要繼續投資的決定，並不會比昨天或前天還要容易。

金融危機有其源頭，且結果與人類的行為有著密切關係。這非常複雜又難以理解。正如在一七二〇年南海泡沫[1]中虧損重大的艾薩克．牛頓（Isaac Newton）爵士曾說過的一句話：「我可以計算天體的運行，卻算不出人類的瘋狂。」

為市場擇時說句話

好了，我說的負面理由夠多了。該聊聊判斷市場時機的正面理由了。雖然證據很少，但我還是會盡力找一些出來。

首先，我們來談談辨別市場的高點——也就是「市場大幅向下修正」前。

稍早曾說過，我預測到網路泡沫的來臨。我不知道何時，但我相信終究會發生。為什麼是網路泡沫？還有為什麼我沒有預測到其他金融危機的來臨？

因為網路泡沫是一個特有的事件，當時的情況相當瘋狂。

1 編按：「經濟泡沫」一語即源於此事件。與同年的密西西比泡沫、一六三七年的鬱金香狂熱並稱歐洲早期「三大經濟泡沫」。詳見第三三六頁。

投資人（我對投資人的定義很寬鬆）非常著迷於任何沒有價值、燒錢、公司名稱結尾是.com的新創公司，以致於他們完全失去任何對商業或投資現實的感受——應該說，他們一開始就完全沒有感受到這點。

不可能用傳統的方式去評估這些價值，因為沒有幾間公司真的創造任何獲利，而且到底哪幾間公司會賺錢，充滿了非常大的不確定性。

新創公司的分類是按照他們的「燒錢速率」——貪婪、急切的投資人提供資金，被他們所投資的「公司」沖到馬桶裡的速度有多快。

我無法理解投資人給予這些東西的評價。一個會吃錢，而且毫無希望改變情勢的東西，價值是多少？對大部分的人來說，答案是不到零。

（顯然大約在這個時期成立的亞馬遜是個例外，但是沒有人了解它未來的成長性。當時逾九〇％的網路公司都倒閉了，要從中挑選未來會成功的公司，基本上就像買樂透一樣。）

沒錯，我完全了解網路公司最後會以血淚收場。

但是預期穩健、賺錢的公司股價何時會腰斬，就像二〇〇八年全球金融危機和新冠肺炎在二〇二〇年初導致的重挫那樣，這就是另一回事了。在這兩次崩盤前股價過高（在大部分崩盤前的確是如此），通常比較難看得出來。

沒有投資網路公司的投資人，請讓我告訴你們當時的情況。

網路狂潮

一九九〇年代末期網際網路雖然不完全是新的科技，但對大部分的人來說卻相當新鮮。全世界都在使用網路，成長速度非常快。網路顯然提供令人興奮的新業務以及溝通機會。

原本的實體商店不再是唯一販賣商品與服務的市場了。許多公司，尤其是零售業者都開始行銷全球，當時看來非常愉快。大部分所需的昂貴基礎建設，都已經由別人建立完成。企業不需要花錢就能建設網路、設立郵遞服務，遞送他們販賣的商品，或是建立銀行系統進行支付。這些全都已經由別人準備好，而且付了錢。

每天都有新的網路公司成立，雖然其中只有極少數賺錢，投資人卻並未因此感到畏懼。全都被認為會成功。最後，大部分都倒閉了。

投資人的熱情和企業基本面幾乎沒有關係；飆升的股價吸引著投資人進場。美國的科技指數，那斯達克綜合股價指數——涵蓋大部分網路公司——在一九九〇年代最後的五年漲勢是驚人的四〇〇%。

那斯達克在二〇〇〇年三月觸頂，然後泡沫破滅了。那斯達克崩跌，接下來的兩年半重挫七八%。

澳洲也沒有置身網路熱潮事外。當時的市場新寵是一間數位服務公司，墨爾本資訊科技（Melbourne IT）。一九九九年時在澳股掛牌價格是二・二澳幣。接下來幾個月後股價漲了六倍。然而在泡沫破滅後股價崩跌，一年內重挫九三%（但墨爾本資訊科技後來的確是間賺錢的公司，只不過股價已經大跌了）。

許多網路公司的股價跌到零，它們虛構的商業模式就這麼人間蒸發了。

所以，全世界的網路泡沫破滅衝擊，如何影響整體股市（也就是非網路公司）？科技指數那斯達克從頂端重挫七八％，非科技為主的道瓊指數在同一段時間跌幅較少，只有二六％，而澳股指數（掛牌的網路股相對較少）在同一段時間跌幅顯著小得多，只有一〇％。我們不知道那一〇％的跌幅有多少是網路泡沫破滅造成的（如果有的話）。不論如何，澳股的跌勢大部分都集中在網路股。

我完全不碰網路公司。正如先前所說的，這對我來說很容易，因為我的規則是不買還沒有賺錢的公司。網路泡沫並不表示我在那段期間完全不碰股市；我仍然投資很多錢在股市的其他地方。

我還記得當時的感受。我被這整件事吸引，對人們的行為感到非常著迷。儘管時期和參與者都不同，但我在書上看過類似的行為。網路公司就像蘇格蘭作家查爾斯．麥凱（Charles Mackay）一八四一年的經典著作《異常流行幻象與群眾瘋狂》（*Extraordinary Popular Delusions and the Madness of Crowds*）中的一章。那種感覺就好像雖然是第一次看某部電影，但我已經知道結局會如何。

對我來說，這一直都是準備好要破滅的泡沫。我不知道何時會破滅。但我知道它會破滅。

挑選市場的低點

我已經說過，我無法預測大盤何時會觸頂以及何時會崩盤。就這一點來說，我覺得很類似凱因斯寫給科申的信中提到：「股市跌到谷底時，我不覺得手中仍持有股票是一件丟臉的事。」

但我對股市崩盤剛開始時該做什麼事，感覺又不同了。一九八七年、二〇〇八年和二〇二〇年的崩盤後，我帶著信心投資。

金融家亨利．克魯斯（Henry Clews）在一九〇八年出版的著作《華爾街的五十年》（*Fifty Years in Wall Street*）中描述自己的操作方式。克魯斯說，**在別人不投資股市的時候，那些經驗豐富的投資人會開始對市場產生興趣。**

「如果年輕人能有耐心觀察那些時候的投機跡象，如同那些先知般的老投機客們定期從安全的殼裡走出所表現的那樣，那麼比起一整年跟隨證券交易所的專業『指標』所提供的不可靠『小道消息』，他們就能在這段時間裡賺到更多錢……。因此我要告訴年輕的投機客，務必留意這些老頭對華爾街的到訪。恐慌前夕必定會看到他們，就像下雨前的蜘蛛般，從蛛網上悄無聲息的爬出來。」

這些老傢伙是否真能像克魯斯說的，看得出「恐慌前夕」，我保持懷疑態度，但我可以想像他們在崩盤之初的樣子。

在我看來，這就是判斷市場時機的重點。**我無法預測頭部，但要在崩盤初期看出來投資人的恐慌還是很容易，在那之後才是投資的最佳時機——當你感覺到市場全然失去信心的時候。**我在二〇〇九年初全球金融危機之後看到的就是這種情形。

那麼，為什麼大部分的人在市場崩盤後卻沒有信心投資——他們不是尋找買進的機會（在價格較低時），反而是選擇完全不進場？那是因為這些人受到「買得起的東西就不是好東西」這種直覺式思考影響太大了。

他們過於重視當下發生在自己身上的事，相信當下的狀況會一直持續下去。在崩盤之初，他們經歷焦慮、絕望和財務上的痛苦。他們相信，離開市場而且待在場外，痛苦就會結束。

這些都不令人意外。面對現實吧，人們就是會因為一點小事而開始為錢焦慮。我記得在我還是股票分析師時，有次收到一位女士寄來的電子郵件。她簡直嚇壞了，因為她的可口可樂澳新太平洋公司（Coca-Cola Amatil）股價，自她買進以來已跌了一〇％。她不是有點擔心而已，是真的嚇壞了。

當然還有社會因素。在股市崩盤後，集體迷思會讓焦慮的整體氛圍持續下去。還記得前面說過，香港糕餅店排隊的人潮引發銀行擠兌的故事嗎？還有布魯克林大橋上一名女子的尖叫聲，引發人群狂奔的事？下次股市又崩盤時，誰能保證你不會想要急著賣出自己的持股？

我在本章前面引述過偉大的巴菲特對判斷市場時機的看法：「如果你認為我能辦得到，或是覺得這對投資來說很重要，那麼你就不應該和我合夥。」巴菲特否認判斷市場時機的能力。

我再次引述巴菲特的話，因為我想告訴你幾年前我和朋友的一段對話。他和我一樣，也對投資非常感興趣。有天我們在我的車上聊著市場的事，朋友說道：「巴菲特宣稱沒有人能成功判斷市場時機。他很虛偽，他明明就會判斷市場時機。他總是在崩盤開始時買進一大堆股票。」

巴菲特其實喜歡判斷市場時機？

我並不相信巴菲特是虛偽的人，而是這位朋友對他的情況解讀不正確。判斷市場時機的人，會在股市走勢出現整體轉變時交易股票。就這一點而言，他們也會希望在對的時機買賣以大盤為指標的基金賺錢，就像買賣個股一樣。

但是巴菲特並不是這樣。對他來說，大盤的情況絕對很重要。但這並非他採取行動的主要動力。

巴菲特的做法是研究個別公司。一旦他找到有興趣的公司，他就會設定一個願意買進的價格。**如果股市的價格高於他想要的價格，他就不會買。但他會準備好坐著等待，希望有一天會跌到他想要的價格。**

顯然在崩盤之初，有許多股票的價格很便宜，這就會使巴菲特開始買進。所以對觀察者來說，巴菲特看起來像是判斷市場時機的人。

巴菲特自己也證實了這一點。一九九三年六月十六日當天，巴菲特和八位其他執行長受邀到白宮，與時任美國總統柯林頓（Bill Clinton）共進午餐。在經過兩個小時與總統的午餐會後，巴菲特接受記者訪問，其中一位記者問他，股市現在的價值是否被高估了。

他回答：「我向來不擅於評斷市場。我只試著評估特定的公司。如果我可以每年評估幾間公司的表現有一半正確，我就會認為那一年算是成功的一年。我從沒有靠著憑空猜測市場走向來賺錢。」

巴菲特並非唯一持有這個觀點的人。舉例來說，大約三個世紀前，英國《旁觀者》（*The Spectator*）雜誌的共同創辦人李察．史提爾（Richard Steele）爵士寫道：「深入了解自己希望與恐懼的事、當別人讚揚時持不同的態度，以及在別人覺得賣出比較有利時買進而偷偷感到喜悅，沒有比這更有用的事了。」

巴菲特認為自己是抱持機會主義的選股人，而不是預測市場時機的人。這之間的區別非常微妙。

「在價格低於價值時買進」

本章稍早我引述巴菲特導師葛拉漢的話：「除非『買入時機』是指吸引人（合理）的價格，否則不可能靠預測市場取得成功。」這和上述巴菲特的評論一致，他認為**投資的重點在於「判斷買進個別公司的公平價格，而不是市場整體的價格」**。

但是在他的著作《智慧型股票投資人》中，葛拉漢寫道：「當投資人判斷市場價位已經高得危險時，健全的策略會是減持普通股的持股至五〇％以下。」這時的葛拉漢指的是大盤非常高的情況下，不是個股價格非常高。

那麼我們要如何像葛拉漢要求的那樣，判斷「市場已經高得危險」呢？葛拉漢並沒有明確告訴我們。用他自己的話來說，這要靠「投資人的判斷」。

判斷是嗎？顯然每個人對事情的判斷都不一樣。所以葛拉漢的建議並不是萬靈丹。

判斷股市情況第一步：「自己」判斷！

「有可能學習判斷市場時機嗎？」這個問題的答案看起來——至少在我看來——是「有可能」也是「不可能」。

我這麼說是因為我同意葛拉漢的看法。這裡最主要的因素是個人判斷，而判斷要視個人特質而定——你可能有或可能沒有這些特質。然而，這些成功特質難以教導，甚至是不可能教。

財務判斷力視你處理資訊的方式而定。**你必須以相對獨立的方式來判斷資訊（不要被周遭的意見過度影響），而且還要相對理性。**

我說的「獨立」是指將社會影響降到最低，**你採取的行動必須是自己深思熟慮後的結果，不是別人的信念。**獨立思考的能力和個人特質有關；指導沒有什麼太大的幫助。不過，光是獨立思考的能力還不夠；有許多獨立思考的人認為世界是平的，而且金字塔是外星人建造的。

我來解釋一下這些如何應用在金融市場裡。

判斷股市在任何時間點的價格過低或過高，並不完全是科學或數學上的考量。數字和公式的確有價值，但有限。這不像看著溫度計就能判斷是熱還是冷。

那麼，要怎麼判斷呢？

首先，很重要的是必須了解「金融市場會受到一些無法判斷的因素影響」。大部分的因素都是看不出來而且無法衡量的，而可以看得出來的因素（可能還有看不出來的因素）其強度和影響的程度都一直在改變，所以使情況變得更複雜。

但是，如果其中一個因素偶爾變成主要的影響要素會如何？而且如果你可以看到何時會發生又如何？**的確有時候你可以看得出來。這種時候就是當市場參與者的情緒變得極端、非常不一致的時候。**

在這種時候你所面臨的問題就是，**一般人——而且請記住，你就是一般人——會從其他人的行為和信仰中看到暗示。**正如我在第四章中的說明，你可能會潛意識的跟隨周遭人們行動。

雖然在大部分的社交場合中這麼做沒有關係，但是在股市中就有關係了。受到情緒高漲的群眾影響，並不是做出健全投資決策的環境。正如在一七二〇年南海泡沫投機潮的高峰，一位倫敦的律師觀察倫敦交易巷（Exchange Alley）裡股市參與者的行為時說：「我想要去看看人群……結果昨天我看到的情況，簡直就像是瘋人院裡所有的神經病同時逃出來一樣。」

所以，**判斷股市情況的能力，要從（盡可能）阻絕社會的影響開始。**

接著就是訓練的部分了——換句話說，就是發展出當「所有的神經病同時逃出來」時還能判斷的能力。

大量閱讀金融歷史對判斷力會有很大幫助，我無法形容這個重要性有多大。多讀有關金融業榮景與破滅的書，了解那個時候人們的想法和行為；股市有長達四個世紀的歷史可以研究。你會開始了解，每一次我無法形容的故事都是一樣的。唯一不同的只有人物。

具備了股票市場歷史能給你的教育後，你就會開始了解均值回歸（mean reversion）的概念了。均值回歸是什麼？別擔心，我會在本書稍後（見第二十章）用一整章的篇幅來介紹。

那麼我在這段討論中的立場又是什麼？

正如我說過的，我比較擅長看出氣氛低迷的市場，而不是狂喜的市場。就像巴菲特常說的金句，我比較擅長「別人恐懼，我貪婪」。

我覺得這相對來說容易得多，因為我從不覺得有迫切的需要跟著別人做一樣的事。舉例來說，我一直都比較喜歡個人運動而非團體運動，或是「做自己的事」。青少年時期在陸軍官校就讀時，我們的教育班長會大喊命令「向左轉」，而我偶爾會故意向右轉，然後朝反方向前進（幸好從來沒發生過戰爭！）。

雖然是這麼說，但我也是個實際的人。我是普通人，所以不可能完全不受社會影響。這是我的情況，而每個人都不一樣。你要根據自己來做決定。但是除非你面對真正的金融危機、你的資產真的有危險了，否則要人們自我評估通常都很困難。

不過我們還是來試一試吧，演練一下在股市崩盤時可能會有的反應。

如果身在一九二九年，你會如何反應？

接下來，我要你接受一項測驗。別擔心，只有你自己會知道測驗結果。不過我需要你對自己完全誠實。

在接下來的幾頁中，我會描述美股在一九二九年崩盤的情況。我要把焦點放在一九二九年九月到一九三二年七月這三年。

我要你回到一九二九年，想像一下自己身在其中經歷一切。我要你判斷自己可能會有的感受，並且假裝你的股票投資組合被美股一九二九年的崩盤跌勢徹底擊垮，以及接下來的幾年內，你可能會有的行為。

讓我們開始一九二九年九月的刺激旅程吧！這時股市劇烈震盪，道瓊指數過去五年來已漲了四倍。每個人都在賺錢，就連對投資毫無概念的人也是。人們對股市未來的信心非常狂熱。

如果你當時投資股票，那你可能會拍拍自己的背，認為自己很聰明。畢竟「市場專家」們一致同意你做的投資決策。他們說這是美國企業新時代之初，這個時代能帶給所有人持續繁榮的未來。

雖然你對做了所有正確的決定感到很有信心，但你沒有注意到一件事：**那就是專家並非真正同意你的做法，是你的觀點受到他們的影響。**

舉例來說，你讀到一九二九年八月《女士之家》（*Ladies' Home Journal*）刊登的一篇文章，標題是〈所有人都應該變有錢〉（*Everybody Ought to Be Rich*）。這篇文章是關於一位知名的紐約商人約翰・雅各・拉斯科布（John Jakob Raskob）的訪談內容。拉斯科布提議，通往富裕的道路就是持有普通股。雖然這幾年來股市的力道很強，但他認為「我們才剛開始而已。」

然後是非常受人敬重的美國經濟學家與股市評論員爾文・費雪。他才剛宣稱股價「看似永遠的高原期」。

你認為自己比一般投資人更了解情況，因為你廣泛閱讀。然而在閱讀時，你發現知名經濟學家兼商人羅傑・巴布森（Roger Babson）對市場的態度不太一樣。巴布森相信，市場目前價格過高。但是他持悲觀態度已經好幾年了，所以他就是典型的放羊的孩子。

他早在五年前就開始賣股票了。這麼早賣出，表示巴布森沒有從這些年來股價的漲勢中充分獲利。所以你選擇不要聽巴布森的話。你告訴自己，他是白痴。你做的決定比他好得多，為什麼要根據他的建議而考慮賣出？

你比較認同大人物拉斯科布和費雪的話。他們正面的訊息和你目前為止經歷的情況一致。**像他們一樣的專家支持你的觀點，會出什麼差錯嗎？**你告訴自己，現在開始股市只會繼續上漲。

我應該沒說錯吧？有人會做出和專家建議、大眾投資行為相反的事嗎？在一片期望和掌聲中，你會賣出嗎？我認為不會。我們繼續看下去。

幾天後，黑色星期四來了。

一九二九年十月二十四日星期四，美股開盤就重挫一一%。這是很大的跌幅，但是到了收盤前，大盤已經穩定下來，並且收復了大部分的損失。塵埃落定後，當天的跌幅並不大。收盤時指數只下跌了二%，沒什麼好擔心的。

報章雜誌將當天市場收復跌勢的原因，歸因於紐約證交所副總裁李察．惠特尼（Richard Whitney）的行動。手中持有多位重要紐約銀行家提供的大量現金，惠特尼在賣壓強勁時站上紐約證交所交易廳。

當市場重挫時，惠特尼出價以每股兩百零五美元買進兩萬五千股美國鋼鐵（U.S. Steel），出價遠高於當時的市價，接著他對其他績優股也進行同樣操作；這些行動對原先充滿恐懼的投資人帶來信心。市場穩定、逆轉情勢，然後收復早上大部分的跌勢。惠特尼被稱為當天的英雄，並且被稱為「華爾街的白騎士」。

在報紙上讀到惠特尼的行動後，你認為自己的股票投資組合肯定不會有事。接下來兩天的交易確認了你的信念。

星期五和星期六的市場很穩定（對，以前股市在星期六也開盤）。看起來一切都恢復正常了，所以你認為可以繼續持有投資組合。不需要賣出，但也沒有多餘的錢可以買股票了。

還是我說錯了？你會賣出所有的投資組合換成現金嗎？你會感覺到市場上有什麼是紐約證

交所副總沒看到的事嗎？我非常懷疑。但我們還是繼續看下去。

兩天後，黑色星期一（十月二十七日）當天，股市重挫一三％。隔天股市又再跌了一二％。現在，你的股票投資組合價值，比八週前少了三〇％。那麼你現在會怎麼做？你問了自己，明天市場會怎麼樣？會漲還是會跌？你愈來愈明白，自己其實並不知道。

你後悔沒有在八週前的市場高點時賣出。事實上，光是想到就覺得痛苦。**你非常希望大盤能漲回那個水準，到時候你就一定會賣股變現。**

受到懊悔的刺激，你目前的計畫是按兵不動，等到（如果）大盤漲回到九月時的高點再賣出。**現在主導你做決策的因素，只剩下「希望」**（歷史告訴我們，大盤一直過了二十五年才漲回到當年九月的高點）。

然而大盤並沒有漲回來，就只是一直下跌。接下來的兩個星期，大盤又再跌了一四％。你手中股票的價值，只有十個星期前的一半了。情緒的痛苦現在非常強烈，你唯一面對的方式就是不理它。一切都開始變得不真實，你想要大喊大叫，也想否認這件事發生了。

那麼現在要怎麼做？你在兩個方案之間搖擺不定：一部分的你想要賣出，希望這麼做能讓自己不再因為虧損和不確定性的折磨而感到痛苦；但另一部分的你則無法忍受賣出這個想法。十週前你還覺得自己很有錢，如果現在賣出，那你就會毀了再次賺錢的任何機會。更重要的是，**如果之後大盤漲回到先前的水準，到時候你就會因為現在賣出而怨恨自己。**

當知名的悲觀主義者巴布森，在一九二九年底說：「跌勢已經結束了，新年時股票價格將會上漲」，推升了你對股價回升的希望。崩盤前你不相信他的預測，但現在你又接受了。他的預測給了你希望，所以你迫不及待的相信這個訊息。

市場現在開始回漲了。從一九二九年十一月中的低點開始，股市在接下來的五個月大漲了四八％。一九三〇年初時的經濟氣氛很平靜。

有趣的是，《泰晤士報》（*The Times*）的編輯們將美國探險家李察・柏德（Richard Byrd）的南極探險，稱為一九二九年最重要的新聞（而不是十月的崩盤）。

隨著華爾街股價上漲，你的信心也恢復了。現在是一九三〇年四月。你告訴自己在十一月時做了正確的決定，留在市場裡不要賣股票。你撐住了！你是判斷市場時機的大師！

還是我說錯了？你會在股市反彈前忍不住賣出股票嗎？

現在市場已經反彈五〇％了。如果你手上還持有股票，你會選擇賣掉還是繼續持有？決定了嗎？好，我們繼續看下去。

幾個星期後你在報紙上看見，新任命的紐約證交所總裁惠特尼，最近前往波士頓的亞崗昆俱樂部（Algonquin Club），向一群金融業者發表演說。你認得這個名字；惠特尼就是人稱「華爾街的白騎士」那個人，因為他在十一月重挫的初期穩定了市場，他在紐約證交所交易廳撒大錢買股票。

你告訴自己：「嘿，這傢伙很聰明，而且他會採取行動。他證明了自己準備好支持自己的判斷了，他現在還被任命為紐約證交所總裁。」

因為你重視他對股市的意見，所以你繼續讀報紙上關於他最近在亞崗昆演說的報導。你希望這能給你線索，讓你了解股市接下來會往哪裡走。

惠特尼並沒有提供任何預言——事實上，他在開場的評論時否認自己有預言的能力——但你並不認為這是壞事。你只是想看看惠特尼對股市目前的態度，是樂觀還是悲觀。

在他的演說中，惠特尼敘述一九二九年崩盤之前普遍的投資人心理。以下是惠特尼的演說內容：「造成恐懼的股價跌勢，早在九月初就開始了。但是跌勢一開始時並沒有顯示出任何恐慌的跡象。」

換句話說，**人們並沒有預見崩盤的發生**。惠特尼的回憶讓你感覺好了一點，你沒有因為沒預見崩盤而覺得自己很蠢。反而你夠聰明，抱著股票不放，等到後來的反彈。

接下來，惠特尼繼續講述黑色星期四、黑色星期一、黑色星期二的情況——也就是他因為穩定市場的行動，而被稱為「白騎士」之後的那一週。他說道：「群眾曾受到了驚嚇，但也似乎得到安撫。許多人相信股市危機已經結束。」他也描述了十月那三個「危機」日之後兩週內，投資人的感受：「恐慌結束後，終於在十一月十四日強力反彈。華爾街恢復正常……一九二九年的恐慌就是這樣結束的。」

就這樣，惠特尼相信恐慌已經過去了。當他發表這場演說時，市場已經回彈了一些。

在讀了惠特尼最近的想法後，你會如何處理你的股票？當然是持續抱著它們！股市已經從崩盤後的低點回彈了，而所有金融界重要人士都同意，崩盤已經是歷史。從現在開始絕對只會往上走。

那麼，從這時候開始發生了什麼事？

市場重挫。事實上，大盤又跌了八一％。

等到市場在一九三二年七月跌到谷底時，已經從一九二九年九月崩盤前的高點跌了令人痛苦的八九％。這表示如果你在惠特尼演講之後的兩年仍抱著股票不放，你每天早上醒來都會想著：「今天會結束嗎？」這是一場非常漫長、緩慢、嚴重的慘劇。

惠特尼並沒有提出其他見解，專家和市場評論員也都沒有說話。沒有人知道市場在反彈後，即將再次下挫。而這整段時間你一直在尋找情況將反轉的證據，但你經歷的卻是金融業被千刀萬剮凌遲至死——整整兩年！

只要沒賣就不算賠……

當股市下跌時，人們傾向繼續撐下去的原因有兩個。第一，他們不想讓虧損「成真」；他們會緊抱著下跌前的高價位，並且希望能回到這麼高的價格。第二，市場的波動即時且一直在發生；所以當市場繼續下挫，人們每天都希望股市已經觸底，反彈即將開始。

然而事實是，沒有人知道隔天會發生什麼事。沒有水晶球可以預言，事件就是發生了，而且不會為未來提供指引的方向。但是在崩盤之初，顯然不是所有人都會「抱著不賣」。很多人受到驚嚇然後就賣出。

一九二九年崩盤之初，許多投資人被迫賣出。這是因為許多人是借錢買股票（又稱「融資」）。放款給他們的機構要他們還錢，所以就趁大盤還沒跌得更低之前就強迫投資人賣出。成千上萬曾經是「紙上富翁」的人，財富就在一夕之間歸零。

被大浪推走，不要逆向游回來

我向來抱持長期投資的態度。我通常不會在崩盤剛開始的時候賣出，但是崩盤發生時，我也不會覺得心痛。我的情緒的確會受影響，但不是因為虧損的感覺；而是因為**有機會可以用便宜的價格買進**。

讓我用一個比喻來解釋。身為從小就常在海邊衝浪的澳洲人，我記得一些大人常常說的建議：**如果你被強力的浪推走，不要逆向游回來，而是要順著海流並且利用它的力量**。

投資股票也有自然的力量。這股力量在美國經濟學家艾德加．羅倫斯．史密斯（Edgar Lawrence Smith）一九二四年的經典著作《長線投資獲利金律》（*Common Stocks as Long Term Investments*）中記錄得很清楚。

史密斯認為，因為大部分企業會保留部分獲利，並且再投資於自己的生意中，所以長期下來企業股價會上漲。

顯然這個通則並不適用於股市裡的每一間公司。有些公司因為許多不同的原因，長期下來股價會下跌（最常見的原因是獲利下滑）。但是把企業當成一個群體時，這個通則就適用。長期下來，企業的保留盈餘會讓整體股市上漲。如果你需要證據，就看看股市自一九八〇年以來的表現（以澳股指數為基準，見圖6-1）。

雖然保留盈餘會影響股市長期走向，卻不是唯一的因素。我們知道，股市短期和中期可能朝任何方向走。但是正如運用海流力道的泳者，**長期投資人則有保留盈餘在暗中幫助他們。**而對於判斷市場時機然後賣股換現金的人來說，他們必須重回

圖 6-1：自 1980 年以來的澳股指數。
長期下來，企業的保留盈餘會讓整體股市上漲。

股市才能得到這股助力。

這個概念支撐著買進並持有的投資策略，這就是擇時策略的反面。**買進並持有的投資人會忽略所有市場起伏，只要一直持有就好。**

明智的做法是記住美國富豪羅素．塞奇（Russell Sage）一個世紀多以前說過的話。在股價一直下跌的期間，有一位投資新手問塞奇股價會不會反彈。話不多的塞奇回答：「股市總是會反彈。」

資本利得稅的拖累

現在我們來看看另一個不利於判斷市場時機者的力量：資本利得稅[2]。繳交資本利得稅這件事，對頻繁進出股市的投資人來說就像是前進兩步、後退一步的人一樣。當然，這個類比所假設的判斷市場時機者是極為罕見的那一種：能正確判斷市場時機的人。

讓我來提供一個假設的例子，以解釋我的意思。假設有一個判斷市場時機的人，成功判斷市場氣氛改變的時刻，並且據此採取行動。假設他的初始投資價格很合理，然後看到股市攀升

2 編按：在臺灣，國內的資本利得並不課稅。但若投資者購買的是境外基金，則會依照海外所得來進行課稅。

二〇％；他很成功的判斷市場已經觸頂，所以就賣出持股並且坐等崩盤，股市也真的跌了三二％。

但是他錯過了低點，並且在股市已經反彈後才再度進場。不過他並不擔心，並告訴自己，這時比他賣股票的時間點還要低了一四％。最後，他看著自己的股票投資漲了超過四五％。

他自認為是判斷市場時機的天才。他的投資旅程中，已正確判斷市場的方向三次。他覺得自己沒有猜錯市場時機，並嘲笑這段時間堅決留在市場中的朋友，必須忍受令人憂心的下跌修正，而自己避開了大部分的修正期。

我們就來比較一下他們各自的投資成果吧。假設大盤在三千點時，兩人都投資一萬元在指數型基金。因為擔心股市即將修正，判斷市場時機的人在十二個月內於三千六百點觸頂時賣股變現。他要支付九百四十元的資本利得稅（假設邊際稅率是四七％，包括聯邦醫療保險稅）。

在股市下跌的這段期間都坐在場邊，這位預測市場時機者也錯過了兩次股利發放，（稅後）總計三百二十元。

股市觸底後，大盤又開始回升了。這位判斷市場時機者錯過了轉折點，但是他在指數三千一百點時重返市場。他把一萬一千零六十元再投資到市場，看著大盤強力反彈並超越前高。

兩年後，這位判斷市場時機者在指數站上四千五百點時賣出，並繳了一千一百七十四元的資本利得稅。現在，他的銀行帳戶裡有一萬四千八百八十元。

接著是採取買進並持有策略的投資人。他沒有試著判斷市場時機，而是在這段期間都一直待在場上。他的持股現在價值應該有一萬五千元。他應該也會收到額外的三百二十元股利。

他的獲利總共比前者多了四百四十元（判斷市場時機者賣出後持有的現金，應該可以收到一小筆利息所得，但他也要因為交易而付費給券商）。

在這個例子中，判斷市場時機的人最後拿到現金，而買進並持有的人則是持有股票。但是如果最後的目的是擁有一定價值的投資組合，那麼這個差別就不重要。

我也承認在這個例子中用的邊際稅率比較高。但這並不會改變事實，那就是**不論稅率是多少，資本利得稅會拖累你的獲利。**其實我比較喜歡這個例子中判斷市場時機的人，他幾乎沒有走錯路。我得說，像這個例子中所描述的市場些微變化，能這麼精準判斷的情況很罕見，比較有可能是運氣好。

擇時交易很誘人，但可能致命

正如巴菲特知名的說法，想要從別人的錯誤中獲利的投資人，要在別人貪婪時恐懼，在別人恐懼時貪婪。**問題在於，大部分的人辦不到。**

對大部分人來說，甚至是對所有人來說，預測市場時機的能力，只不過是自己一廂情願的幻想罷了。雖然有很多人被擇時交易的概念所吸引，但現實情況是，市場參與者會在狂熱的牛市中，失去所有紀律、價值觀，他們會深陷在這股熱潮中。當金融風暴來襲，他們同樣也會被沒有想法、嚇壞了的群眾所採取的行為影響。

在本章的最後，我要引述一句偉大的諺語。當你想要相信自己比所有人都還要厲害，能感受到市場未來的方向時，請記住這句話：**市場時機就像包著巧克力的毒藥──雖然很誘人，但是會致命。**

第七章

占卜、星座、手相……K線圖！

「人類總是傾向於把世界上的秩序和規律，看得比它實際存在的要多。」

——法蘭西斯·培根（英國哲學家）

神經科學家一直都知道，智人比所有其他物種都更會試著識別和解讀「模式」（規律）。這樣的特性一直到現在，都為人們帶來演化上的優勢。

尋找模式幫助我們在混亂中解讀秩序。尋找模式讓我們掃視遠方並預期天氣狀況，幫助我們尋找食物。尋找模式也讓我們有能力判斷並做出假設。尋找模式讓我們得以生存、繁盛，並將尋找模式的基因傳遞給後代。

人們從模式中尋找答案。簡單來說，我們就是喜歡模式。

但是這種尋找模式的行為有一個缺點：**不管我們在看什麼，都會看到模式**。此外，即使模式不一定有什麼重要性，我們還是會認為它很重要。舉例來說，羅馬與巴比倫文明的領袖會用動物的內臟來占卜。這些人受過訓練，從獻祭動物內臟的形狀和位置來預言未來。

即使到了現在，算命師也會研究杯底的茶葉、掌心的紋路，來預測人們的未來。心理學家用墨跡測驗，請受試者看著紙張上隨機點狀圖並問他們的想法，深入探究患者的心理狀態。我們把月亮想像成人臉、從雲朵中看到圖案、在樹幹上看到人臉。我們在夜晚的星空中玩連連看的遊戲，並用連接起來的線段創造出拿著水瓶的人、獅子、魚和蠍子。

我們甚至給尋找模式這種行為取了個名稱——**圖形模式妄想症（apophenia）是一種想要從隨機的資訊中尋找模式的欲望**。幻想性視錯覺（pareidolia）形容的是我們傾向在無關的物體中（例如樹幹和形狀奇特的蔬果）看到熟悉的事物（例如人臉或是人形）。

這些聽起來像是無傷大雅而有趣的事。但是說到投資這件嚴肅的事，那就絕對不是無傷大雅了。有很多投資人在看自己的存款餘額時，也會試著從圖形中尋找模式。

我們就一起來看看吧。

看起來不隨機的隨機

高層級的投資需要演繹邏輯的能力——也就是說，根據邏輯和推理來得出結論。想要這麼做就必須蒐集各方面的事實；然後仔細分析這些資料。這件事需要耗費非常大量的心力及時間才能做對。

但事實是，人們會逃避困難的事。所以，**與其花時間去執行演繹的過程，人們比較傾向「歸納」**。當我們在歸納推理時，我們會從觀察中得出結論。歸納比較簡單、比較快，而且比較不費力。

因此許多投資人會觀察線圖和模式，然後很快做出結論。但是正如先前討論的，**這可能會讓我們賦予意義給完全沒有邏輯的圖案。**

在我寫下接下來的文字之前，我拋了十次硬幣。以下是人頭（H）和字（T）出現的準確順序：

H－T－T－T－T－T－T－H－T－T

在討論拋擲硬幣十次的可能結果時，大多數人應該都認為人頭與字大約會各占五次，或偶爾出現連續幾個正面或反面（但完美交替的可能性很低）。然而，我實際拋出的結果卻是十次中有八次是字，字甚至連續出現了六次！這不禁讓人懷疑硬幣是否有問題。但事實並非如此，這就是隨機性的本質：它有時會偏離我們的預期，帶來令人驚訝的結果。不，應該說，隨機就是這麼一回事。

如果我拋擲硬幣一千次或一萬次，那麼就會出現更接近預期的人頭與字各半的結果。這就是大數法則。但即使是如此，也不太可能出現精確的兩者各半的結果。

我想說的是：真正的隨機性，常常看起來並不隨機。

飛行的炸彈

第二次世界大戰的最後一年（一九四五年），倫敦面臨了一個全新且駭人的威脅——德國V型火箭。我的母親在戰爭期間一直住在倫敦，她曾經向我講述過這些事。

那是由脈衝式噴射引擎所推動的飛彈。母親稱之為「嗡嗡彈」。「嗡嗡」是指這種炸彈飛越倫敦，朝向目標前進時發出的聲音。德軍從法國的海岸發射這種配備簡陋導引系統的炸彈。飛越倫敦後，炸彈的控制系統就會引導炸彈下墜。燃料不再噴射，炸彈便以自由落體的方式落下。當噴射推動系統不再運作，就表示炸彈的下方隨即就要遭到轟炸。

第一款飛行炸彈V-1是非常不精準的武器。大部分都落在目標方圓三十公里的範圍。幾個月後，德軍用射程更遠的V-2火箭來取代V-1。V-2比V-1快得多，以音速前進。它是世界上第一個長程導彈，而令盟軍更加擔心的是，這種飛彈基本上是無法攔截的。但是對德軍來說V-2主要的缺點，就是它比V-1更不精準。

這樣你應該就大致了解了。這種火箭會隨機墜落在倫敦各地，結果很像由擲飛鏢不準的人所丟出來的結果。

當然，德軍非常清楚這些炸彈是隨機掉落的，但英國人並不知道。然而隨著攻擊持續進行，英國人注意到倫敦某些區域受到的攻擊比別的區域更多。他們開始相信東區的勞工階級被德軍鎖定攻擊（其他地方則暫時放過）。但我們現在知道，這並非德軍原本的意圖。

統計學家R．D．克拉克（R.D. Clarke）在戰後表示，轟炸完全符合隨機分布的模式。英國人對轟炸模式的誤解，很像我剛才分享的「對擲硬幣結果所賦予的意義」。

事實很簡單：**即使秩序根本就不存在，但人類的本性還是會傾向於找出規律。**我們在投資時一定要了解這個事實。

技術分析：錯誤想法組合出錯誤結論

接著，我想談談一個叫做「技術分析」的投資策略。就這個討論而言，技術分析基本上就是「研究線圖」。這是根據大宗商品（commodity）和證券（例如股票）價格的線圖、成交量來做出結論。有很多人非常專注於技術分析。這是一門嚴肅的學問。

一直以來，世界各地的券商與投資公司都會雇用技術分析師。有許多課程和書籍在教人們如何分析。還有無數以技術分析為基準的股票交易軟體，可供散戶投資人使用。

技術分析的死忠支持者相信，每一個投資人需要知道的事，都呈現在價格和成交量資料中。他們所做的就是研究線圖上的線段和模式。嗯……模式。

你應該看得出來我接下來要說什麼了吧？所以我就直接說了。我認為這充分展現了，人們經常會把尋找模式用在錯的地方。

研究線圖是在浪費時間

統計學家霍布魯克．沃金（Holbrook Working）於一九三四年發表了一份重要的研究報告，揭露**投資人和交易者會毫無道理的信任股票、大宗商品價格的「模式」**。沃金研究了大宗商品歷史價格資料的線圖，並找出研究線圖者用來做出結論所使用的重複圖形與圖案。

接著他進一步分析，把每個交易的價格變化程序繪製成圖。他發現變化的程度是隨機的！沃金也從隨機序列中繪製線圖（也就是假的價格線圖），然後把線圖交給專業的大宗商品交易員。連交易員也看不出來這些圖是真是假。

沃金並不是唯一發現這件事的人。倫敦經濟學院（London School of Economics）的統計學教授莫里斯・肯德爾（Maurice Kendall），研究了一段長時間股價和大宗商品的價格範圍模式。他從歷史價格中也看不出任何結構、意義或是預測的重要性。

芝加哥大學統計學家哈利・羅柏茲（Harry V Roberts）用電腦產生了特定限制變化的隨機數字。價格範圍需要加以限制，顯示了股票或商品上一次的交易價格會影響下一次的交易價格，特別是在缺乏重大公司資訊的時候更是如此。羅柏茲想知道，研究過去的價格是否能提供可用來產生獲利的資訊。他發現，**研究線圖者所使用的方法是在浪費時間。**

我還可以提供很多研究，但就先說到這裡就好。

人們對圖表的信心，很大程度上可能只是天生傾向尋找模式的副產品而已。技術分析師在股價線圖中看到頭部與肩部的圖案，不就很像我們在月亮上看到人臉嗎？股價線圖的三角形，不就像是我們在獵戶座星群中看到的三角形一樣嗎？

我不是說金融市場中根本沒有圖形這種事。其實……算是有吧。但我比較傾向把這形容成

1 編按：指被廣泛作為工業基礎原材料的商品。

是尋找相關性。

事實是，最近幾十年來，非常聰明的數學家利用演算法和超強的運算能力，找出了原本看不出的相關性和市場效率。這些被稱為「量化分析師」（quants）的人，因為做這件事而賺進數十億美元（我將在本書稍後討論他們是怎麼做的）。

量化分析師已證明了，研究歷史價格資料是個有用的做法。但是用想像力解讀K線圖以取得投資優勢，並不是他們在做的事。

我知道這麼說是自相矛盾，所以我相信線圖愛好者一定會反擊。但我認為，許多線圖愛好者一談到他們的「本事」就很狂熱，我們幾乎無法對著迷者灌輸其他信念。我聽過他們的說法，我也仔細思考過他們的論點了。

我讀過很多解讀線圖的書，然而看完之後，我相信十七世紀英國哲學家約翰・洛克（John Locke）說的話很適用於這裡：

> 「狂人們把錯誤的想法組合在一起，因此作出錯誤的論述。然而，他們卻會在這些錯誤的論述裡，進行邏輯嚴密的推理和辯論。」

線圖技術分析師可以自由支持自己的論點。但我相信他們的出發點本身是錯的。我要分享一篇由某線圖愛好者寫的文章，她形容自己是「國際備受敬重的專業技術分析師與作家。」

有可能大漲，也可能暴跌

二〇一〇年，我在一份很受歡迎的商業報刊中讀到一篇文章。這篇文章是一位線圖愛好者在研究澳洲一間上市公司的歷史線圖後所撰寫的，並為讀者提供這間公司的投資建議。我覺得結論非常有意思，所以忍不住剪報保留下來。

這位作者描述了這間公司之前十四年來股價的漲、跌和模式。文章使用大量術語，例如「螺旋」、「高點」、「穩定盤整路徑」、「震盪」、「反三角」、「耗盡」、「拉回阻力」、「阻力線」和「動能分歧」。作者的結論寫道：「二〇〇八上半年，動能的背離以及由新趨勢產生的障礙，使市場出現相當明顯的下跌，將在趨勢基底尋求支撐。」

這些模式什麼的都不重要，只要能提供有用的資訊就好。文章刊登時這檔個股約在十二元。而研究十四年來波動的股價線圖之後，則是作者的投資建議：

「三角形（與最近有關的動作）的長期潛力顯示股價上看十五元，稍後可能會漲到二十元。長期路徑中的風險則是可能跌至十元以下，測試九元的支撐區間，並且可能跌到趨勢下限約七．五元。」

就這樣。**各種性可能都被提到了。**這檔股票不是漲翻天，就是跌一〇%。祝投資愉快！

對我來說，這種事無法通過考驗。我覺得研究線圖，就跟羅馬帝國時期研究死掉的動物內臟來預測未來是差不多的。

雖然這麼說，但我有否認有任何人投資操作獲利嗎？沒有。事實上，還是有這樣的人。但他們並不會在紙上塗鴉以尋找操作的優勢，或是根據專利線圖軟體所提供的假訊號來下注。

我要給你的建議是學習尤利西斯，在航行經過充滿迷魂曲的「線圖島」時，記得用一層厚厚的蠟封住兩隻耳朵。

第八章

業餘選股／專業賭徒

「研究員普遍認為，幾乎所有選股的人都是在玩機率遊戲——而大部分人沒有意識到這件事。」

——丹尼爾・康納曼（諾貝爾經濟學獎得主、行為心理學家）

澳洲嬰兒潮世代的人都記得，福特與霍登（Holden）車主之間曾存有激烈的競爭心態。澳足聯盟的支持者都知道，哥寧伍（Collingwood）和卡爾頓（Carlton）足球會支持者之間的激烈磨擦。好幾個世紀以來，不同宗教信仰的人之間不斷爆發戰爭。類似的事還有很多很多……。

許多行業中也存在正反雙方各持己見的情形。在金融業中則是技術分析師和基本面分析師之間的戰爭。

我在前一章中談到了技術分析師。他們相信交易操作與投資決策所需要的一切，全都在線圖裡。

基本面分析師（又被稱為「選股者」）則是在別的地方尋找投資「靈感」。他們認為，股票只是把大公司分成小部分而已。所以他們說投資成功的關鍵在於，把自己當成潛力企業主來做投資。

基本面分析師研究產業。他們會搜尋交易報告以及財報，思考執行長說的話。他們尋找有成長潛力的企業，並避開正在走下坡的公司。

就像技術分析師一樣，基本面分析師也會看股價，但他們看股價的原因和技術分析師完全不同。他們不是在尋找模式和趨勢。相反的，**他們是在找買進便宜股票的機會**，或是以比他們相信的價值更高的價格賣出的機會。

若要這麼做，基本面分析師就要對一間公司股票的價值，有自己的獨立觀點。然後他們會比較自己對公司的評價，以及股市中的價格；如果找到有潛力的公司且股價很便宜或價格合理，他們就可能會想要買進。

他們藉著「以合理價格買進健全企業的股票投資組合」，希望能達到比投資大盤更好的報酬率。以金融業的術語來說，透過投入的心力和選股技術，他們想要實現的是「超額報酬」。

但這是有可能的嗎？基本面分析真的有用嗎？你能事先知道某間公司的表現會如何嗎？你能知道目前的股價是否有利嗎？

好吧，因為我之前一直抨擊技術分析，我知道你現在會怎麼想：「作者一定是基本面分析、選股派的擁護者！而現在他要告訴我選股者成功的所有要素了。」

其實你猜錯了！本章是要告訴你「選股的迷魂曲」。再看一看開頭引述康納曼的話。

事實上，大部分的選股人就像小提琴初學者，第一次把名貴的小提琴從琴盒裡拿出來。他把琴放在下巴下面，將弓放在琴弦上拉動；正當琴才剛被拉出刺耳的聲音，他們另一隻耳朵就在注意聽電話，希望卡內基音樂廳會來電請他們去演奏。

就算選股這件事看似是非常合邏輯的行為，但是從「合邏輯」到「有可能」是一條非常漫長的路。我要向所有東尼．羅賓斯（Tony Robbins）[1]所有的粉絲致歉，但我們不要把能力和潛力混為一談。的確有一些能力很好的選股人，但他們就像世界級小提琴家一樣非常稀少。

1 譯按：美國演說家，世界級潛能開發專家。他以激勵人心的演說鼓勵人們發揮潛力聞名於世。曾於好萊塢電影《情人眼裡出西施》（*Shallow Hal*）中客串演出自己。

一檔股票，有三種股價

在我看來，一檔股票可以有三種不同股價。

首先是市價。這是股票在**股市中最近一次交易的價格**。這很容易定義，而且沒有爭議。

另外兩種價格則需要解釋一下。

第二個價格則是**這檔股票的「真實價值」**。這時你可能會想，股票真正的價值當然就是市價。畢竟這是你賣的價格（如果你有股票的話），或是你要付的價格（如果你想買的話）。那麼為什麼有這兩個差別呢？

我同意市價代表你現在要買或賣的價值。但如果你不想現在買或賣呢？請耐心看完。

如果你打算持有一檔股票但不想馬上就賣出，那麼你可以用完全不同的觀點來看這檔個股的價值。

現在這檔股票的價值，就變成了**在你擁有期間它能帶來的價值——也就是在你持有期間的股利，以及最後賣出時的價格**。可惜的是，因為你沒有水晶球，現在無法知道未來的價值。另一個問題在於通膨的不確定性——你不知道未來那筆錢在目前的金額是多少。

這些不確定性有一天會消失——那就是你賣出並檢視投資績效的時候。那時你就能確定第二個價格是什麼了。但是你現在不知道。

接著我們來談談第三個價格。

在沒有時光機帶你前往未來，無法得知第二個價格的情況下，分析師（今天）會預估這筆**未來現金流可能的價值**。然後他們會用這個預估值來計算他們今天願意支付的價格。分析師把這稱為「內在價值」。

這就需要一點解讀水晶球的能力，也就是說這是個永遠無法確定的價格。這是根據對未來的預估和判斷。能力好的選股者是靠他們的預估比別人更接近來獲利的。這就像是把硬幣丟向牆壁那個遊戲，硬幣落地最接近牆壁的人就是贏家。或是在這個情況下，（今天）預估最準的分析師就是（未來的）贏家。

你可能已經聽說過內在價值這個詞。職業投資人經常充滿自信且帶著權威的錯用這個詞。他們會說像這樣的話：「ACME公司的內在價值是每股二．五澳幣。而目前的價格只有一．三五澳幣，所以我強烈建議買進！」

問題在於，分析師若要計算這些內在價值，他們就必須對一個不確定的未來做很多的預估和假設。這表示股票的內在價值是很有彈性的。舉例來說：

- 公司未來的展望如何？
- 競爭對手的表現怎麼樣？
- 短期內有什麼技術會衝擊它的業務？

•利率朝哪個方向走？（利率是影響股價的眾多因素之一）

•生產成本將會如何？

清單根本列不完。當然，這些事都無法確切得知，所以分析師永遠只能預估。我們都知道預估有多不可靠！分析師把所有不確定的判斷和預估，丟進一個簡單的數學公式裡，以計算出他們預估的內在價值——這就是我們的第三個價格。

以這個情況來說，內在價值是在分析師腦袋中虛構出來的。這是很不可靠的。投資人一直都知道投資判斷會受到偏見和情緒的影響。英國人約翰．休頓（John Houghton）早在一六九四年就寫過：「股票是根據希望和恐懼漲跌。」

事實上，只需要一段時間，我們就能看出絕大多數分析師估算的內在價值，都錯得離譜。換句話說，如果你找來一百位分析師，並問他們一檔個股真正的價值是什麼，那麼你可能會得到一百個不同的內在價值。

雖然這麼說，但還是會有許多分析師估算出相近的內在價值。那是因為他們對內在價值的判斷，都受到兩件事的嚴重影響：

一、當時的市價。

二、其他分析師計算出的內在價值。

分析師就像考試作弊的學生：他們會轉頭去看別人計算出來的內在價值，然後才算出自己的答案。你能怪他們嗎？畢竟人多的地方比較安全。

當分析師預估錯誤時，其他人也都錯了，對分析師的名聲來說比較好。正如凱因斯在《就業、利息與貨幣的一般理論》（*The General Theory of Employment, Interest and Money*，後簡稱《一般理論》）中寫道：「世俗智慧告訴他們，失敗得合乎常規，總比不合常理的成功對名聲來說比較好。」

但事實是，**為了成為基本面分析這場遊戲中真正的贏家，你必須為自己的判斷提出佐證，而不是別人的判斷。判斷必須以卓越的知識和分析為根據。**

成為高手真的很不容易，所以只有高手才會在卡內基音樂廳裡演奏。技術和練習，缺一不可。再強調一次：技術和練習；不斷精進才是成功的祕訣。

選股：模糊不清的風險＋通膨

如果突然有個陌生人走向你，請你借他一百元，你大概不太會理他。但如果是好朋友對你提出同樣的請求，那你就很有可能會拿出皮夾。

為什麼會有這樣不同的反應？畢竟是同一個問題：「能不能借我一百元？」重點在於風險，這裡的風險是你可能拿不回這一百元。

如果一位朋友的朋友請你借他一百元呢？也許這是你和這個人第一次見面，但他不會是壞人吧？畢竟他是你朋友的朋友。

你可能會覺得這個風險比借錢給完全不認識的人還要小。或許會遲疑一下，你可能考慮借錢給他，也可能會拒絕。

如果這位朋友的朋友說，你借他一百元，他會還你一千元，這樣又如何呢？這聽起來有吸引力多了吧？這樣一來你比較可能認真考慮這個提議。

這還是同一個問題，但為什麼又出現不同的反應？

因為現在多了收到報酬的可能性。現在你借出的錢可能會獲得很大的報酬。

這些簡單的例子說明了投資這件事。**投資的重點在於放棄今天可量化的金額，以預期未來可以收到更高的金額，而且還要考量到與這麼做有關的風險。**投資的重點是風險與報酬；這是個艱巨的任務：你要將風險降至最低，報酬放到最大。

然而，重點在於：「計算出精確的風險和報酬」極為困難。事實上，在大部分的情況下這是不可能的，通常得靠判斷力。

接著我想把討論內容導向股票的估值。概念上來說，一檔個股的價值，是它未來將帶來給你的現金流價值。在買進後，你會收到兩筆主要的現金流：未來支付給你的股利，以及你最後賣出股票放棄時所得到的價格。因為你無法準確預測任何未來支付的款項，所以必須依靠價值判斷。

事情還沒結束。現在你必須根據以下兩個因素，判斷這些未來的支付金額：

一、這筆投資的風險（風險愈高，你就愈不可能收到未來支付的款項；因為你知道這一點，所以風險較高的支付金額較低）。

二、通膨（預期通膨愈高，未來支付的金額價值就愈低）。

這裡的困難之處在於，風險是個模糊不清的概念，而通膨也是未知的。雖然有這些困難，但分析師還是得做計算，以得出他們自己的股價估值（內在價值）。

我所提到分析師用來評估股票價值的工具和概念，已經存在好幾個世紀了。即便如此，大部分的投資人都懶得去用這些工具和概念。

這些就是我想談有關股價估值的事。本書的目的不是要把你變成選股人。如果你現在更了解基本面的概念，那麼我的工作就算完成了。（如果你想深入了解如何評價股票，那麼我建議你讀我的第二本書：《真知灼見：自股市成立以來的投資智慧》。）

MMM騙局

接下來這個故事說明了，當高額報酬的夢想超越明顯的風險時，人們就會不會謹慎行事。

MMM是一間俄羅斯的「投資公司」，創立於一九九〇年代，老闆名叫謝蓋爾．馬夫羅季（Sergei Mavrodi）。馬夫羅季花了數百萬元在俄羅斯電視播放公司的宣傳影片。他透過MMM的假股東利歐尼亞．葛魯巴科夫（Lyonya Golubkov），來傳遞自己想說的話——利歐尼亞因為投資MMM而獲得了巨大財富。這些容易上當的投資大眾聽說投資MMM，可以創造三〇〇〇%的年報酬率。

當時很多人相信了，在最高峰的時候MMM有大約兩百萬名股東，而且每天會收到約一千一百萬美元的資金。

你可能想問，MMM公司到底是做什麼的？答案是什麼也不做！它沒有營運、沒有獲利、沒有投資、沒有財務策略。但它也沒有假裝在做這些事。它就只是收別人的錢而已！當股東被問到有關MMM的事時，幾乎所有人都承認自己不知道公司在做什麼！

那麼人們買進這間公司股票背後的主因是什麼？很簡單，因為他們看到股價正在飆漲。從一九九四年二月上市，一直到同年的七月二十三日，股價從一元漲到了六十五元。

俄羅斯政府於一九九四年中開始調查MMM。很快就對大眾發出警示，而這檔股票在兩天內就從六十元跌到〇．四五元。

你可能會覺得故事應該就這麼結束了吧。但是並沒有。故事變得愈來愈精彩了——或者應該說變得更糟！所以我覺得有必要告訴你接下來發生的事。

馬夫羅季雖然被逮到詐騙卻沒有收手，他把股價崩跌歸咎於政府干預。他告訴投資者們股價會漲回來，而且MMM股票很快就會在美國和歐洲上市。有些投資大眾相信他，變在八月時又買進他的股票。

不久之後，馬夫羅季就以逃稅罪名被起訴。

但馬夫羅季仍繼續反抗！除了嚴重的犯罪外，俄羅斯法律允許國會議員免訴權，所以馬夫羅季決定競選國會議員。他的媒體活動告訴選民，他會拯救MMM，並且把錢還給投資人。人們相信他，而他也當選了；馬夫羅季就這樣將自己救出監獄。

在慶祝當選時，馬夫羅季說MMM救不回來了。他便帶著這筆財富全身而退。

馬夫羅季的免訴權在一九九五年時被撤銷，在逃亡了八年後於二〇〇三年被逮捕。他只坐牢了一小段時間，現在已經重返自由之身。

這個故事太離譜了，不會發生在你身上吧？

當然可能會發生在你身上。我可以寫一本全都是像這種故事的書，而且都只是發生在澳洲的投資詐騙故事。聰明的人本來就容易被騙（在我寫本書時的一個重大詐騙就是加密貨幣。詐騙者讓人看到他們早期「交易」的假獲利，人們就讓詐騙者存取他們的銀行帳戶）。

處境。

重點是，如果你不了解自己買的東西的真正價值，那你就會讓自己陷於非常容易被詐騙的處境。

「有價」證券，才值得分析

我們再來聽聽巴菲特的導師，葛拉漢的建議。葛拉漢是白手起家的選股人，在他於一九三四年出版的經典《證券分析》（*Security Analysis*）一書中，葛拉漢提出股票分析這件事值不值得做的問題。

他的書中充滿洞見，而他對這個問題答案更是一針見血，那就是「**股票分析只對傑出的普通股來說有價值**」，而一般來說，應該將股票分析視為「對投機判斷不太有幫助的工具，或是根本是個幻想的方法，目標是計算出無法計算，但還是得計算出來的價值。」

我們來分解一下葛拉漢說的話。選股教父在將近一個世紀前告訴我們，他相信**就大部分的企業而言，選股是在白費功夫——選股的用處只限於「傑出的普通股」**。但是大部分葛拉漢的追隨者都忽略了這個比較小的重點。幾乎所有上市個股都有分析師負責分析它們。葛拉漢相信這是沒有必要而且白費力氣的事。

那麼你要如何找出傑出的企業？可惜的是，這種企業不會自帶光芒。需要深入了解所研究的公司內部運作才能知道。換句話說，需要多年經驗和努力才會知道你要尋找的是什麼，以及你看到的是什麼。而且正如英國金融作家法蘭西斯・瑞克利・赫斯特（Francis Wrigley Hirst）在一九一一年寫的：「最了解一間公司或組織的人，就是創辦它或是和它一起成長的人。」根據赫斯特的說法，**分析師的目標應該是了解一間公司，以及公司執行長做的事。**

當分析師找出這間了不起的公司後，就需要掌握公司的價值——判斷內在價值。然後將內在價值與在市場中交易的價格（市價）做比較，以判斷市價有沒有吸引力。選股就是不斷的在尋找機會。

選股者如果不深入了解公司的運作，就不可能判斷任何公司的價值。這就是新手經常失誤的地方。

計算內在價值：未來現金流

接著我要稍微轉移一下話題，談談有關股價估值或內在價值計算的事。

分析師會用很多不同的評價公式，來「計算」他們所研究股票的內在價值。分析師會將估計值輸入自己偏好使用的內在價值公式中，而分析師能得到估計值是因為他們了解這間公司。

這種公式有很多，雖然看起來不一樣，但事實是幾乎所有的公式都是同一個數學概念的代數變化：未來現金流的折算。

我就不深入討論這些了，但是任何數學能力稍微好一點的人，都可以在一小時內了解這些公式（數學天才或許只需要幾分鐘）。

問題在於新手投資人在首次發現任何公式時，都相信自己找到解開投資祕密之門的魔法鑰匙。然而，**了解這些公式並不會讓新手有任何重大優勢，而且在投資上絕對也不會比較厲害。**

公式需要輸入數字，也就是精密計算後的預估值。這場遊戲的勝利者，是想出準確預估值的人。而最好的預估值是來自非常大量的研究和卓越的（甚至可以說是獨特）洞見。

沒有這些努力、洞見和精準的預估值，這些公式就沒有價值，這些公司提供的內在價值就等於是看得到但拿不到的黃金。

巴菲特「十誡」

除非你的生活遺世獨立，否則你應該知道美國投資人巴菲特過去幾十年來，在投資界享譽盛名。他為執掌的公司波克夏海瑟威，替股東創造了龐大報酬。不意外的，全世界無數投資人都夢想著能和他一樣創造財富。

關於巴菲特的投資原則有很多資料，所以在此我就不詳述了。但我想列出他的十誡（「十誠」是我的說法，不是他的原話）。巴菲特經常說，他追求的企業應該要具備以下特質：

一、長期具有附加價值。
二、可持續的競爭優勢。
三、容易理解。
四、管理團隊能力佳而且充滿熱情。
五、具備定價能力。
六、財務穩健（資產負債表健全）。
七、強勁的現金流。
八、股東權益報酬率（ROE）高而且持續。
九、「業主盈餘」（這比淨利還要有用）強勁而且為正。
十、價格公平或便宜。

那麼為什麼大家不直接套用這些原則，然後大賺一筆？我剛才已經說過原因了。大部分股東都沒有認真去了解自己所投資的公司，他們把這些公司視為價格波動的股票代號。但凱因斯是屬於少數的成功投資人，他們會去了解真正經營公司者（而不是股東和分析師）的想法。他在《一般理論》中寫道：

「我們許多積極的行為源於自發性的樂觀，而非嚴謹的算計；不論是在道德、享樂，還是經濟考量。大部分時候，我們決定去做一些善事，其後果會在未來數日甚至更長的時間後才顯現，做出這樣的決定往往是源於「動物本能」──一種自發的行動驅力，而非對收益和概率進行加權平均的理性思考。」

凱因斯說的是。如果我們把他的話套用在企業的創辦人或建立者，那就是大部分的創辦人不是只受到經濟考量的驅動。他們通常只是因為有一股很強的欲望，想要發展這種類型的企業。股東通常都對這個視而不見，他們的世界比較以金錢為導向。

時光倒回二十年，你也不敢買蘋果股票

巴菲特和凱因斯一樣，也很重視這個差別。舉例來說：**他喜歡買進仍由創辦人管理的企業**。但這並不表示巴菲特會投資新創公司。投資剛成立的公司是種賭博，而巴菲特知道這一點。

為了證明這一點，我們就來看看三個家喻戶曉的品牌：蘋果（Apple）、谷歌（Google）和耐吉（Nike）。如果說它們是了不起的企業，我相信沒有人會否認。

我們先從電子產品製造商蘋果開始說起。股市非常喜愛蘋果，它們的股票成長充滿爆發性。所以不意外的，人們會幻想「如果在股價比現在低很多時就買進，那該有多好」。

為了證明這點，我上網搜尋「如果我在蘋果剛上市時就投資，現在我的身價會是多少？」結果得到將近三百萬個搜尋結果！

在我撰寫這段文字時，蘋果的股價已經是一九八〇年上市時的一千六百四十倍（計算股票分割之後）。這表示如果在當時投資一千元，現在的價值會是一百六十四萬。

等等，還不只這樣。這只是股價而已。這個數字太過低估投資蘋果的報酬有多大了。我們還要考慮到這些年來蘋果發放的股利。如果你收到股利然後再拿來買蘋果的股票，那麼你的報酬就會比一千六百四十倍還要高出許多。

我們現在看起來會覺得蘋果股價飆漲是很明顯的事，但是多年前，蘋果的未來卻充滿了不確定性。在初創的幾年，蘋果很不穩定，就像炎炎夏日裡的一片雪花。就連蘋果的三位創辦人，都沒想到它後來會這麼成功。

事實上，**他們沒有一個人對公司的未來有足夠信心**，而沒有繼續持有自己的創辦股份。到了一九八五年，賈伯斯（Steven Jobs）已經減持蘋果的持股到只剩一股。在被董事會無情開除後，他保留這個象徵性的一股，以便他繼續注意自己創辦的公司內部情況。

共同創辦人史帝夫·沃茲尼克（Stephen Wozniak，他開發了蘋果的第一部電腦）也在初期就賣了股份。一九八〇年，蘋果首次公開發行新股時，沃茲尼克持有公司八·七%股份。若現在持有同樣比例的股份，價值會高達一千九百七十億美元（對，就是這麼多）。雖然沃茲尼克現在也不窮，但是他收到的股利大部分都不是蘋果發給他的。

第三位共同創辦人隆納・韋恩（Ronald Wayne）持有一〇%的股份，在公司於一九七六年成立後沒幾天，他就以兩千三百美元的高價賣了他的持股。韋恩後來曾說，那是「以我在當時得到的資訊，所做出的最棒決定」。

他也說，自己可以預期「未來會充滿起伏跌宕，而我無法冒這個險。」韋恩對起伏跌宕的事說對了：**有好幾年的時間，持有蘋果股票都算是個不好的投資。**在公司成立整整二十一年後，蘋果在一九九七年差點破產。

所以，如果連蘋果的創辦人都在初期就選擇退出，而且未來的二十年仍充滿不確定，那我現在可以充滿信心的告訴你兩件事：

一、你不太可能在早期就投資蘋果（事實上，你可能根本不會知道有這間公司）。

二、就算你在蘋果於一九八〇年上市時買了股票，你也極不可能一直持有到今天。這間公司傳出的所有壞消息，都很有可能讓你大叫奔逃，早就賣掉股票了。

接著我們再把注意力轉向谷歌（母公司為「字母控股」〔Alphabet Inc.〕）。現在這間公司是市值一・六七兆美元[2]的科技巨擘。但它也並非一直如此。在創辦谷歌一年後，共同創辦人賴瑞・佩吉（Larry Page）和謝爾蓋・布林（Sergey Brin）就準備以不到一百萬美元賣了公司。之所以沒有賣掉，是因為潛在的買方認為他們的價格太高。

現在透過他們部分持有字母控股的股份，兩位共同創辦人的身價各自高達八百億美元。幸好他們沒有賣掉！

你希望自己二十年前就買了字母控股的股票嗎？但當初的你很可能不會這麼做。**當時的兩位創辦人都不認為自己的公司有一天會這麼有價值，你又憑什麼這麼覺得？**

耐吉的創辦人菲爾・奈特（Phil Knight）的故事也非常類似。一九六四年，菲爾在後車廂賣運動鞋，開啟創業生涯。而這間小公司後來變成了體育巨頭耐吉。

耐吉的企業之路從卑微的開始就一直非常顛簸，公司數度瀕臨破產。一九七〇年，公司面臨嚴重的現金流問題。當時奈特試著賣出公司三〇％的股份，以籌募三十萬美元，但是沒有人感興趣。當時只有一位員工和他母親湊了三百美元，就這樣！耐吉現在的市值約為一千八百五十億[3]美元。

最後，我要用美國投資人喬伊・葛林布雷（Joel Greenblatt）的話，來為這一章做個美麗的總結：

2　編按：二〇二三年十二月資料。
3　編按：二〇二三年十二月資料。

「試圖選股卻完全不了解自己手上的股票，就好像拿著一根燃燒中的火柴，奔跑穿過火藥工廠。你可能會活下來，但你仍是個白痴。」

祝你選股愉快！

第九章

穿高級西裝的經理人才懂賺錢

「統計上來說，大範圍的指數股票型基金，其績效會超越大部分主動管理的投資組合。」

——保羅．薩繆森（Paul Samuelson，美國經濟學家、諾貝爾經濟學獎得主）

看到現在，你可能會有點灰心。你可能開始了解創造卓越的投資績效，其實是件很困難的事。如果你覺得自己的能力不足，不妨找人來幫忙。市場上也的確有人可以幫忙，他們是受過訓練的專業投資人，又稱為基金經理人。把你的錢交給他們，他們就會為你投資。當然，他們會收取一筆費用。

這乍聽之下很合理。就像我們把汽車交給技師維修、讓牙醫幫我們照顧牙齒、由專業人士替我們蓋房子。**何不讓專業的基金經理人來照顧我們的錢呢？**

我希望在這一章中能回答這個問題。

這是個零和遊戲

基金經理人的投資能力好不好？他們的服務要收取多少錢？關於他們的投資能力，我稍後會談到。至於費用，一般小型基金經理人收取的費用是管理基金的一％到一．五％。這表示如果基金經理人管理九億元的基金，那麼他們每年就會收取九百萬到一千三百萬元的費用。

所以你就可以看出來，為什麼這些人會選擇以量取勝了。管理二十億和十億的基金，對一位經理人來說差別不大，但是管理前者收取的費用卻是兩倍。

接著我們來看看澳洲退休金產業所創造的費用吧。目前澳洲人總計投資三．四兆澳幣在退休基金上。這麼大一筆錢在基金經理人之間造成一波搶食潮，每年約會從投資人的帳戶中取出三百四十億澳幣的管理費。

從這點就可以看得出來，專業投資是一門大生意！

這是個負和遊戲

現在我要請你假想一個沒有基金經理人的世界。在這個世界中，投資人不做任何股票分析。每位投資人就只會獲得股市所有上市公司總獲利的一股。

公司獲利的每一元都會進入投資人的口袋，每一位投資人領到的獲利占比，則完全由投資規模決定。沒有人是贏家或輸家，沒有投資人的績效會超越大盤，也沒有人的績效會落後。

現在想像一下，這個世界被基金經理人入侵了。這些入侵者告訴投資人居民，他們現在要開始為居民挑選最好的股票，讓績效超越大盤，而且會收取一筆服務費。

為了說服居民這個安排的好處，每一個基金經理人都要輪流站起來向投資大眾解說。每一位基金經理人都承諾一個美好的新世界，他們的選股技巧會為選擇他們管理基金的投資人，創造更高的未來報酬。

就在他們說完行銷話術後，一位有智慧的老居民從人群的後面大喊：「你們每個人都保證能給出此之前更高的報酬。不過現在的收入來源，就是這些企業多年來發放給我們的獲利。但你們打算從這些獲利中收取費用，然後才會把剩下的錢發放給我們。所以，我們要如何比現在賺得更多？在我看來，被你們收取了各種費用之後，我們賺到的錢會更少！」

當然，像這樣假設的世界並不存在。但是這個故事所要傳達的訊息卻是真實的。**專業基金經理人收取的費用一定是來自公司獲利，然後才會發放給投資人。**（當然，股票投資人還是要支付許多其他的費用。像是仲介費、公司的律師、審計帳戶……沒完沒了。）

這正是為什麼投資界的傳奇人物約翰・柏格說：「這不是零和遊戲。這是負和遊戲。」基金經理人知道這一點——那就是，**投資人絕對會領到比較少錢。所以他們的行銷訊息著重於，自己比其他基金經理更能創造卓越績效的能力。**

但不是所有人都能是贏家。因此投資人需要一個辦法來衡量基金經理人的績效，才能知道該選哪一個基金經理人。不論是對還是錯，通常有兩個主要的辦法：

一、將基金經理人的績效和大盤比較。你可能每天都會在財經新聞聽到這些指數的事。澳洲最知名的要屬標普澳股兩百指數以及澳洲綜合指數。這兩個都會衡量澳洲股市中最大企業的合併績效。

二、比較他們的投資報酬率與同業的投資報酬率。

遺憾的是，這兩個指數都非常不足。但是基金經理人並沒有承認這些缺點，反而利用這兩個指數來幫助自己。那麼我們就來揭開這個騙局吧。

首先，我們來看看澳洲股票基金（主要投資於澳洲綜合指數掛牌交易的股票）。這些基金表現績效的方式，通常是比較標普澳股兩百指數或澳洲綜合指數的績效。基金經理人這麼做，就是在將他們實現的報酬率，與大盤的報酬率做比較。

為了了解根據這個標準來衡量他們的績效如何，我接著要介紹SPIVA。

多少人能贏大盤？SPIVA告訴你

我不想用金融術語來迷惑你，所以我必須解釋一下。SPIVA是指「標準普爾指數與主動式管理基金的對比」（S&P Indices Versus Active）。

這是由標普道瓊指數設計出來的東西。那麼標普道瓊指數又是誰？根據他們網站的說法，他們是：

「……我們是全球指標和投資指數領域的領導者。我們的解決方案在追蹤市場表現、評估投資組合，以及制定投資策略方面被認為是不可或缺的。」

除了建構全世界各地股票投資人與基金經理人所使用的指數外，標普指數也編製了超過二十年的資料，以檢視超過一萬個主動式管理基金者的績效（也就是那些宣稱打敗大盤的人）。SPIVA的結果發布在標普道瓊的網站，這份資料很有意思。

首先我們來看看過去五年來，主動式基金經理人的績效。

基本上，他們的成績很差。在每一個研究的國家和洲，績效落後大盤的主動式基金比超越大盤的主動式基金還要多。而且在每一個研究的國家中，**落後大盤的經理人占比非常高。**加拿大排名第一：九四．五七％的主動式基金績效落後指數。美國有九二％的主動式基金績效落後指數。澳洲的績效落後也高達八〇％[1]（過去十五年來則是八三％）。

為他們說句公道話，這些是在扣除他們的費用後所計算出來的結果。而主動式基金經理人所比較的基準指標績效，並不會被費用拖累。但是就算在費用被扣除前，落後大盤的主動式基金經理人，還是比超越大盤的人數來得多。

此外，費用對投資人來說是個重要的考量；畢竟投資人收到的報酬是扣除費用後的金額。

正如剛才假設的投資世界裡，人群中智慧的老居民大喊：「在我看來，被你們收取了各種費用之後，我們賺到的錢會更少！」而在真實世界中的確是如此。研究告訴我們，**大多數的基金經理人甚至無法創造足夠的超額報酬，以支付他們收取的管理費。**

若要證明這個事實，只要看看道瓊指數所做的另一個研究就好了。這項研究會將經理人收取的投資報酬費用加回去。衡量扣除經理人費用前的投資結果，就能直接與大盤做比較了。

以下是他們在二〇二一年底針對美國機構基金經理人所得到的發現：「截至二〇二一年十二月三十一日為止的十年期間，七八%的大型機構帳戶、大型共同基金經理人績效落後標普五百指數。」但還有更糟的……。

超過八〇%績優基金，隔年會掉出排名

在面對這些統計資料後，我相信你現在會說：「好吧，如果八〇%的主動式基金經理人績效落後大盤，那一定表示還有二〇%的人績效超越大盤。所以我只要選擇其中一個績效超越大盤的經理人，然後把錢交給他來投資就好了。」

所以接下來，我就要說到第二個用來評估基金經理人績效的方法了：和同業比較。

我們會對「和同業比較」這件事感到安心。舉例來說，體育界通常會採用聯賽名次表的方式；記錄足球、棒球和籃球隊一整季的累積表現，然後建構一個名次表。不意外的是，主動式

1 編按：以上資料更新日期為二〇二三年十二月。

基金經理人也會使用這樣的名次表。

你是不是又想說：「把名次表給我看一看。我很快就能找出績效前二〇%的基金。我要把錢交給賺錢的人投資。」等等……先別急。這個優勝者領獎台比較像旋轉門，而不是領獎台。

SPIVA的研究結果表明，在五年期內表現最好的二五%基金經理人中，不到一半的人能在接下來五年期內繼續保持表現良好。也就是說，基金經理的表現可能受到偶然因素的影響，而不是他們的投資技能或能力。

已故的柏格也研究了一九八二年到一九九二年間，六百八十一檔美國基金的全年投資績效。他發現**任何一年績效最佳的基金，平均隔年的績效卻是排名第一百**。績效排名第二好的基金，隔年的排名卻是三百八十三名。而且前二十大基金，在隔年的平均排名是第兩百八十四名。

別擔心，柏格研究的是美國的基金——結果與SPIVA對澳洲基金的研究發現一致。事實上，在全球的發現都一樣。

SPIVA的數字顯示，在任何一年績效排名前四分之一的澳洲管理基金中，只有五分之一在隔年的排名仍是前四分之一。換句話說，過去的結果顯示：**任何一年的「最佳」基金，有超過八〇%的機率在隔年不會有優異的績效。**

不論你看的過往績效是哪個期間。試圖透過瀏覽前一年的排名表來選擇一個未來的贏家，這麼做就像擲骰子一樣。剛才列出的統計資料就顯示了**這是機率的結果，而不是能力的結果。**

但你不會聽到基金公司承認這個事實。在任何一年在績效排名表最佳的基金，都會很樂意在他們的行銷傳單中大肆宣傳這一點。所以這是怎麼回事？

雖然SPIVA的發現顯示基金績效排名表根本毫無意義，但基金經理人仍繼續使用績效排名表，因為他們知道一般人會相信績效排名。所以，基金因為運氣好，某一年的排名第一或接近第一，而錯誤的將此當成他們的投資能力好來宣傳，以藉此獲利。

運氣vs.能力

想知道排名第一的網球選手很容易。世界各地一直都有精英網球錦標賽，選手會根據他們在每一次錦標賽的表現獲得點數。這些點數則被用於建構一個「即時的」計分板，而不論當時的世界第一是誰都會在最上面。

事實是，體育運動排名表比基金經理人的績效排名表要有用得多。我們很少看到在美網公開賽或是法網公開賽贏得大滿貫的網球選手，在前一年的排名是第一百五十或是三百。雖然有可能，但是非常罕見。

然而正如我們之前討論過的，我們定期會發現基金經理人的全年排名出現重大改變。為什麼會有這樣的差異？

那是因為**體育運動的排名表和能力的相關性非常高。但基金經理人卻不具有這種相關性。**

我們再來進一步研究一下。

世界第一的網球選手，很有機會打進任何網球錦標賽的決賽。雖然說這種事沒有絕對，但是機會很大。史上最偉大的網球選手之一羅傑·費德勒（Roger Federer）就是一個例子。

在費德勒的生涯中，曾經連續兩百三十七週的時間排名世界第一。這與運氣完全無關，當時他就是最厲害的選手。像這樣的持續性，顯示了技巧是結果的決定性因素——連續兩百三十七週都是世界第一，絕對是因為他的能力。

我承認，運氣在體育運動的結果上也扮演重要角色。就像賽末點的觸網。在關鍵的平分決勝局中，正好碰到發球線外的發球。然而就算是這樣，能力仍然是最主要的因素。

這時我該再講一個故事了。

我偶爾會和兒子一起去打高爾夫球。不常打，只是偶爾。我們的球技都不會對老虎·伍茲（Tiger Woods）造成威脅。重點其實不是高爾夫，我就只是喜歡在陽光普照的日子和兒子說說笑笑（通常是笑彼此遜到不行的揮桿）。

有一次，我們跟上了一群在前面打球的四名球友。他們非常友善，在發球區邀請我們加入，這樣我們就不用等他們打完。但這也表示我得在五個人的面前發球：我兒子和四個陌生人。

如果你了解我的高爾夫球技，那麼你就會知道我的發球可能打到任何方向。球可能落在我面前十呎的地方；或者我可能根本就揮桿落空！因為有這麼多觀眾在看，所以我緊盯著球，把球桿揮出一個深深的弧形，然後把球打出去。

在完成揮桿後，我有點不好意思的看著約前方十呎的地方，檢查球是否落在那附近。然而球筆直的飛過球道，消失在遠處。那是我這輩子打過最好的一次。而且可能永遠不會再有了。

我站在那裡直視前方。我太害怕了，不敢轉過頭。不然他們就會看到我驚訝的表情。然後我聽到背後一個旁觀者對其他人輕聲說：「天啊，他真厲害。」

我兒子揮桿之後，我們朝著球道走去。

一直到今天，如果你問那四位陌生人的任何一人，我的高爾夫球技好不好？那你絕對會聽到錯誤的答案。他們對我球技的誤解是根據一次性的觀察。

當運氣是決定結果的重要因素時，就不會有持續性。我再同樣發球一百次，可能也不會有一樣的結果。

好，接著我們就來摘要一下目前為止說過的話：

- 當**能力**是決定結果的重要因素時，持續性就很明顯（例如費德勒）。
- 當**運氣**是決定結果的重要因素時，很明顯不會持續（例如基金經理人）。
- 當**能力**是決定結果的重要因素時，只觀察一次就很可能會是未來的結果（例如費德勒）。
- 當**運氣**是決定結果的重要因素時，只觀察一次很難確定未來的結果（很可惜，這個例子就是打高爾夫球的我，但基金經理人也一樣）。

如果能力是基金經理人績效良好背後的主因，那麼你會預期接下來的幾年也有同樣表現。但我們並沒有看到這樣的結果。簡單來說，這是因為運氣是主要因素，這就讓人不禁要問：所有的投資（以選股為根據）都是純粹的運氣嗎？

對大部分的人來說，答案是「沒錯」。但是當你繼續讀下去，你就會開始了解，少數傑出的個人具有優秀的投資能力。

能超越大盤的人，通常不替基金工作

我們能不能知道運氣和能力，對專業投資人投資績效的影響？答案是無法精確的了解。但下面的研究能讓我們感受一下情況。

二〇一三年諾貝爾經濟學獎得主尤金．法馬（Eugene Fama）和研究員肯尼斯．法蘭奇（Kenneth French）教授曾進行一項新穎的實驗，以研究這個問題。他們蒐集了一九八四年到二〇〇六年間，三千一百五十六個美國主動式管理基金的績效資料。以整體而言，他們沒有發現顯著的證據，這些基金有打敗大盤的能力（而且是在還沒扣除費用之前）。

當然，研究平均結果並不能證明世界上沒有能力好的基金經理人。研究組中有眾多樣本，可能會掩蓋真正有能力或完全無能的經理人。所以，法馬和法蘭奇特別觀察那些突出的表現，不論好壞。

為了調查觀察到的績效有多少是機率，兩位研究員製作了兩張圖表。第一張顯示真正的基金經理人所創造的績效範圍，第二張顯示一萬次隨機電腦模擬所產生的結果（也就是真正的機率）；然後把兩張圖表疊在一起。

這兩條線——第一條是真的，第二條是隨機產生的——幾乎一模一樣。他們的研究顯示，**主動式基金經理人所實現的績效，幾乎完全和偶然的結果一樣。**

但他們重疊的兩張圖也有兩個小區域的兩條線並沒有完全對齊。兩位研究員的結論指出，雖然運氣是主要的影響因素，也有一小部分的投資結果是運氣無法解釋的。他們認為，這是少數展現能力以及少數無能基金經理人的結果。

那麼這個研究是否給了我們一些希望，的確有一些基金經理人是能打敗大盤呢？如果我們能找出這些基金經理人，就能從他們的能力中獲利嗎？

很可惜，由於一些原因法馬和法蘭奇的發現，對於尋找管理厲害的經理人並沒有幫助。首先，他們的研究是回顧過去，這無法解決你必須在投資之前就找到有能力的經理人。

問題在於，沒有辦法在早期，也就是他們交出超越大盤的績效前，就找到有能力的基金經理人。這麼做就像是在賽馬之前就知道某一匹馬的結果。等到你能識別績效超越大盤的基金經理人時，他們可能已經退休了、在職業生涯的末段，或是他們曾經管理的基金已經不存在了。

而且別忘了，即使是能力很好的經理人，運氣仍是績效的主要決定因素。就算你能在初期就找出他們（你沒辦法的），噩運也可能會影響他們的未來績效。

還有最後——而且這絕對是關鍵——法馬和法蘭奇將能力最好的一組基金經理人的超額報酬量化，長期下來全年只有〇・五%。重要的是，法馬和法蘭奇使用的是扣除費用之前的報酬率而得出這些數字；在扣除他們相當高的管理費用後，這個超越大盤的績效就完全沒了。

別誤會我的意思。觀察較長一段時間後，還是有些投資人是有創造超越大盤績效的能力。但是這些人非常少——少到法馬和法蘭奇的研究根本找不到這樣的人。而且**績效能超越大盤的人並不一定會在基金管理業界工作，他們比較傾向為自己賺錢。**

我稍後會再多談這些傑出的個人。

基金經理人怎麼說？

正如那句經典的俗語：每個故事都有兩面。這個故事到目前為止是根據一些厲害研究員的說法，但我們還沒聽到基金經理人怎麼說。畢竟他們不會就這麼算了，對吧？這對他們的生意不是好事！

基金經理人傾向以不同的方式來解讀排名表。他們賺錢的方式在於吸引新的資金來投資自己的基金。他們喜歡那些搞不清楚狀況的投資人，盲目信任排名表。所以，當一檔基金是去年績效第一名，那麼基金的行銷部門就會開始流口水了。

他們知道投資大眾根本不了解我在本章中解釋的研究發現。

但是大眾會看電視、聽廣播以及聽新聞。這表示當排名頂尖的基金經理人接受電視訪談，或是當報章雜誌提到他們時，潛在的投資人就會端坐注意傾聽。事實上，我認為沒有幾個撰寫讚美基金經理人績效的財經記者，真正懂這些數字。因為這些排名表通常都是一年公布一次，這表示基金經理人有一整年的時間可以炫耀（直到隔年的基金樂透再度抽籤為止）。

舉個例子來說明，幾年前一篇報紙的文章讓我覺得很有趣。那是一位新手基金經理人和兼職媒體評論員所寫的。他在談自己的基金，而這篇文章充滿了「創作的性質」：「投資人要小心，不要過度配置在被動策略上，這會逐漸侵蝕投資人的資金。主動式管理才是王道。」

他沒有提供確切證據以支撐自己的論點，但他告訴讀者一個辨識最佳經理人的辦法：「尋找前一年績效最好的人。或者，你當然也可以問我，我的績效如何。」

我們已經談過了尋找前一年績效最佳的經理人。顯然這個人還沒讀過。但是他建議讀者可以問他績效如何，又是怎麼回事？

我不需要問他。五個星期後，他的基金就公布了過去的績效。這檔基金從成立以來交出平均（幾何平均數）年報酬率為二．五九％。這是在扣除管理費用（而且很高）前的結果。扣除費用後，他的基金給投資人的平均年報酬率就只有一字頭。

那麼他的基金和基準指標相比又如何？他比對的指標是澳洲綜合三百總報酬指數，這個指數同一段時間的年平均報酬率為六．一四％。

嗯……這差別很大。他在報紙上自己的宣傳文章中沒有說到這一點。

我再分享一個例子以解釋剛才說的這些事。幾年前一檔澳洲投資基金被財經媒體譽為獨一無二的基金。到二〇二一年六月底的財經年度，為會員賺得的報酬是九三％，而同一期間大盤（澳股綜合指數兩百）則交出正報酬二五％。某知名報紙稱這檔基金的年輕創辦人為「神童」。

為了達到這樣的報酬率，這檔基金必須做非常冒險的事，持有的資產必須非常不同於基準指標指數的成分股。這個策略的問題在於，這檔基金所冒的風險，到了隔年可能會變成錯誤的決定。

令我感到驚訝的是，那位財經評論員應該要知道，他所做的正是我在本章談到的：他們把純粹的運氣當成高超的能力。我想問，都沒有人讀過ＳＰＩＶＡ的研究嗎？

那麼那位神童隔年表現如何呢？在二〇二二年六月底為止的財務年度，他的基金崩盤了，交出災難性的負七一．一八％報酬率。那一年的澳洲股市績效則比較沒那麼難看，是負一〇％。然而，**在虧損的那年，還是會收取非常高的管理費**！投資人因為那篇耀眼奪目的報導後湧入，最後卻虧損將近七五％的資金。

從這檔基金成立至今（包括運氣好而獲利的那一年），投資人若把錢投資在指數型基金，一定會得到更好的報酬。

到目前為止，我的說法有說服力嗎？

我希望至少你現在會用不同的眼光，看待基金經理人排名表。如果沒有，那麼你應該是個非常難被說服的人——這樣讓我想起希臘哲學家金嘴狄翁（Dio Chrysostom）在將近兩千年前說的話：「真是的，人類這麼不受教，卻這麼容易受騙！」

別花力氣請人投資

講了這麼多，普通人到底要怎麼知道自己找的理財專家說的是真是假？排行榜沒用、廣告宣傳只吹捧自己，就連報紙也會出現假新聞。跟運動員或音樂家表演不同，基金經理一天到晚坐在辦公室看報告、敲電腦，你根本看不出他們的水準到底高不高。能判斷的標準在哪裡？

在沒有任何有意義的績效指標情況下，有些人會利用無關資訊來判斷基金經理人的能力。舉例來說，他們可能不喜歡某個基金經理人在電視訪談時說話結巴。或是可能不喜歡她的髮型。或是他太老了。或是她太年輕了。或是基金經理人說話的方式：他在電視上被人問到問題時，聽起來說話很流暢而且很厲害。觀眾可能不了解他在說什麼，但他確實看起來很懂，對吧？而且他穿的西裝真的很高級。

關於如何辨識能力這個問題，答案要比我到目前為止談過的任何事還要困難。重要的是，這要說到基金經理人所採用的投資流程。

基金經理人需要採用一個能讓他們真正得到優勢的流程。這個流程無法保證投資一直都會成功；事實上，**成功的基金經理人通常都會搞錯。成功的經理人接受自己會出錯，而且了解這件事受到運氣的影響非常大**。但是他們找到一個優勢，**只要在場內待得夠久就能獲利**。他們知道這個遊戲的目標並不是每一次都要得分；而是贏得長期的比賽。

但問題在於，外行人要找到具備這種能力的人，必須先實現兩件事：

一、基金經理人需要邀請投資人來辦公室，請投資人坐下並詳細解說他們的運作方式。

二、外行的投資人需要夠聰明，才能了解這個運作方式會不會有用。

這和長相無關。外行的投資人必須真的能識別出這樣的優勢。而且我們說實話，如果你能看得出別人有這樣的能力，那你就不會是外行人——你自己一定很有本事。而且如果你真的有本事，為什麼不把這個本事用來為自己賺錢呢？

更複雜的是，這種創造投資獲利的能力會隨著時間改變。真正有能力的投資人必須定期改變自己，才能在這一行中保持優勢。過去被認為好的投資方法，到後來會被許多人學會，這時就無法再提供優勢了。

雖然我提供了這麼多的事實，或許你還是很難相信我說的話。別擔心，你會這麼想完全是正常的。事實上，這是我們的天性。

心理學家、諾貝爾獎得主康納曼解釋過，為什麼我們會忽視冰冷、明確的證據，尤其是以統計為根據的事實。他說，我們的心智非常偏向輕鬆的解釋，而且不會去處理只有統計數字的內容。

金融市場沒有一致的特性

輕鬆的解釋指的是，我們預期工作和付出的努力一定會轉變為能力。而我們做的大部分事情都是這樣沒錯。所以，為什麼那些聰明又努力的金融分析師和基金經理人，沒有因為努力而獲得回報？

康納曼也回答了這個問題。他在著作《快思慢想》中寫道，發展一個技能需要兩個基本的條件：

一、練習。

二、足夠一致的環境。

生活中的許多領域都符合這兩個條件。舉例來說，能力好的外科醫師、音樂家、木匠和網球選手。在經過數百個小時，甚至可能數千小時的練習後，他們比一般人更懂得如何下刀、彈琴、切鑿和揮動球拍。

他們的環境足夠一致，可以使練習轉變為技能。再來看看高爾夫球選手的一致環境：那顆該被擊出、飛越地平線的小白球，在他們瞄準揮桿後卻完美留在原地一動不動（雖說風向和當天其他場上條件也都會影響結果就是了）。

但是，**金融市場並沒有一致的特性。**金融專家可能花了好幾個小時，但混亂就是他們工作環境的特色。他們遊戲的場所就在眼前展開，**做的所有決定最後都是在他們做決定時所不知的環境中。**

金融業完全沒有一致性。只有能從眾多混亂中看出「一點點」或「稍縱即逝」的一致性的那些人，才有可能運用能力實現對自己有利的結果。而且大部分的投資人，包括最活躍的基金經理人在內，都沒有能力辨識任何一點能從中獲利的一致性。

幾十年前我開始投資事業時，非常天真、熱血。當時我完全不了解本書中寫的一切。我覺得只要夠努力並且累積知識，就一定能創造超越市場平均的績效。

現在我的想法非常不同；或者該說，我現在有一些根據可以讓我對投資這件事的意見比較務實。現在我已經在金融市場打滾很久了；我學過會計、經濟和企業金融；我從事過銀行業和證券業；我擔任股票分析師九年，擔任金融作家的時間甚至更久；我寫過有關投資的書，其中包括一本是有關股價估值的歷史；我在澳洲和其他國家針對金融發表過演說。

我管理過投資組合，在我做投資決策的那些年，我的績效超越大盤的報酬率。相較於大盤的報酬率，我個人的股票投資組合交出七位數金額的絕對超額報酬。

但我認為這些都沒什麼了不起。這是因為這些都不能證明，我賺的任何一塊錢是運用卓越的能力賺到的。

在介紹了背景後，我要分享我在努力選股時的信念。努力了一輩子後，我現在覺得自己就像柏格在他的書《夠了：約翰．伯格談金錢的最佳策略》（*Enough*）中描述的那隻灰狗。

那隻灰狗還沒老到不能繼續賽跑，過往的紀錄很成功，而且受到很好的對待，但是卻選擇退休。「為什麼？」牧師問牠。灰狗回答：「我退休是因為在跑了這麼久之後，我發現自己追的那隻兔子根本不是真的。」

就像那隻灰狗一樣，我後來發現自己所追逐的超額報酬可能不是真的。也許我只是運氣好。所以，我就像那隻灰狗一樣不再跑了。我賣掉所有的投資，把我的股票投資組合大部分都投入指數型基金！

第十章

科技（股價）始終來自人性

「股票市場必須先創造價值，然後才能找到價值的理由。」

——班傑明·葛拉漢

在我們開始本章的重點前，我想要先暫停並思考一下前面引述葛拉漢的話。一間公司的股價，主要受到投資人對公司未來表現的判斷與感受影響。但是，我們只能活在現在；未來永遠是未知的。

我要強調這一點，因為投資人一定要了解這件事。投資人對於公司未來的觀點永遠都在改變，因而影響一間公司的股價。因此，必須永遠**從未來的角度檢視股價**。每位投資人對未來都有獨特的觀點。但是，**我們所看到的股價，是由買賣這檔個股的「所有投資人」的觀點結合**。

有些感受是理性的，許多是不理性的，有些根本很瘋狂。你無法了解這些投資人在想什麼，所以**帶動股價的力量大部分都無法辨識而且無法量化**。這表示我們必須永遠帶著懷疑的眼光來看待股價。

與其說價格是穩固的基礎，不如說是變幻莫測的流沙。但是大部分投資人都傾向於毫不懷疑的相信股價。也許這是因為每一個流逝的時刻，在當下對他們來說都是真實的。

這我了解。但是投資人接下來對股價做的事則是毫無道理。他們以一種逆向金融工程的方式，為那個價位創造出原因。不論這個原因是否有任何基礎，對他們來說都不重要。

重要的是，現在他們對股價有個「聽起來」可信的原因了。而且如果聽起來可信，那麼通常就會被當成事實來接受。絕對不要跟這些信徒說，他們認為價格合理的說法可能錯了，因為當不理性的投資人被嘲弄時，他們生氣起來可不是開玩笑的。

正如我在第七章解釋過，人類會有這樣的行為，是因為我們是有邏輯歸納能力的動物。我們會觀察然後解釋——在這個過程中，事實很容易就被扭曲。

有能力的投資人不會這麼做。他們會運用演繹推理的能力，會質疑普遍接受的信念。他們有能力根據完整而且合理的原因得出結論。

這對大部分的人來說都是件困難的事，因為演繹推理需要耗費大量的心力。而且這種蘇格拉底式的行為，有時候會變成明目張膽的反社會行動，大部分的人都會（有意識或無意識）避免這麼做。

與其運用演繹推理，採取簡單得多（但是不正確的）歸納推理，就不需要去質疑瘋狂的股價、不會冒犯到別人，不必因為表達不同的觀點而忍受被批判。

在股市中，科技股的股價推論是最容易被扭曲的。

科技股是什麼？

說到「科技」，大部分的人會想到數位平台，例如臉書、X（推特）、抖音和IG。可能也會想到現在愈來愈常使用的智慧型裝置、線上服務和無數應用程式。當你問他們科技時代是何時開始的，許多人會說這是最近的現象，因為網路興起與廣泛傳播、可取得便宜的運算能力，以及智慧型手機的推出。

但我不同意。科技已經存在好幾個世紀了，甚至可以說好幾千年。接著我就要從更廣泛的角度來說明一下科技這件事。

暢銷歷史作家哈拉瑞（Yuval Noah Harari）認為，智人（homo sapiens）稱霸地球是因為我們是唯一有大量「靈活合作能力」的動物。此外，我們還有想像以及概念化的能力。這些能力讓我們能將想法轉變成為數眾多的社會與經濟優勢，包括醫療進步，以及房屋、營養、運輸和通訊的改善。

這些全都是因為我們有能力透過語言和文字傳遞想法。溝通讓我們能接受並累積前人傳下來的知識。

以這個背景來說，我不認為科技是這個世代所獨有的。

現在的科技只不過是科技漫長且持續演化過程中的一個點。當然，這段過程並非總是以相同的速度前進。所以我們也要考量到這一點。

智人已經存在三十萬年了。我們從五萬到十萬年前開始用語言溝通；我們在一萬年前發展出農業。

農業進步削弱了採集與狩獵的部落，並使以城鎮為主的社區壯大。數千年來，科技的進展速度就像樹懶一樣緩慢，簡直可以說是毫無進度。真正的科學進步一直要到約四百年前才開始真正萌芽。

人類科技是在這時才開始進步。

啟蒙時代

所以，幾個世紀前發生了什麼變化，加快了科技進步的速度？

首先是十七世紀中一直到十八世紀末，我們對世界的看法發生了一場革命，被稱為「啟蒙時代」（或是偉大的「理性時代」），這是個科學、政治和哲學討論非常活躍的時期，永遠改變了世界。

在啟蒙時代之前而且息息相關的是「科學革命」。這是由歐洲的偉大思想家，如哥白尼（Nicolaus Copernicus）、伽利略（Galileo Galilei）和牛頓（Isaac Newton）等人，帶動數學、物理、天文學和生物學進步的時期。

然後在這一切發展的過程中，工業革命開始了。

許多史學家將英國工程師湯瑪士．紐科門（Thomas Newcomen）在一七一二年發明的蒸汽機，視為工業革命的開始。雖然當時蒸汽機並不是全新的概念，但紐科門開發出第一個實用的機器，以取代先前使用人力、風力和流動的水力。蒸汽動力帶來的優勢，使產量達到前所未有的程度。這時城市裡可以建造大型的工廠。工業革命已經開始了。

這是科技伊始嗎？也許是。但我們也可以說，科技早在工業革命之前。

不同時代的科技

關於這件事，我們必須非常小心區分。畢竟在蒸汽機發明之前，人類就已經開發出（見下頁表 10-1）：

我認為這些都是重大的科技發現。接著我們來看一看，從蒸汽機發明以來科技進步的清單（但絕對不只於此，見左頁表 10-2）：

這個清單比一般人認為的「科技」還要廣泛得多。生物科技也是如此，一直都在演進中。以下是過去兩個世紀以來幾個醫學上的發展。

- 免疫學之父愛德華．詹納（Edward Jenner）於一七九六年開發出第一款抗天花疫苗，並為一名十三歲的少年注射。
- 現代麻醉已經存在逾兩個世紀。
- 蘇格蘭科學家亞歷山大．佛萊明（Alexander Fleming）爵士早在一九二八年發現第一個可救命的抗生素藥劑。

我們現在認為注射疫苗、麻醉藥和抗生素是非常普遍的藥物，不會將其視為重大的科技突破，但是它們在各自的年代都是尖頂生物科技。每一種都和現在開發出來的任何東西一樣具有

表 10-1：蒸汽機之前的科技

時間	發明
西元前幾千年	槓桿
西元前幾千年	釘子
中國在兩千年前， 歐洲在十二世紀時	指南針
二世紀	紙張
十三世紀	光學鏡片
1430 年代	印刷術
1608 年	折射顯微鏡

表 10-2：蒸汽機之後的科技

時間	發明
1731 年	六分儀
1802 年	電燈
1804 年	蒸汽火車頭
1826、27 年	攝影
1837 年	電報
1850 年代	跨海電報電纜
1850 年代	冷藏
1876 年	電話
1885 年	汽車
1902 年	空調
1903 年	飛機
1906 年	無線電
1927 年	電視
1935 年	雷達
1936 年	現代電腦
1938 年	核分裂
1939 年	噴射引擎動力飛機
1947 年	微波
1947 年	電晶體
1957 年	衛星
1958 年	雷射
1961 年	矽晶片
1961 年	人類太空旅行
1965 年	光纖資料傳輸
1969 年	網際網路
1970 年代	個人電腦
1975 年	數位相機
1992 年	智慧型手機

開創性。

這就是我想說的重點。**昨天的非凡成就，在今天可能就變得司空見慣。**

舉例來說，你能想像一八六六年成功建置跨大西洋電報電纜時，人們有多興奮嗎？在那之前，倫敦和紐約之間的溝通都要靠跨大西洋的船隻運送。在建置海底電纜後，通訊時間從原本的十到十四天，一舉縮短成幾分鐘。在一八六六年，這簡直就是科幻小說的情節！但到了現在，這卻變成了博物館裡會陳列的東西。

還有，你能想像一八八二年九月四日，當愛迪生首次將電力送到曼哈頓的住家時，人們的興奮之情嗎？燃煤燈被收進走廊的櫥櫃和二手商店裡。慢慢的，許多住家開始使用明亮的電燈來照明。

不，停下來……先想一想。這是人類史上第一次擺脫半黑暗的環境。電燈絕對是一個轟動的發明。但是到了今天，開啟電燈開關卻變成完全不令人感到興奮的事。

所以我要提出一個問題：今天新的科技比過去的科技更了不起嗎？我不這麼認為。幾個世紀以來，尖端科技一直都會令人感到興奮。

反撲

幾年前，我親身體會了沒有以演化或歷史的角度來看待科技，所導致的失敗。當時我和一位新穎的應用程式投資平台創辦人在講電話。當然，投資就是投資，不論你怎麼說都一樣。這個人所提供的並不是什麼能改變人生的發明，但他說得好像自己剛發明了輪子一樣。

即使是如此，我還是禮貌的聽他要說的話——直到他說了一件事，我才不得以打斷他。他說「科技是個全新的現象」。

你可以想像我對這句話的反應會是什麼！我提出自己對科技的看法，但他完全拒絕接受。

我並不怪他會這麼想，他和很多人都分享過這個信念。此外，幾個世紀以來，人們都和這個人的想法一樣。《魯賓遜漂流記》（*Robinson Crusoe*）的作者丹尼爾・狄福（Daniel Defoe）曾於一六七九年說道：「過去的時代從來沒有辦到投射和發明……我們這個時代辦到了。」

這話還算公道，狄福說的大致上正確。但那是一六七九年，當時的人還在把女巫綁在樁上燒死，而最快的陸地交通方式是馬匹。自從狄福的時代以來，科技已經有長足的進步。毫無疑問，正如摩爾定律[1]的預測，此後事情還會繼續加速發展。

一八九五年，博學的法國作家古斯塔夫・勒龐寫道：「現在的時代是關鍵時刻之一，這時人類正在經歷轉變的過程。」勒龐描述他看到推動轉變的兩股力量：第一是宗教、政治與社會信念的轉變，第二是「現代科學與工業發明，創造出全新的生存和思維條件。」

個人認為勒龐的評語來得有點晚了。正如前面討論過的，他所描述的情況早就已經持續了好幾個世紀。

一八四三年，美國專利局長亨利・艾斯沃斯（Henry Ellsworth）對國會說：「每年技術的進步已經超出我們的想像，彷彿預言著有一天人類必定會到達極限。」

艾斯沃斯先生，從你說這話已經過了將近兩百年了，而人類的進步完全沒有停止。

一八九九年，英國幽默諷刺週刊《重擊》（*Punch*）也提出過科技將不會再進步的想法。

1 編按：Moore's law，由英特爾（Intel）創始人之一高登・摩爾（Gordon Moore）提出；指因製程技術提升，半導體晶片上整合的電晶體和電阻數量，約每兩年增加一倍。

這本搞笑的雜誌提出「未來世紀」的觀點。在一則漫畫的對話中，一位天才問道：「我們不是有書記員可以檢查專利嗎？」一位男孩回答：「沒有必要，先生。所有能發明的東西都已經被發明出來了。」

一九一一年，英國記者法蘭西斯・瑞格利・赫斯特（Francis Wrigley Hirst）描述了當時用於促進股市交易的技術：「報價機和電話都已臻至完美，實在難以想像輔助投機的工具還能如何突破現有框架，更上一層樓。」

當然，赫斯特錯了。而且雖然他無法預見接下來電腦、網路、光纖和衛星的發明，但赫斯特應該要承認，更進多的科技進步會以不同的形式出現。

預測未來的科技會是什麼樣子，一直都是一件危險的事。舉例來說，據說國際商業機器公司（IBM）的創辦人湯瑪士・華生（Thomas J. Watson），曾在一九四六年預測：「未來的世界只需要五部電腦！」

科技與股市，都源自人性

希望到目前為止，我已經讓你對科技有了更全面的了解。那麼我們就再回到這個問題：科技與股市之間的關係為何？（畢竟本書探討的是投資理財。）

正如先前所提，現代股市是在一六〇二年開始的，當時荷蘭東印度公司的股份首先公開交易。所以，我們就來看一看從那之後的四個世紀，民眾可以購買的一些科技和企業股票。在我們開始談特定的例子前，我要介紹一位名叫海曼．明斯基（Hyman Minsky）的美國經濟學家。

投機熱潮，來自低利率＋「衝擊」

明斯基喜歡思考帶動股市榮景與衰退的力量。雖然每次繁榮與衰退都有自己獨特的特徵，但是明斯基發現它們有一些共同特色。

舉例來說，他發現**投機性的熱潮，經常伴隨著總體經濟的某種衝擊開始**。他稱之為「錯置」（displacement）。正如過去四個世紀所顯示的，改變有許多形式，但是最主要的改變都是新的科技。沒有比令人興奮的新概念更能激勵發明家的想像力，以及激起投機的欲望。

雖然改變是使事情開始的火花，但明斯基的假設認為也需要燃料才能真正點燃股票投機。他發現，這個燃料就是普遍容易取得的低成本資金。這通常是指**低利率，以及放款者普遍願意將資金放款給借款人。**

把這兩者結合，就可以點火了！

投機的火被點燃了後，明斯基繼續解釋要如何散播。可自由取得的資金讓投資人借錢來投資；資金的注入帶動資產價格飆高。人們開始賺進容易賺到的錢，吸引更多人湧入。

當股價進一步上漲，更多投機客被吸引進來；更多投機者帶動股價進一步上漲。這時一個正向回饋迴圈就建立了，更多的投機帶動價格漲得更高，而更高的價格吸引更多投機。這個現象甚至有個名稱叫做「反身性」（reflexivity）。

這個**回饋迴圈持續帶動股價上漲，價格會漲到與經濟或商業現實環境完全脫鉤。**這種扭曲的情形持續時間長得令人意外。對經驗不足以及容易受影響的人來說，飆漲的價格變成幻覺其實是真相的「證明」。

初次投資的人被這樣的體驗深深吸引。就連曾經歷過類似情況的經驗豐富投資人，也可能被股價上漲誘惑，忘了從任何經濟的角度來看待。資訊不足的大多數人忙著「賺錢」，而且樂於繼續狂歡。

在二〇〇七年全球金融危機之前，一段經典但錯誤的聲明就展現了這種行為。當時花旗集團的執行長恰克．普林斯（Chuck Prince）說：「就流動性來說，當音樂停止後，情況會變得很複雜。但是只要音樂繼續播放，你就得站起來跳舞。」

就在幾個月後，美國和全世界許多地方就開始面臨一九二九年以來最大的金融崩盤。這時普林斯還在狂歡，接著就被開除了。

何時該閃遠一點？

當一檔熱門科技股價飆高，通常就是很明顯的跡象，顯示派對已經持續太久了。這時傳統且客觀的股價評估方法已被完全捨棄。當你看到創新的「股價估值」方法來解釋不合理的股價時，那麼整棟紙牌建造的房子遲早會垮掉。

早在將近一個世紀（一九二九年崩盤）前，葛拉漢就發現投資人有這樣的現象。他寫道：

「……一九二七年開始的『新時代』根本捨棄分析方法，雖然仍然強調事實和數字，但這些都被某種偽分析扭曲，以支撐那段期間的幻覺。」

接著我要從逾四個世紀的投資人中提出例子，說明當容易上當的投資人遇上新科技時會發生的事。

運河狂熱

想像一下，一七〇〇年代的英格蘭。紐科門的新型蒸汽機正在改革生產技術與產量。所有的製造形式都從原本在小房子裡生產，演進為工廠式的流程。

但是愈來愈多人使用煤炭蒸汽機則帶來了一個新的問題：如何在全國運輸這麼多的煤炭？畢竟煤炭很重。那時又沒有貨車、火車，只有馬匹和馬車。幾千年來的陸路運輸都只依靠馬匹的動力。

這還不是唯一的問題，英格蘭的道路也無法承受這樣的負荷。我來解釋一下英格蘭的道路在十八世紀時的情況——農村作家亞瑟・楊格（Arthur Young）在一七七〇年的著作《前往北英格蘭的六個月旅程》（*Six Months Tour Through the North of England*）中寫道：

「我要嚴正提醒所有可能不小心要前往這個可怕地方的旅人，要像迴避惡魔一樣，絕對不要去！有千分之一的機率會因為車輛翻覆或損壞而摔斷脖子和四肢。路上還會遇到凹洞，我親自量過是四呎深，夏季時還浮著潮濕的泥巴；誰知道冬天會有什麼？」

楊格的評論指的是英格蘭普遍的路況，但是他所形容的凹洞則出現在維根市的收費公路。而且收費公路還是當時英格蘭狀況最好的道路，人們必須付錢才能讓馬車上路，這樣你就知道英格蘭的路況到底有多糟糕了。

接著是法蘭西斯・伊格頓（Francis Egerton），第三位布里奇沃特公爵。受到法國南運河（Canal du Midi）的啟發，伊格頓召集一個團隊打造英格蘭第一個工業級的運河。運河於一七六一年開幕，並且用於將煤炭從礦場直接運輸到曼徹斯特和利物浦的生產中心。

當時運河平底船是由馬匹沿著河邊拉動，這種新型運輸方式比陸運還要好得多。一匹馬可以在路地上拉一噸的貨物，但是如果放在運河平底船上，就可以拉到三十噸，或甚至五十噸的貨物。脆弱精緻的產品會以較安全、平順的水上運輸，而非在充滿坑洞的道路上。此外，這種運輸所花的時間也短得多。

公爵建立的新運河使得煤炭價格大跌，他的獲利飆升。他成功帶動持續數十年的投資與投機，後來被稱為「運河狂熱」。

此後狂熱一陣陣襲來。我大致說明一下第一波狂熱（一七九〇年代初期到中期）發展得有多迅速，一七九〇年授權建造運河的資金是九萬英鎊，三年後就爆增三十倍，達到兩百八十二萬四千七百英鎊。

就個別股價來說，一七九二年十月大交匯運河（Grand Junction Canal）的股價，光是一個月就從一百英鎊漲到四百七十二·七五英鎊。但是最初狂喜的心情並沒有持續下去。第一個泡沫在一七九三年就破滅了，而大交匯運河的股價崩跌八〇%。

接下來四十年，運河股價出現兩波飆漲的走勢。這波投機潮最後留下來的，是到了一八三〇年時全英格蘭總共建造了三萬九千英哩長的運河。

但是建造運河也即將到盡頭。一種全新型的運輸技術已經開始吸引投資人的想像力了。

鐵路帶來新世界

關於新科技，只有一件事你可以確定：新科技絕對會變成舊科技。運河就是這麼一回事。當鐵路開始增建，就沒有人再使用運河了。

鐵路首次出現是在一八二五年，英格蘭的史塔克頓與達令頓鐵路公司（Stockton and Darlington Railway）開幕。然而六年後（一八三一年）利物浦與曼徹斯特鐵路（Liverpool and Manchester Railway）開幕，這項技術才開始受到人們重視。就連當時年輕的維多利亞女王，也幫忙這種新型運輸吸引大眾興趣。一八四二年夏季，阿爾伯特親王（Prince Albert）說服她搭乘第一次火車旅行（從斯勞〔Slough〕到帕丁頓〔Paddington〕）。

為建造新的鐵路募資並不難。正如所有由債務所帶動的資產泡沫一樣，鐵路是靠著將近一個世紀的低利率所建造起來的。

燃料有了，新的科技提供火花。鐵路狂熱就這樣興起了。

全國上下，報紙和廣告都在說鐵路是史無前例、革命性的科技進展。當時的報刊通常是這樣寫的：

「就取得資訊與傳播能力來說，我們的壽命將會拉長一倍，我們可以合理認為，這個世界將會融合成一個大家庭、說著同一種語言、由類似的法律統一管理，並且崇敬同一個神祇。」

這是不是看起來很像在描述網際網路的文章？

鐵路狂熱開始向西蔓延到愛爾蘭，往北到蘇格蘭。英國浪漫主義詩人威廉·華茲渥斯（William Wordsworth）指出：「從愛丁堡到印威內斯，所有人都為鐵路瘋狂。全國就像住滿鐵路狂的瘋人院一樣。」

在一八四六年的小說《董貝父子》（*Dombey and Son*）中，狄更斯（Charles Dickens）嘲諷當時的流行：

「……鐵路飯店、咖啡館、旅舍、寄宿之家；鐵路路線圖、地圖、景觀、包裝紙、瓶子、三明治盒和時刻表；鐵路出租車和計程車站；鐵路公車、鐵路街道與建築……」

投資鐵路已經成了有錢人的流行，一八四五年四月，前貿易委員會主席亞歷山大・巴林（Alexander Baring）在上議院宣布：

「……沒有比和鐵路有關的博弈事件帶動的熱潮，更能吸引國會的注意力。但是以這件事和許多其他事來說，指出問題要比建議解決之道來得簡單。」

《經濟學人》於一八四五年十月二五日譴責這種情況的不理性：

「市場價值並非取決於鐵路最終的成功，而是取決於環境將能維持或增加民眾的投機胃口到多大的程度。沒有什麼比這個事實更能證明這一點了：我們看到九個或十個幾乎相同的產品提案，且價格都很高昂，但大家都知道只有一個會成功，其餘的很可能都是把錢丟到水裡。」

嗯……這段話讓我想到加密貨幣。

到了一八四五年六月，有超過八千英哩的新鐵路建案正在籌備中。下一個月，每週都有逾十幾個新的計畫。報紙充斥著吸引訂戶的鐵路提案廣告。一八四五年九月，已有超過四百五十個新的方案登記，一份《鐵路時報》（*The Railway Times*）就有超過八十頁的廣告提案。

許多新鐵路的推廣者似乎只對自己的獲利感興趣。不切實際的商業模式和詐騙層出不窮，就像一個多世紀前南海泡沫期間一樣（比較最近的則是網路泡沫和加密貨幣狂潮）。

許多不切實際的鐵路提案完全沒有啟動，約三〇％提案路線根本沒有建造。這些公司不是因為財務規畫不佳而倒閉，就是在建造自己的路線前被大型競爭者買下，或根本就是詐騙。

後來英格蘭銀行升息，錢就開始變少了。先前鐵路狂熱已經到了高點，這時一切都開始減弱了。

一八四五年十月二四日《泰晤士報》的文章指出：

「一個巨大的財富泡沫就在我們的眼前吹破了，同樣空洞、短暫、被所有實際情況所反駁，就像成人或兒童吹過的任何泡泡一樣。」

腳踏車奇蹟

你可能很難相信，但即便是簡單的腳踏車也曾經被認為是科技奇蹟。

一八九〇年代以前，人們認為腳踏車既難騎又危險。我相信你一定看過以前的大小輪古董紳士腳踏車長什麼樣子：前輪超大，後輪超小。沒有齒輪、沒有鏈子。只要出一點差錯，就會從很高的座椅上摔下來。

一八九〇年代後，腳踏車產業經歷一段快速的創新時期。一種新型的腳踏車出現了，和我們現在的腳踏車長得很像。不意外的，這種腳踏車的名稱叫做「安全腳踏車」。當人們要外出時，他們會把腳踏車視為騎馬之外的選擇。此外，腳踏車售價約為當時兩週的薪資，因此非常划算，馬上就流行起來。

到了一八九六年春季時，已有將近二十間上市公司在製造腳踏車，一年內就有超過一百間。**被創造出來的泡沫並非腳踏車，而是腳踏車公司的股票。**股價每天都在上漲。

每一次發生泡沫時，總是會有企業家及早進場然後大賺一筆。這時我就要介紹一位可疑的資產仲介：恩尼斯・泰拉・胡利（Ernest Terah Hooley），他說服一間銀行借他大額貸款。胡利發現腳踏車需要橡膠輪胎，於是他花了三百萬英鎊買下一間名為「充氣輪胎」的公司。他把公司名稱改為鄧路普充氣輪胎公司，然後再轉手以五百萬英鎊賣掉。胡利的交易非常成功，激發了許多人的想像。每個人都想要在腳踏車熱潮中分一杯羹。

新的腳踏車公司如雨後春筍般大批成立，但不是每一間都能生存下來。因為廉價的美國進口品，讓這場泡沫在一八九七年破滅。就像現在的中國商品一樣，當時美國大量生產的腳踏車進入英國市場，價格大約只有英國的一半。

英國公司被迫大砍售價，營收大幅下滑。到了一九〇一年，一百四十間英國上市腳踏車製造商中，有四十間破產。接下來的十年，又有六十間破產或是徹底退出腳踏車製造產業。

這又是新的科技引爆無法持續的投資狂潮的例子。

汽車，開啟大市場幻覺

對大部分的人來說，汽車純粹是工具。不是停在車庫裡就是在街上，大部分的時間都被遺忘，直到需要前往另一個地方時才會想起它。

沒錯，我知道有些人認為自己的車子很重要。但這通常是基於情感需求，比如對速度、名聲或社會認同的渴望。現在很少有人像以前一樣把汽車視為科技奇蹟，也不會像以前一樣拚命炒作（除了特斯拉之外，這是一個獨特的情況）。

卡爾．賓士（Karl Benz）於一八八六年為第一輛汽油車申請專利，後來出現爆炸性成長。到了一九二〇年代，美國因為量產的技術而稱霸汽車業；福特汽車公司率先發展出移動組裝產線，於一九一三年在密西根廠推出一個完整的產品線。量產降低了生產成本和零售價格，讓一般美國勞工能實現買得起便宜車、出遠門的夢想。

在《美國工業革命：汽車》（*The Industrial Revolution in America: Automobiles*）一書中，作者說道：

「到了一九二〇年代，美國大約每六個人就有一輛車。光是一九二九年，全國銷售的汽車、公車和貨車就超過五百三十萬輛，比一年前多出將近一百萬輛。」

這些數字顯示汽車業成為了多大的力量，不只產業本身，而且對其他產業的重要性也是。歐洲也發生過同樣的情形。根據《大英百科全書》（*Encyclopædia Britannica*）表示，一九二二年到一九二九年英國汽車生產成長三倍（從七萬三千輛到二十三萬九千輛）。成功就會引來別人模仿，新車製造商開始如雨後春筍般萌芽。

但正如所有過度競爭的領域，只有最強的才能生存下來；汽車業也不例外，弱者最終都倒了。如果想知道有多少汽車製造商出現又消失，只要查維基百科「美國倒閉的汽車製造商清單」，你會很意外看到：超過一千間汽車製造商已不存在了，而且大多數在汽車發展的初期就已經倒閉。仍在運作中的汽車製造商從兩百五十三間，到一九二九年時只剩下四十四間，大約有八〇％的產量是由福特、通用汽車和克萊斯勒所生產的。

大部分剩下來的獨立汽車製造商在大蕭條時倒閉，而帕卡德、哈德遜、斯圖貝克和納許（Packard, Hudson, Studebaker and Nash）汽車撐了下來，卻在二戰結束後關閉。而且別忘了，這只是美國而已！

能參與的人數都是有限的。當新的科技出現時通常都會發生這種事，從無數抱持希望的參與者到只剩下幾個成功者。金融經濟學家布萊德佛．康奈爾（Bradford Cornell）甚至造了一個詞，用來稱呼這種初期而且錯誤的樂觀態度──「大市場幻覺」（the big market delusion）。

這個詞描述的情況是，**在新的產業中每一個新的參與者都會被認為是完美的，彷彿人人都會成功。但現實是，不論鐵路、汽車或加密貨幣，大部分到最後都會失敗。**

讓股價暴漲九三九％的無線電

人們初次體驗無線電時感到非常驚奇，而這種感覺也沒錯；無線電的確是很驚人的東西。我們先來想一想無線電這個科技。我是認真的。聲音穿過數百英哩的空氣，抵達另一個地點再發出聲音。不意外的，一個世紀後這被認為是太空時代的產物，只不過在當時，太空時代還沒有來臨！

無線電在當時吸引投資人的注意，就像三十年前網路激發投資人想像力一樣。美國無線電公司（Radio Corporation of America）是一九二〇年代的科技新寵。而且投資人非常相信它，公司的股價從一九二五年到一九二九年漲了九三九％。

股價在一九二九年九月時觸頂，達到五百六十八美元。三年後股價只有十到十五美元。在一九三〇年代初期重押美國無線電公司的人，投資組合都出現了重大虧損。

但重點是，如果去問**一九二九年九月時買進的人，是否相信股票真的值五百六十八美元？**我認為不會有幾個人否認。畢竟就像我說過的，市場的價格對那些人來說就是證明。

美國廣播公司的確是一間穩健的公司，確實有獲利、有可證明的價值。而且一直營運到一九八六年。但是**當太多投資人相信某個投資題材，股價就會自己找到支撐。**

電子與太空，引發想像力的關鍵字

一九五七年十月，蘇聯成功發射第一顆人造衛星「史普尼克一號」（Sputnik 1）；一九五九年到一九六二年，則是太空與「電子」發展的榮景。史普尼克繞行地球軌道後的太空競賽引發了人們集體的想像力。股市也不例外。

一大堆新的太空相關股票上市了。有些發行股票的公司發現，在公司名稱裡加上任何看起來或聽起來像「電子」（electronics）的詞，就能吸引買氣。即使有些公司和電子或太空完全沒有關係，也會取這樣的名稱。舉例來說，當時美國音樂工會（American Music Guild）挨家挨戶銷售唱片，但是公司卻在掛牌上市前將名稱改成「太空調」（Space Tone）。股價就從兩美元在幾週內飆漲到十四美元，只因為名稱顯示公司和「太空」有關。

投資人的論點是，名稱有「電子」（tronics）的股票不能用傳統的方法和評價，因為這是一個全新的產業類型，和傳統經濟完全沒有關係。在此之前，同樣沒道理的道理也用來合理化股價過高的股票；之後和「科技」有關的市場，每次股價過高時也是這樣。

這個有缺陷的邏輯讓有「電」的股票本益比飆漲五十、一百或甚至兩百倍。但是到了一九六二年底時，經濟因素導致「電」的股票出現龐大的賣壓然後崩盤。

接下來讓我們把時間撥到下一個世代，來見證這種蠢事又重複了一次。

網路公司的贏家是……

你有聽過 Knowbot、Archie、Gopher、Magellan、Excite 或 Infoseek 嗎？我還可以一直列舉下去；例子多到不勝枚舉。這些都是網路搜尋引擎，雖然它們都比谷歌早了十年，但現在卻是谷歌稱霸搜尋引擎產業。

還記得奈普斯特（Napster）嗎？這是網路下載音樂的先驅，結果後來破產了。現在我們會用的包括 SoundCloud、Audiomack、iTunes、YouTube、Apple Music 和 Spotify，這些還只是其中的幾個而已。

事實是，在任何企業競賽中，就算競賽已經開始，我們還是幾乎不可能挑選到最後的贏家。以一九九〇年代末期的網路泡沫狂潮為例。人們喜歡說：「亞馬遜就是在這個時候上市的，而且後來成為地球上最大的公司」、「只要公司股價還在谷底時進場就好了」，這類的話。但是**在當時人們一點也看不出來亞馬遜未來會成功**，而且雖然它成功了，但其實一路上還有無數陣亡的公司，這些都早已經不存在了。

網路泡沫方興未艾時，就像在那幾十年前名稱有「電」的公司榮景一樣；一九九〇年代末期只要在公司名稱的最後加上「.com」，它就能成功在交易所掛牌上市。公司到底在做什麼並不重要，它可以在宣傳文件印上穿著舊襪子的老太太，但只要新公司的名稱是「襪子 .com」，那麼股東就會撒下幾百萬美元。

長期投資大師巴菲特在當時曾說，如果他要教一門投資課，他會問學生：「如何評價.com公司？」任何提出答案的學生都會被他當掉。

加密貨幣，這次真的不一樣（嗎？）

再把時間往前快轉一個世代，就是加密貨幣。無可否認的是，加密貨幣的確有一種現代的魅力。傳統貨幣和銀行業形式很久以來都維持一成不變。硬幣這種實體貨幣早在耶穌走在拿撒勒的街道上時就存在了。

投資人擁抱加密貨幣的狂潮非常可怕。就在我撰寫這段文字時，全世界有超過一萬種交易活躍的加密貨幣。但是這個世界上只有一百九十五個國家！如果再把加密貨幣不受國界限制這件事考量進來的話，失控的情況更是離譜。

任何一種加密貨幣都無法被賦予任何內在價值，因為它不會創造任何收入。相反的，加密貨幣任何時候的價值，都是熱情但是根本搞不清楚狀況的買賣雙方互動的產物。

然而，還是有人想出很有創意的方法解釋加密貨幣的價格。和泡沫常有的特色一樣，**人們找到創新的方法為沒有價值的東西決定價值**（回想一下我稍早說過有關歸納推理的事）。

「價值投資之父」葛拉漢就警告過這種事：「……即使買進的根本動機就只是投機性的貪婪，人性的本質就是會想要用看似合情合理的簾幕，來隱藏這種不好的衝動。」

二〇二一年五月，投資公司摩根大通（J.P. Morgan）就提出了一個葛拉漢說的「看似合情合理的簾幕」。他們宣布當時比特幣的公平價值是：「……假設比特幣兌黃金的波動比率……十四萬的二五％，也就是三．五萬」。摩根大通於一月時預測，比特幣有可能成為黃金的替代品，長期下來可以創下十四．六萬美元的價格，但也說這將是「多年後的結果」。

雖然這些說法聽起來根本不合理，但摩根大通的分析師仍使用「通常只用於股價估值」的用語來解釋。預估價格三．五萬是「公允價值」。為什麼這合理？請給我證據。

不意外的，十八個月後，震盪劇烈的加密貨幣價格和摩根大通認為「公允」的價值完全不同了。到了二〇二二年十一月，加密貨幣已連續跌了十二個月，重挫七五％。

這使得摩根大通改弦易轍，這間華爾街大銀行又提出另一個瘋狂的評語，現在它預測比特幣會再跌二五％！這樣就會跌到一．二萬美元。的確有可能，但是也有可能不會。為什麼分析師選擇以一．二萬美元為目標價？又為什麼要提出這些說法？不幸的是，許多無辜的人還真把這些評論當一回事。

這些聲明和理由只不過是一派胡言，由假裝是分析師、充滿創意的說書人所想像出來的。這符合約翰．洛克對瘋子的定義：「把錯誤的想法組合在一起，因此作出錯誤的論述。然而，他們卻會在這些錯誤的論述裡，進行邏輯嚴密的推理和辯論。」

摩根大通並不是唯一這麼做的銀行，還有很多其他銀行都在針對比特幣未來走向提出大膽預測，但是沒有任何一間銀行真正知道到底會如何。

舉例來說，二〇二一年九月路透社報導指出，渣打銀行的研究團隊預測比特幣到明年初（二

○二二年初）時會達到十萬美元，長期甚至可能漲到十七．五萬美元。不意外的，他們的第一個預測就差得很遠。而只有時間才能證明他們的第二個預測錯得有多嚴重。

正如先前談到的，「公允價值」這個詞嚴格來說是個很彈性的判斷，就算是套用在傳統有賺錢的公司上也是如此。把這個詞用在比特幣，在我看來根本是瘋了。遲早有一天會出事。加密貨幣的瘋狂會結束，大多數加密貨幣也會消失。

投資人迷戀上最新科技產品的例子不會就此結束。還有很多其他故事可以說，但我覺得你已經了解了。這種事已經重複了很多遍，而且以後還會繼續下去。

遊戲很老套，但玩家永遠是新的

希望你現在明白，為什麼投資人會每隔一段時間就為新的科技瘋狂了。如果不了解，那麼我來總結一下事情的過程：

- 新科技發明。
- 很多人感到興奮，將會改變我們的未來（變得更好）。
- 創造方法讓大眾也能投資新的科技。

- 人們湧入，龐大的資金追捧把價格推高。
- 早期投資大受歡迎而且價格上漲，使得無數模仿者出現。模仿者主要（甚至可能是唯一）的目的就是讓促銷的人發大財。
- 就連專業投資人在內，沒有幾個投資人有能力判斷新科技真正的經濟價值，或是指出一個符合實際的價值。
- 人們把價格上漲這件事當成證據，證明自己的投資決策很明智。
- 現實打了他們一巴掌。價格下跌，神話破滅。

每個故事的情節都一樣；把瘋狂的事改個名字就可以了，不論是運河、鐵路、腳踏車、汽車、電子產品、網際網路或是加密貨幣。正如作家佛瑞德・凱利（Fred Kelly）在一九三〇年寫的：「遊戲很老套，但玩家永遠都是新的。」

我甚至沒寫一六三七年的「鬱金香狂熱」或是一七二〇年的南海泡沫呢。如果你想要進一步研究這個主題，可以自行搜尋。

每一個世代都會被同樣的傻事所騙。年輕人很少接受過去有類似經驗者的建議。為什麼？因為年輕人通常都認為任何建議都是沒有根據的。他們會說：「你說的和這個並沒有關係。那是另一個時代的事。你太老了，不會了解的。」

然而，**連結這些故事的共同點，就是人類的行為。**幾個世紀以來都沒有改變，未來也不會改變。每個新的世代忽視過去的教訓，就會自己學到痛苦的挫折：金錢損失。

那麼，讀這些故事要如何幫助身為投資人的你呢？希望對你的幫助就像對我的幫助一樣。將這些故事內化、感受這些故事。這些都不是虛構的，所以試著想像在你之前的那些投資人。他們都是真實存在的，而且承受過嚴重的財務虧損。

當下一個新的科技狂潮來臨，而你很想加入那些無腦的人群時，請像尤利西斯一樣抗拒這個誘惑：把自己綁在船桅上，而且要確定繩索綁得很牢靠。

第十一章

少年股神，當沖翻身

「別把牛市當成自己投資技巧高超。」

——亨福瑞．B．尼爾（Humphrey B. Neill，

逆向思考理論創始人）

每隔約莫十年，投資人就會集體失去理智，創造所謂的「牛市」：由市場熱情帶動的股市漲勢，所有股票一致攀升。

牛市就和任何狂熱一樣。原本不投資的人開始對股市感興趣，只想要盲目的加入。當賺錢很容易時，這件事就會變得非常誘人。

我覺得這種時候的新手投資人行為就像青蛙一樣。

下大雨時，池塘裡的蓮葉會一起升高，而青蛙在蓮葉間跳來跳去，牠們以為這是因為自己每跳一次，池塘的水就會升高一點。但事實是，就算牠們待在原本的蓮葉上，水位也會升得一樣高。

就像青蛙一樣，人們認為自己在牛市反覆買賣所創造的獲利，是因為他們是精明的投資人。**他們仍不知道自己獲利真正的原因，是因為所有東西都在漲。**

這個對於自己投資技巧的幻覺，甚至可能使人們辭掉工作，開始在家全職操作股票。二〇二一年人們交易迷因股就是這樣，雖然這對許多年輕的投資人來說是全新的體驗，但是當沖根本不是什麼新鮮事。

這種行為已經持續了好幾個世紀。所以接下來我要告訴你七個簡短但很明確的例子，說明過去三百年來理財的愚行。

對了，在我開始之前，我要先說接下來的每一個例子結果都是一樣的：大部分參與的人都遭遇令他們心碎的重大財務虧損。

一、倫敦股市（一六九七年）

一六九七年的倫敦股市非常繁榮。一本十七世紀末的倫敦投資宣傳小冊，書名叫《防止炒股為業之過度幽默的提案》（*A Proposal for Putting some Stop to the Extravagant Humour of Stock-Jobbing*），傳達了作者對股票交易可能導致個人辭去工作，專職從事投機工作的憂心。小冊中還說，他們忽視工作和商業活動，可能對英國的財富造成不當影響。

二、南海泡沫（一七二〇年）

南海公司創辦人約翰．布朗特（John Blunt）爵士寫到有關人們稱之為「南海泡沫」的英格蘭投機股狂潮：

「時代瘋狂影響著人類的理智，而且不只是英國，所有鄰近的國家也都是如此；人們放下賺取財產的勞力工作和產業，全都被一夕致富的想法汙染了，導致許多人投入超出自己財富的資金，不只是拿來買南海公司的股票，任何可以創造出來的不良泡沫皆是如此。」

三、華爾街證券狂熱（一七九一年）

喬治．華盛頓（George Washington）宣誓就任美國第一任總統兩年後，華爾街就陷入以新創造出來的股票、債券為中心的投機狂潮中。美國開國元勛、第三任總統湯瑪斯．傑弗遜（Thomas Jefferson）感嘆這種投機行為對正常經濟的影響時寫道：

「賭博這回事一旦上了癮，就戒不掉了。一位裁縫師如果曾在一天內賺進數千元，就算隔天都輸光了，也永遠無法再滿足於靠針線賺取生活費了。」

一七九一年八月，紐約州參議員魯弗斯．金（Rufus King）指出，由於人們搶著買證券，商業活動戛然而止：

「技師們棄置工廠、商店老闆把商品拿去拍賣，本市不少商人也忽視一般可獲利的基礎商業活動。」

魯弗斯參議員的描述一點也不誇張。同一個月，同為開國元勛的愛德華．拉特利奇（Edward

Rutledge）也感嘆道：

「船隻擱置在碼頭、建築停擺，資金從商業、製造、藝術和農業活動中撤出以用於博弈，任何其他國家無法比擬的榮景停滯不前，全都被一夕致富的熱潮所壓抑了。」

四、英格蘭鐵路狂熱（一八四七年）

財經記者大衛．莫瑞爾．艾文斯（David Morier Evans）在英格蘭鐵路狂熱時報導：

「各行各業怠忽職守的情況前所未見；好幾個月來都沒有人在做生意，生意人不在辦公室，東南西北全都一樣。如果你去拜訪公司，一定會看到『老闆在市區』。」

五、澳洲黃金熱潮（一八五一年）

一八五一年二月，淘金者愛德華．哈爾格雷夫（Edward Hargraves）在澳洲新南威爾斯（New

South Wales）的巴瑟斯特市（Bathurst）附近發現了黃金。到了五月底，有一千個人不畏風雨在現場淘金，還有數千人拋下有薪的工作從雪梨前往藍山。

史學家羅柏．修斯（Robert Hughes）描述這個現象時寫道：「彷彿水槽的塞子被人拔掉了，新南威爾斯的男性人口全都流失，趕著去挖黃金。」

巴瑟斯特和雪梨的報紙報導指出，正常的商業活動完全癱瘓：「社區的每一個人似乎都陷入徹底的瘋狂。」

六、網路泡沫（一九九〇年代末期）

接著是我對這種行為最早的親身體驗，當網路蓬勃發展時，我正值四十出頭，所以記得非常清楚。身為財經從業人員，我對當時發生的情況很感興趣——不是因為我想跳入網路的熱潮中，而是完全相反的原因。我很好奇人們為什麼會這麼感興趣？有太多公司明明就只是一場財務騙局而已。

關於網路泡沫，有一件事我記得非常清楚。無數的夜間電視新聞報導顯示，世界各地、各行各業的人們辭掉工作、放下事業，把時間花在交易網路和電信股。

這對他們所有人來說，是個短暫的事業轉換。到了二〇〇〇年初期，整個紙牌屋就崩塌了。

七、羅賓漢與迷因股（二〇二〇年代初期）

羅賓漢市場（Robinhood Markets）是一間成立於二〇一三年的金融服務公司。公司最大的噱頭是：「這是第一個免手續費的交易程式」。

羅賓漢之所以能提供客戶「免費」交易，是因為它可以從別的地方賺錢。其中很大一部分是將交易流資訊賣給協力廠商。這些廠商透過將向羅賓漢買來的資訊，再轉賣出去而獲利。

羅賓漢的證券交易客戶大部分都不知情，但知情的人也不在乎。他們只在意免手續費交易這件事。而免手續費也真的讓人們拚命交易，千禧世代的人利用在聊天室得到的情報大肆操作股票。

他們交易的主要是迷因股——就是在社交網站上被大肆宣傳的個股。社群媒體會出現一些故事，並大膽宣稱某檔迷因股會漲到什麼價位。對這些交易者來說，公司的基本面和真正的投資價值都不重要。**只要有賭徒在社群媒體上說自己對某檔迷因股的價位有足夠信心，它通常就真的會上漲。**

遊戲驛站（GameStop）和AMC娛樂（AMC Entertainment），是那段期間被炒作過度的兩檔典型個股。二〇二〇年底時，遊戲驛站的股價只略高於十美元。幾個月內就飆漲到驚人的四百八十三美元！然而事實是，遊戲驛站根本沒有那個價值。

一開始股價被推高，是因為一個叫做「軋空」的東西造成的。我就不解釋軋空的詳細內容了，總之這暫時推高了股價。但是即使軋空的效應退了，二〇二一年遊戲驛站的股價卻仍維持在一百五十到兩百五十美元之間。

初期飆漲使得股價在賭徒們的心中「重設定價」。儘管股票的真實價值只有股價的一點點，現在還是有一些死忠的信徒在維持價格。經濟現實是，遊戲驛站這間公司根本沒賺錢，是聊天室的人一直在支撐著股價。

那麼AMC娛樂呢？這是一間一個多世紀前成立的連鎖電影院，這間不賺錢的公司在二〇二一年初時股價只略高於二美元。網路聊天室的人發現了它，結果在五個月內股價就飆漲三十倍。就像遊戲驛站一樣，這間公司的商業前景沒有改變，股價根本不值得這樣的狂熱推升。**這一切只需要有人真心相信就會發生。**

被沒有根據的信念推升股價最大的問題在於，這就像卡通《樂一通》（*Looney Tunes*）中的威利狼（Wile E. Coyote）一樣，威利狼快跑衝出懸崖邊後浮在半空中；但終究地心引力（以及現實）會把牠拉下來。如果沒有東西能讓牠飛起來，牠就不會待在空中！

我已經解釋過人們有多難抗拒加入當沖的衝動了，希望你不會掉進這個陷阱中。我不需要把自己綁在船桅，也不會去做當沖這種事。我很了解當沖，所以很容易就能抗拒衝動。同樣的原因，我也不會去買樂透或去賭場賭博。

總之，別跟著跳進去

暢銷財經作家納西姆·尼可拉斯·塔雷伯（Nassim Nicholas Taleb），透過一些很有效的手段來抗拒想當沖的衝動。他在著作《隨機騙局：潛藏在生活與市場中的機率陷阱》（*Fooled by Randomness*）中解釋，**當沖交易者都被騙了**。

雖然一開始吸引他們的是社會因素，但是**只要開始當沖，他們的決定就嚴重受到與交易無關的市場消息，以及無腦的社群媒體閒聊影響**。情緒與團體迷思會開始控制他們的行為，使他們開始對不相關的閒談內容做出反應，錯誤的相信這是有關聯的。

塔雷伯用統計數字說明，大部分市場的短期價格波動，並不會提供什麼有用的資訊。但是他發現人們還是會對這些價格波動做出反應。

塔雷伯用一種新奇的方法來忽視這些波動。換句話說，這就是他把自己綁在船桅上的方式。在擔任交易員時，塔雷伯選擇完全不聽市場上的雜音。他相信把時間花在讀科學理論、詩詞和哲學，要比每天研究財經新聞要來得有用得多，他說道：

「我的問題在於，我並不是理智的人，我非常容易被隨機的東西淹沒，而且陷入情緒的折磨中。我知道自己需要坐在公園的長椅上和咖啡館中反覆思考，遠離這些資訊，但我只有在不知道這些資訊的情況下，才能這麼做。」

對市場執著的當沖客不會這麼做。他們忙於隨著最新的曲調起舞，以了解自己的決定是否正確。這些人，以及和他們互動的人的問題在於，沒有人知道音樂何時會停止。

第十二章

當新手投資人遇上牛市

「真話之苦，在於其多令人不安且乏味。人心總是嚮往更悅耳動聽，更溫柔撫慰之事。」

——亨利·路易·孟肯（H. L. Mencken，美國）

在開始撰寫本章前不久，澳洲廣播公司（ABC TV）的時事紀錄片節目《四角方圓》（*Four Corners*），播出了一集讓人煩心的內容，節目主要介紹一起令人難過的金融詐欺案。故事聚焦在許多受害的澳洲人身上，他們被一位名叫愛德華・蘭開斯特（Edward Lancaster）的年長詐欺犯，總計騙走了數百萬澳幣。

金融詐欺不是什麼新鮮事。我們發現早在舊石器時代，狡詐的穴居人就會欺騙天真的尼安德塔人了。但是《四角方圓》節目所調查的詐騙更為嚴重，因為許多被騙的人都是退休族，一生的積蓄都被騙走了。

被蘭開斯特說服投資根本不存在，且完全沒有價值的礦業公司之被害人，形容蘭開斯特是「體面的企業高階經理人」而且是位「英國紳士」。這讓蘭開斯特引誘他們上鉤。這種事在投資界很容易發生，因為有金融知識的人很少，而且騙子們會把投資的童話故事當成理財智慧來講述。

那麼蘭開斯特是用什麼方法，讓這些退休族自願交出畢生積蓄？他們有機會以每股〇・〇一澳幣買進「真實價值為一澳幣」的蘭開斯特礦業公司。

等一下……不會吧！

沒錯，你沒看錯。蘭開斯特說可以輕鬆賺取一百倍的報酬！投資人只要用一點點錢買進股票，然後等到公司上市就可以了，到時候他們就可以賺很多錢。

這些人都被高額報酬的保證給吸引了。

超額報酬的誘惑

我大約十年前親自看過這種騙局。當時是在墨爾本會議展覽中心的一個投資研討會——這表示被騙的是「投資界」的人。

一個可疑的人趁活動主辦者不注意溜進前門，進入會議中心。他搭設攤位銷售專利選擇權交易軟體。他宣稱自己的軟體，可以為使用者創造二〇〇％的年報酬率（也就是每年投資的金額變三倍）。

這麼高額報酬的保證，使攤位人潮絡繹不絕。而且還有一批穿著制服的業務員在賣選擇權交易套件，銷售速度比在夏季海灘上販賣冰淇淋還快。

我站在那裡驚訝的看著這種誘惑人的方式。畢竟這是投資展，出席的人不是應該都有足夠的投資知識，不會被這種人騙嗎？

看來並非如此。我拿出我的理財計算機（別笑我……我並不會隨身攜帶），計算出這個交易軟體的保證報酬，相當於一次性投資十澳幣，短短二十年後就能變成三百五十億澳幣（這就是以每年二〇〇％複利投資的成果）。

我想要說的重點是，這就是個明顯「聰明人還是會被理財資訊誘惑」的例子。

「那是以前，這是現在！」

幾年前我看見一篇報紙的文章標題寫道：〈「我不投資舊股票」：千禧世代開始投資……會出什麼差錯嗎？〉（*I don't do boomer stocks: Gen ASX discovers investing. What could go wrong?*）。那篇文章是有關一位二十三歲的兼職交易者的訪談，他說：「可以買一年報酬率一〇〇％的新型金融公司 WISR Ltd（代號ＷＺＲ）或博彩公司 Betmakers（代號ＢＥＴ）的股票，為何要買力拓[1]？」

像這種不切實際的期望，也不是什麼新鮮事了。從有金融市場開始，這樣無知的想法也一直存在。

這位二十三歲的年輕人雖然沒有發現，但他的行為其實和賭徒沒有兩樣。因為如果真的能穩定創造一〇〇％年報酬率，那麼只要現在投資一千澳幣，到了退休時就會有四千五百兆了。

這金額很離譜嗎？是的。但是那種離譜的言論就需要用離譜的方式來回應！

那麼在他對那位報社記者做出這樣的評語後短短兩年，發生了什麼事呢？不同於被他嘲笑的力拓，他推薦的那兩間公司到現在都還沒開始賺錢。沒錯，這兩間公司一直到現在都還在虧錢。這段期間，博彩公司 Betmakers 的股價崩跌了五〇％，而 WISR Ltd 更是跌了七七％，但在同一段時間，力拓的股價不只上漲，還調高股利至驚人的每股三十澳幣。

像那位二十三歲的年輕人懷有這樣不切實際的預期，讓我想到「棋盤和米」的寓言故事。故事是這樣的：

當某位偉大的國王第一次發現棋盤遊戲時，國王說能給發明者任何他想要的獎勵。發明者說，在棋盤的第一格放一粒米，然後在第二格放兩粒米、第三格放四粒米……每一格都以此類推，每一格都要是以前一格的一倍，一直到第六十四格為止。國王一聽馬上就同意這個看似很合理的獎勵。

一週後，發明者回去問國王，為什麼還沒有收到他的獎勵。憤怒的國王召來財務大臣質問為什麼沒有支付。

財務大臣向國王解釋根本辦不到，算到棋盤的一半時，要支付的米粒就比整個王國所持有的米量還要多了。等算到第六十四格，總共會是一千八百京（等於十八的後面有十八個零）！

那麼故事中這位偉大的國王和棋盤的發明者，最後的結局是什麼？只可能有一個結局：國王殺了那位發明者！

1 譯按：Rio Tinto（ASX: RIO），是總部位於倫敦的老字號礦業公司，在澳洲也有營運和上市，傳統上被投資人認為穩健的投資。

這些成功很快就消逝的年輕交易者不了解的是，他們無法重複翻倍的獲利。**能有這樣的獲利是極為罕見的好運，而不是能力。**

就在那位二十三歲投資人的報導刊登出來後，我聽到一位投資傳奇傑瑞米．葛藍森（Jeremy Grantham）的訪談。在此稍微介紹一下葛藍森的資歷，他有超過五十年的金融市場經驗。他創辦的資產管理公司GMO，管理資產高達一千億美元。葛藍森不只是備受敬重的金融史學家，他也被評選為全球最具影響力的投資策略專家之一。

以下就是葛藍森訪談的片段，他談到對於目前加密貨幣熱潮的憂心：

「枯燥的歷史故事很難阻止你。（於是你告訴自己：）『那是以前，這是現在！上車吧。你們這些老古董是不會懂的。』問題就在於，我們真的懂。我該怎麼說服你呢？沒有辦法。反正還是把那個老故事說一遍，一百個人之中也許會有一個人聽進去。等到那些不聽的人財產賠光時，我會同情他們的。」

新手投資人＋牛市：悲劇的開頭

我要告訴你一個悲傷的故事。

故事開頭是這樣的——那天晚上，手機簡訊鈴聲把熟睡中的我吵醒。訊息內容是朋友轉發給我的一則推文，內容寫道：

「我太太的親戚對投資很感興趣，他開設了線上券商的帳戶。現在很多人不是對選擇權感興趣，就是已經開始投資了；這位年輕人也一樣，他開始買賣選擇權。時間快轉到上星期，帳戶顯示他積欠七十多萬美元。一個二十歲、沒有收入的年輕人，怎麼能夠取得如此高額度的槓桿／曝險？」

欠了這麼多錢對他造成的心理壓力，導致他結束了自己的生命。

我打開電腦進一步搜尋相關新聞資訊。那位自殺的年輕人叫做艾歷克斯．奇恩斯（Alex Kearns），是二十歲的內布拉斯加大學學生。在留給家人的遺書中，他寫道「完全不知道自己在做什麼」，而且「從來也不想冒這麼大的風險」。

然而，這個故事還有一個令人痛心的轉折。艾歷克斯誤把一筆選擇權交易的虧損，當成整個帳戶的總餘額。是的，一筆交易虧損高達七十三萬一百六十五美元。不過他的帳戶餘額還有一萬六千美元。

這真是個悲劇。但不是只有艾歷克斯才陷入這種快速致富的交易狂潮中。輕鬆賺錢的故事很吸引一大群股票交易新手，而且在二〇二〇年、二〇二一年新冠肺炎封城期間，這樣的事情各地都在發生。

餐廳關門、飛機不飛、邊界不開。政府施加的限制使全世界數以百萬計的勞工被裁員，靠政府補助金度日；除了追劇、線上購物和博弈之外，沒有其他事可做。經濟學家還做了可怕的預測：失業情形會持續下去、全球嚴重衰退、不動產市場崩盤、政府債臺高築無法持續。當冠狀病毒成為全球大流行時，投資人都受到了驚嚇，全球股市隨之崩盤。

通常投資人的恐懼來得快，去得也快。

全世界股市不只是經歷有史以來最迅速的崩盤，不久後又經歷史上最快速的回漲。從二〇二〇年二月中到六月中短短四個月，美股先是崩跌了四〇％，然後又劇烈回彈五一％。速度很快，幾乎是一眨眼的時間。

但這些事情並不像上述所說的那樣直線發展，股市波動劇烈、單日股價漲跌幅非常驚人。因為價格波動是雙向的（上、下），而且在這麼短的時間範圍內發生，表示沒有人知道發生了什麼事。

此時，有一群新手投資人進入了這個充滿不確定性的世界。

當股市在重挫四〇％後回漲，消息開始從一大群年輕、首次投資人之間傳出來。他們很容易就賺到錢，而且在社群媒體和論壇網站上炫耀自己的故事。這種熱情吸引其他想法相同的新手投資人。這群人愈來愈多，把股市推得更高。

他們的投資重點是科技股，然而其中有很多公司根本連一塊錢獲利也沒有。而這些年輕人選擇的工具，是總部位於美國的交易軟體「羅賓漢」。這個程式提供免手續費交易，且介面操作簡單，就像遊戲一樣。這場交易狂潮使羅賓漢在二〇二〇年的前三個月，就多了三百萬個新開立的帳戶。

還有三間券商：嘉信（Schwab）、E-Trade和盈透證券（Interactive Brokers），二〇二〇年前五個月總計多了一百五十萬個新帳戶。德美利證券（TD Ameritrade）光是第一季就多了五十萬個新帳戶。

這是美國的統計數字，但是全世界的情況差不多。

牛市賺錢，不是你有本事

陷入困境的租車公司「赫茲」（Hertz）就是一個很好的瘋狂例子。這間公司於新冠病毒疫情期間，在美國申請破產保護。公司會陷入財務困境並不意外，畢竟新冠肺炎封城，沒有客戶會來租車。而赫茲有高達一百九十億美元的負債還不出來。當財務面臨困境的消息傳出後，公司股價重挫八〇％。這是專業投資人們想盡快出脫持股，把錢拿出來所造成的。

接著，新手交易論壇也聽說這件事了。

各位，這間公司的股價崩盤了，現在一定很便宜吧？錯了。但是誰管它股票到底應該值多少錢，現在是交易論壇的玩具了。買單很快就湧入，不到兩個星期，公司的股價就飆漲了九〇〇％，令人完全無法理解。

到處都是喜悅的歡呼聲和虛擬擊掌，交易者在社群媒體平台上炫耀著自己的聰明才智。有些人甚至公開嘲諷高齡八十九歲的投資界傳奇巴菲特——在股市上漲時，巴菲特手上握有高達一千三百億美元的現金；而這些人卻聲稱，他們只投入了幾百美元就取得了如此亮眼的成績。很明顯，巴菲特已經「過氣了」。

諷刺的是，聰明的巴菲特早在多年前就說明過這種思維了，他在一九九七年的致波克夏股東信中寫道：

「股票大漲時，任何投資人都能大賺一票。在牛市時，我們絕對不要像一隻自以為是的鴨子：暴雨來臨就以為自己划水的能力很好，讓自己浮得很高而大聲炫耀。想法正確的鴨子應該是在暴雨後，比較自己和池塘裡其他鴨子的位置才對。」

換句話說，**絕對不要因為牛市就以為自己很有本事。**

當然，大部分炫耀的人都是這輩子第一次進入股市的人。不久後，股市不再創造傻子也能輕鬆賺的大錢，結果赫茲的股價就又崩盤了。

問題在於，當人們賺錢時（以這個例子來說只花了兩個星期），幾乎無法說服對方他們所做的事很蠢。舉例來說：當時澳洲廣播電視報導，金融監管當局對沒有經驗的交易者面臨的風險發出警告。但是同一個電視臺、同個時段的節目，也報導一些交易者賺到超高的紙上報酬。

這種報導自然而然就會讓警告消失。有些人嘲弄電視臺，在社群媒體貼文寫道：

「（電視臺）叫別人不要投資，結果又報導有人輕鬆賺大錢的事。」

「我很意外他們報導的人只賺了三五％。」

「很多人賺的錢比那還要多。拜託，我的帳戶賺了三八〇％，而且我的時機抓得並不好。」

可悲的是，這種思慮不周的情況並非新鮮事。沒有經驗的投資人一直都會想要賺到超高的報酬。

二十世紀經濟學家凱因斯在《一般理論》的第十二章中寫得非常有道理：「人生不夠長。人性就是會想要快一點得到結果；人們對賺快錢感到特別興奮，但一般人卻對長線獲利非常不感興趣。」

事實是，市場不會永遠一直漲個不停。當大家都已經離開派對了，容易上當的投資人還一直加碼，結果只會以淚水收場。

假設剛才提到在社群媒體上發文「年報酬率三五％太低」的人，能持續獲得這樣的報酬率，那麼如果他在一六〇二年，史上首次股票交易時就投入十元，到現在會變成四千萬兆兆兆元。

也就是四的後面有五十五個零。

如果你無法理解這麼大的數字，讓我來幫你。目前全球經濟總值大約只有八十六兆美元。所以，剛才談到的這麼大一筆錢，理論上可以買下好幾兆×兆個地球。不是好幾兆個地球而已，是好幾兆乘上好幾兆個地球。

現在想想，你能買的藍寶堅尼跑車，會多到需要這麼多個地球才夠停。

網路泡沫永遠會再來

我要告訴你我自己投資網路公司的故事，以說明我對報酬預期的看法。

早在一九九九年，在網路泡沫最高峰時，每天都有新的公司成立。這些公司到底有沒有賺錢並不重要（大部分都沒有），我個人完全不投資這些公司。就像我之前說的，**我堅持一個絕不動搖的紀律：沒有獲利就不投資。**

但顯然並非人人都這麼想。在網路泡沫最高峰時，有一天晚上我和一個朋友的朋友針鋒相對的討論。顯然他買進新興網路公司而賺了很多錢（至少帳面上是賺了錢）。他覺得我不買網路股是不對的，而我覺得他買網路股才是錯的。

我們現在知道，網路泡沫破滅了。等一切塵埃落定，我問朋友他的朋友情況如何。他回答：

「他總共虧損一千一百萬元。」

我就再也沒提這件事了。

幾個世紀以來，像網路泡沫以及新冠肺炎封城期間，這樣的股票狂熱發生過很多次。這種狂熱從來不會持續太久。就像我說的，投機、設法賺快錢並不是新鮮事。早在一八七〇年，作家馬修・海爾・史密斯（Matthew Hale Smith）就寫道：「投機者不會賺錢，除了像是在賭桌上運氣好之外……每年不斷湧入華爾街的無數人之中，大量的投機者都破產了。」

看來聰明人早就警告過這種行為的危險了。

往好處想，希望你會聽進我的話。畢竟你已經在看這本書了，不是嗎？

第 2 部

取得優勢

第十三章

「投資優勢」要去哪裡找？

「所有人都知道的事就不值得知道。」

——伯納德·巴魯克（美國金融家）

若要績效超越對手，你就必須比對手技高一籌、實力更強，或是更加聰明。你必須在重要的事上比別人更厲害。那麼，誰有能力實現超額投資報酬？而且這個人具有什麼獨特的特徵？

人們能很明顯看見「投資優勢」嗎？或者是很不明顯、不特定，只有一個人知道或擁有這樣的優勢？

很可惜，後者才是優勢。優勢晦澀不明，而且很難辨識。事實上，真正有能力的投資人幾乎是萬中選一。

人們不喜歡聽到這樣的話，人們比較喜歡簡單、明顯的東西。他們想要打敗大盤，而且希望打敗大盤很容易。

就算自己沒有能力打敗大盤，他們也（錯誤的）相信任何口若懸河、充滿自信的金融專家一定具有優勢。他們相信任何研究並且花一點心力在財經上的人，就會有能力成功。

你看過一九八七年的電影《華爾街》（*Wall Street*）嗎？如果沒看過，我來描述一下電影的主角哥頓．蓋柯（Gordon Gekko，麥克．道格拉斯〔Michael Douglas〕飾演）。

蓋柯是個騙子，靠內線消息交易賺進了數百萬美元。然而，許多人把他視為股票交易員特色的縮影。西裝筆挺、坐在大辦公室裡、做大膽的交易決策，而且速度快如機關槍。

「沒出息的人才吃午餐」，蓋柯說。「簡單來說，貪婪是好事。」他對整間屋子的股東做出大膽宣誓。

蓋柯全身上下散發成功的氣息。他的傲慢贏得人心。大家都說：「對，這看起來就是具備投資優勢的人！」

很抱歉，我得告訴你壞消息。但是具有投資優勢的投資人並不是這樣，根本不是。在真實世界中，投資優勢沒有那麼明顯。投資不是好萊塢電影。所以，我們就把這種形象抹掉，重新開始吧。

你的對手是誰？

在我們深入談論投資優勢的內容前，先來想一想，擁有優勢的人想要打敗的是誰，或是什麼東西？

在投資的遊戲中，你選擇的對手其實並不是個人。而是一個沒有固定形體的大眾，一般稱之為「大盤」。想要贏得這個遊戲，你的目標是要超越所有其他投資人的平均績效。

接著我們就來探討一下該怎麼做。

股市由許多間企業所組成，投資人可以自由投資這些公司。這些企業被稱為上市公司，因為他們的股票可以在市場上交易。每個有股票交易所的國家，都有數百甚至數千間上市公司。

追蹤所有公司的股價表現，曾經是一件非常困難的事情。追蹤一檔個股在任何一天的股價很容易，只要看股價變化就行了！但一位名叫查爾斯·道（Charles Dow）的美國記者，想要衡量造成整個市場波動（又稱為「大盤波動」）的股票價格。

為了要衡量大盤，道氏在一八八四年（和愛德華・瓊斯〔Edward Jones〕一起）建構了世界上第一個股價指數。然後在一八九六年，他又建立了第二個指數。道氏的第二個指數，現在是有史以來最知名的股價指數「道瓊工業平均指數」（Dow Jones Industrial Average），後來的人簡稱為「道瓊指數」，並且一直沿用到現在。但是現在道瓊的成分股和原本已經完全不同（加入新公司，舊的或倒閉的公司被剔除）。

開始使用道瓊指數後，世界各地成立了許多其他股市的指數。成分股中納入足夠大型企業的指數，就被視為代表那個國家的股市。

澳洲有兩個最多人注意的股市指數：澳股綜合指數和標普澳股兩百指數。澳股綜合指數衡量澳洲股市五百大企業的股價走勢；澳股兩百則是兩百大企業的股價走勢。這些都是資本額加權指數，意思是整間公司的價值愈高，對大盤的影響就愈大。

我們找出你在投資這場遊戲中的對手了：正確的大盤指數。打敗大盤聽起來好像很簡單，其實不然。

我要再講另一個故事。想像一下你在羅德・拉沃球場（Rod Laver Arena）[1]看網球比賽。墨爾本炎熱的一月天，錦標賽的兩位頂尖球員在澳網公開賽的決賽中一決高下。

你面前的是世界上最厲害的兩位網球員。那你呢？你會打網球吧？

嗯，你每個星期六下午都會在家裡附近的網球場揮拍，球技還算不錯。上一季你和一位六十五歲的搭檔，一起贏得俱樂部的C級混合雙人比賽。

既然你網球打得這麼好，下星期何不下場挑戰世界最厲害的兩位網球巨星？

不要拿興趣挑戰別人的飯碗

什麼，你不想挑戰他們？為什麼？

除了你馬上就會被場邊的警衛趕出去之外，因為**你的技巧和他們差距非常大，所以不需要站上網球場就能知道。**

接著我們把這個比喻套用在投資上。

過去幾十年來有兩位重要的投資巨擘，吉姆・西蒙斯（Jim Simons）[2]和巴菲特。我們就來比較一下他們的銀行存款金額。西蒙斯的資產是兩百八十億美元，而巴菲特則有一千億美元的預備現金。如果再考量到巴菲特自二〇〇六年以來，每年都捐出五％的財產，就突顯巴菲特更是有錢得多。

---

1 編按：紀念兩次贏得大滿貫的澳洲網球運動員「羅德・拉沃」。

2 編按：被稱為世上最賺錢的數學家、量化投資之父，於一九八二年創立對沖基金公司——文藝復興科技公司（Renaissance Technologies LLC）。

但重點在於，不同於澳網公開賽的觀眾，他們都知道場上選手的能力不是自己能觸及的層級，但是無數的股票投資人卻認為，自己有機會實現和西蒙斯或巴菲特一樣的成果。

太多人只是「覺得」他們有成功投資人的能力。事實上，這是全世界的人都有的幻覺。就算是差勁的投資決策也無法消除這樣的幻覺。有很大一部分和績效的回應有關。打網球時，每次揮拍失誤，你馬上就會覺得很丟臉，知道自己的球技不好。但是當你投資失誤時，結果通常都（因為時間的關係）感覺和你做的投資決策無關。

從你開始投資到賠掉這筆錢，可能會經過好幾個月甚至好幾年。這時你對於事情為何發展至此，可能早就已經忘得一乾二淨了。

此外，投資這場遊戲並沒有一個明確的結束時間。如果是網球，打得不好當下就會失分。但投資不會。當股票下跌，投資人可能懷抱希望，繼續相信有一天會回漲。因此，我們會容忍感受到的和實際上的投資能力，兩者之間的落差。

資訊就是優勢

那麼**了不起的投資人和交易者如何取得優勢？**答案主要可以濃縮成一個詞：**資訊**。

自從四個世紀前（我們現在所知的）股市成立以來，投資人就非常想要得到比別人更好的資訊。接下來我要舉幾個早期的例子來說明這一點。

猶太商人德拉維加於一六八八年，寫下了在阿姆斯特丹交易所發生的事件：「當商人得知某個事件絕對會造成價格變化時，他們會去向券商下單，設法從事件的變化中獲利。但是他們只會向確定在交易單執行前，不會洩露他們名字的券商下單；因為他們擔心委託人的財務狀況會受到質疑，或者在執行之前價格會發生變化。」

他所描述的優勢是在大眾還不知道時，就根據對價格敏感的資訊進行交易。現在這種行為稱為內線交易，而且是違法行為。

一張一七二五年的英國投資廣告，也描述了交易者競爭取得消息的情況：「這個產業有許多人想要趕在大眾之前，首先得到所有重要的消息，而且要成為股價受消息影響上漲時最先受惠者。」

既然內線交易是違法行為，那麼資訊可以提供別的優勢嗎？幸好是可以的，有兩個辦法：

一、速度：利用某種科技優勢取得資訊，並在別的投資人之前採取行動。這種科技能提供時間優勢，創造機會。現在我們看到的這種科技叫做高頻交易[3]。雖然高頻交易並不違法，但很多情況的道德性存疑。

3 編按：利用自動交易系統，在極短時間內從市場微小的波動中獲利。

二、**程序**：有能力篩選公開資訊並找出價格無效率[4]之處，而且其他人還沒有發現或是沒有能力發現；換句話說，就是具有足夠的洞察力，以找出市場價格可能出現的錯誤，然後在價格修正前就針對不一致採取行動。

請記住我說的這兩個重點：**速度和程序**。我知道現在這看起來很籠統，別擔心，我將在後面的章節詳細說明。接下來的兩章將探討速度，再接著的三章則是探討程序。

投資像運動，不可能每次出手都贏球

美國知名投資人詹姆士・R・基恩（James R. Keene）在談到投資時說：「十次有六次正確的人，就能賺大錢。」我要你完全理解這一點，因為這對於了解厲害的投資人成功是很重要的。他們不是每一筆投資都會賺錢。他們會做好的投資，也會有不好的投資。

我要再用網球的比喻，來強調這句話有多真實。首先來看看一些真實的數字。網球名將諾瓦克・喬科維奇（Novak Djokovic）在二〇〇四年開始成為職業運動員，當他剛轉職業時，全世界排名第六百八十。一直到轉職業的第三年年底，他才升到全球排名第三的網球選手。

左頁表 13-1 是他的平均得分率和世界排名之間的關係。

他的世界排名變動很大，但是得分率卻只有些微的進步（從四九%到五五%）。

像這樣得分率的改進看似很小，卻要喬科維奇花費很大的心力。他花了無數個小時密集練習與訓練。投資也是一樣，具備成為偉大投資人性格的人才會成功（這一點稍後會詳加說明）。但是他們也必須做好準備，花許多年的時間付出極大努力。

厲害的投資人就像偉大的運動員一樣，他們都知道不可能每次出手都贏。他們會接受投資或交易虧損。但是透過辛勤研究和洞察力，他們的**目標是賺的錢比賠的錢還要多**。他們知道自己只能期望做到這樣。

你必須知道這一點，就連最厲害的人也不是每次都贏。

表 13-1：喬科維奇的得分率與世界排名

期間	排名	比賽勝率	得分率
2004 年 ~2005 年	100+	49%	49%
2006 年 ~2010 年	3	79%	52%
2011 年 ~2016 年	1	90%	55%

4 編按：根據「效率市場假說」（Efficient Market Hypothesis）：如果證券市場中股票的價格，完全反映了所有可以獲得的訊息，這樣的市場便稱為「效率有效市場」；反之則為無效市場。

算牌手、老鼠、巴菲特

幾年前我在收電子郵件時，看到一封邀請函請我出席一場大型投資人團體演說。他們要我討論的主題是「我們可以向巴菲特學習什麼？」

這個主題可不容易討論。事實是，我們能向巴菲特學的不多，除了投資是件真的很困難的事，而且大部分的人倒不如把錢放在低成本的指數型基金，然後把時間花在其他事情上。確實，巴菲特本人也是這樣建議大部分的人。

但是如果我只是這樣對他們說，那觀眾可能會很不高興。所以我決定向觀眾提出以下這個問題：**為什麼巴菲特投資能成功，但是對幾乎所有其他人來說，投資簡直就像是機率遊戲？**

為了回答這個問題，我又提出另一個問題，我對觀眾說：「**撲克牌算牌手、挪威實驗室的老鼠和巴菲特，三者有什麼共同點？**」

很奇怪的問題嗎？也許吧，但是我會在接下來的幾頁分享我的答案。

首先，我解釋決定人生結果的事情，很少像我們所相信的那樣明顯。我們經常把結果視為純粹是能力或者運氣好。但是實際上，大部分的結果是兩者的結合。

我們最好**把人生視為在運氣和能力之間擺盪的結果**，不同程度的運氣或能力都影響著結果（視你所做的事而定）。這個運氣和能力的量表，一端是運氣（例如擲硬幣的結果），另一端是能力（你可以想像一個西洋棋世界冠軍，或是破紀錄的運動員）。人生大部分的結果位於這兩者之間的某個地方。當你這樣想就更能了解以下的討論了。

對於沒有優勢的投資人，投資的結果完全只靠運氣。而極少數透過洞察力和努力而發展出投資優勢的人，將自己推離純粹的運氣，朝向能力那一端前進。我說的是「朝向能力」前進，而不是純粹的能力，因為**能力從來就不是投資結果唯一的決定因素。**

那麼賭徒呢？大部分的人會說，他們坐在運氣好的那一邊。先別急著下定論，有些賭徒帶著某種程度的能力上桌。他們不會去賭數字輪盤或是吃角子老虎，你只會在撲克牌桌找到他們。能力好的撲克牌玩家會有很多技能，其中兩個重要的能力是數學和記憶力。厲害的撲克牌手在過程中會記住哪些牌已經出過，哪些還沒出過。他們利用這個資訊來計算下一次出現大牌的機率。

這是個充滿不確定性的世界，但也是個有優勢差異的世界。他們將自己的勝率脫離純粹的運氣，並且加入一點能力。如果對手能力比較差，就是坐以待斃等著輸錢。專業牌手懂得計算關鍵牌出現的機率，這會影響他們賭注的大小。雖然某一次可能會輸錢，但只**要玩得夠久，那麼贏的錢會比輸的錢還要多。**

如果你懷疑我說的話，那我就要向你提出挑戰，和撲克牌冠軍坐下來玩一局牌。玩了一陣子之後，希望你不會輸到連衣服都沒得穿。

職業撲克牌玩家安妮．杜克（Annie Duke）在著作《高勝算決策》（*Thinking in Bets*）中寫到這個主題時，她解釋真正厲害的撲克牌玩家，通常有四〇%的時間會輸……這也太多了吧！但顯然這也表示，能力好的玩家有六〇%時間是贏的。

玩一、兩局，他們可能會輸。玩的時間夠久，他們很有可能贏走的籌碼比輸掉的還要多。杜克說：「改善決策品質的目的在於提升好結果的機率，但不能保證會有好的結果。」

知道了這點後，我現在要強調一個非常重要的原則。花個三十分鐘玩一副牌，完全沒打過牌的人也能學會撲克牌的基本規則；接著他們可以選擇和能力好的撲克牌手玩牌，**但是因為他們完全沒有能力，所以對他們來說完全是個機率的遊戲。**

對我來說，撲克牌新手完美比喻大部分的投資人對投資的看法（包括許多專業基金經理人）。他們知道規則，就相信自己的投資會有效率。但事實是，他們沒有贏的能力。贏的優勢是很難取得的。首先，你需要對的人格特質，然後還需要投入很多的心力和努力。

接著我們來談談為什麼那天我會問觀眾，挪威實驗室的老鼠、巴菲特和撲克牌手有什麼共同點。

你得接受隨機性，在灰階思考

賓州大學教授菲利普．泰特拉克（Philip Tetlock）在著作《專家的政治判斷》（*Expert*

Political Judgment）中，描述他在三十年前觀察到的一個有趣情形。這是挪威實驗老鼠和一群大學生間的鬥智。實驗的目的是要判斷，誰比較能識別隨機二項式程序：老鼠，還是大學生。

別因為這看起來很複雜就覺得可怕，隨機二項式程序很容易理解。想像一下你有一個一邊比較常出現的硬幣，多擲個幾次，有六〇%的機率會擲出人頭，四〇%的機率是數字（當然，世界上沒有這種硬幣，我只是要你想像一下）。

雖然這個硬幣擲出人頭的機率比數字的機率還要高，但是每一次擲硬幣時你都不知道結果會是什麼。

這就是隨機二項式程序的概念：隨機但有偏誤（這讓我想起煩人的氣象預報說，明天有六〇%的機率會下雨。結果隔天不管是晴天或雨天，你都不會感到意外）。

對學生解釋這個試驗很簡單，但是和老鼠說話就沒那麼容易了。所以對老鼠做測試時是用新的方式。他們建造了一座有兩個通道的迷宮，每一個通道都有獨立的入口和終點。兩個終點只有一個放置一塊起司。然後把老鼠放進迷宮裡自己找路。如果牠走對的通道，就會找到起司。如果走了錯的通道，就不會得到起司。

這個實驗重複了好幾次，放置起司的位置會一直改變，但獎勵的放置有偏誤。表面上看來這是隨機放置的，但起司比較常出現在某一個終點，另一個終點比較少。

換句話說，起司的放置位置是個隨機二元程序。接著我們開始吧。

結果老鼠發現了這一點——如果牠換路線，就完全受到隨機的影響。但如果牠去比較常出現起司的那一邊，得到起司的機率就比較大。所以牠開始只去起司較常出現的那一邊。就像專業算牌手，老鼠也試著提高自己的勝算。齧齒類動物的腦袋沒過多久就發現了。老鼠得一分！

那麼學生的表現又如何？不太好。他們不需要走迷宮，他們拿到的是隨機二項數學題。學生們聚在一起研究複雜的序列，但其實根本沒有序列。

他們相信解法一定很複雜，所以就做一些像解碼員一樣的事。但是其實沒有隱藏或複雜的解決方式。這些學生沒有看出眼前的問題很簡單，那就是，這是隨機的，但是有偏誤。

為什麼他們看不出這個很簡單？因為人類會去尋找明確的答案，解釋所有結果的關鍵——可以說是「公式」或「代碼」。我們希望所有事情都是非黑即白。所以，老鼠可以接受的灰色地帶，對這些學生卻不存在。學生們在尋找一個簡單、唯一、滴水不漏的規則，以解釋所有單一結果。每．一．次．都．是！

他們並不接受機率是決定結果的部分因素。但老鼠接受情況就是如此。

以上就是算牌手和老鼠的部分。**兩者都有能力在灰色地帶有效率的運作。**接著我們來看巴菲特，他和專業賭徒和齧齒類動物有什麼共同點？

大部分的投資人就像故事中的新手撲克牌玩家和學生。也就是說，他們相信自己的行動會造成不同的結果。但是事實是，他們所處的環境，至少對他們來說是完全隨機的。

巴菲特完全了解這一點，他接受金融市場的本質主要是隨機的。對他來說這本來就是這樣，他無法做任何事情去改變它。但是同樣的，巴菲特就像那隻挪威實驗室老鼠和能力好的撲克牌算牌手。**他發展出一個投資方法，以提供自己一個能勝過賭徒的簡單（但可以衡量的）優勢。**他的方法在隨機的世界裡給他一點點的一致性。他讓自己遠離運氣的那一端。他並非每次出手都是對的，但是他在場中玩了很久了，長期下來他的優勢已經給他相當大的回報。

我在第十五章會再詳細討論巴菲特的優勢。

打牌、投資，都要讓邏輯引導

在結束撲克牌這個話題前，我要提一下亞莉克絲．歐布萊恩（Alex O'Brien），他是英國的科學作家，也是業餘撲克牌玩家。她發現了教五歲小孩玩撲克牌的好處。歐布萊恩說，研究撲克牌這個遊戲有很多的好處，包括：

- 風險評估。
- 機率思考。
- 情緒復原力。
- 紀律和耐性。

歐布萊恩解釋：「這是個具有高度複雜性、策略性，而且費腦力的遊戲。」她說好的撲克牌手要仰賴的技能包括數學、心理學、耐力，甚至是哲學。玩撲克牌有助於你更了解「**不只是你自己的情緒，還有對手的情緒，或是和你互動往來的人的情緒。**」

為了在玩撲克牌時達到最好的成果，你需要放下情緒並專注於手上有的事實，然後運用這些事實。她說：「如果你的情緒蒙蔽了理智，就不能做批判性思考，這麼一來你就不是讓邏輯引導自己。」

我只想說，關於投資，沒有比這更真實的話了。事實上，如果把那句話的「撲克牌」拿掉，換成「投資」這個詞，意思也完全不會改變。

有了這些背景後，我們接下來就來進一步探討投資的優勢看起來是什麼樣子。我得先提醒你，這並沒有那麼明顯。投資的能力就像投資界的隱形炸彈客。而且每一個投資人的優勢通常都相當不同，使得這件事變得更加神祕。

減少揮棒落空就好

能力高超的債券投資人班・卓斯基（Ben Trotsky），形容自己所運用的投資優勢是「策略性平庸」。

備受敬重的投資人霍華・馬克斯（Howard Marks）好幾年前就在致客戶信中，形容同樣的投資程序（但他的用詞不一樣）。這封信是在一九九〇年十月時寄出的，標題是〈績效之路〉（*The Route to Performance*）。馬克斯告訴一位投資組合經理人客戶，這個客戶之前就開發出和卓斯基相同的策略（但他並沒有提到卓斯基）。

對一般觀察者來說，這位經理人的短期績效並沒有那麼亮眼。十四年來，這位基金經理人從來沒有任何單一年度的績效高於第二十七百分位[5]。意思是這十四年來，他從來沒有任何單一年度的績效排名前二五%。所以那些用排名表選擇基金經理人的人，絕對不會注意到他。但同樣的，他的績效也從來沒有低於第四十七百分位，永遠都在排名的前半部。

十四年來，他的年度績效總是沒有受到注意。從來不會有人覺得他的能力很好。但是把這十四年全部放在一起看時，他的績效卻是所有基金經理人中排名第四百分位的人。這代表他幾乎是績效最佳的基金經理人！

債券投資人卓斯基的績效比這位經理人還要好。他的目標是每一年都要排名位於前三分之一。卓斯基的債券基金從來沒有哪個單一年度排名第一；但是在管理基金十年後，卓斯基卻是理柏（Lipper）基金評等排名十年績效最佳的共同基金。

5 譯按：百分位（percentile）是統計學名詞，是一組數字按大小排列並計算累計百分點的排名。第四百分位意思就是名列前四%，等於九六%的人排名更低。

卓斯基透過一個密集的分析程序來提高自己的勝算。他尋找投資風險溫和與報酬率佳之間失衡的標的。但是他從來不會放手一搏，從來不會想打出全壘打。揮棒落空這種事，他讓其他經理人去做。這就是任何搜尋基金年度排名的人不會注意到他的原因。卓斯基以穩健的節奏參賽，他贏了。其他人輸了。

採取策略平庸的基金經理人目標，並非每次都要獲取重大的勝利。重大的投資風險很大，可能會有重大的虧損。策略平庸是一個百分比的遊戲。對外行人來說，他們的績效看似普通。但是了解遊戲的人很清楚自己在做什麼。能力好的投資人會先看出自己的策略，然後才運用在遊戲中。

大部分的投資人不會玩這個遊戲的原因如下：

- 沒有耐性，想要馬上就賺大錢！
- 本來就沒有優勢，對於創造優勢既不抱希望也不傲慢（傲慢在投資界是很常見的情緒）。
- 行為不一致。策略平庸需要用一致的計畫來參與遊戲。大部分的人會因為不斷改變的金融市場情緒，而改變自己的投資策略。

我要強調一點，**如果你不能清楚說明你的優勢是什麼，那麼你就沒有優勢**。如果你想找到真的有優勢的人，我祝你好運。因為除非遊戲開始，而且有人贏了，否則過程中很難看得出到底誰是贏家（另外要記住的是，這必須是長期且有說服力的勝利，才能真的相信這個結果）。

想從華爾街賺錢的唯一機會……

你要如何在基金經理人事業初期找出未來的勝利者？你可以在他們剛加入遊戲時，坐下來聽他們解釋自己的優勢是什麼，也就是說，你要去判斷他們的致勝方法是否有效。但你真的有能力判斷他們的優勢到底有沒有用嗎？如果你有那麼聰明，幹嘛不自己運用這種優勢？

有些人現在肯定很生我的氣，問我幹嘛不直接給你一個清楚定義的投資架構，讓你可以開始運用剛得到的優勢打敗大盤。

如果你真的是這麼覺得的，那麼你就完全搞錯重點了，因為：

- 優勢並不明顯。
- 優勢是個人的，必須配合你的性格。
- 優勢就算看得出來，也沒有那麼容易執行。
- 優勢不會出現在投資理財的書裡。
- 優勢長期下來會變得多餘，所以需要修改或是新的優勢。
- 如果有人宣稱自己擁有優勢，為什麼要告訴別人？破壞優勢最好的方法，就是告訴別人自己的優勢。

所以如果我沒有給你一個真正的投資優勢，那我為什麼要告訴你這些？因為我要你知道，發展出投資優勢有多困難。但如果你還是想要追逐這個夢想，那麼你需要找到自己的優勢。

正如偉大的金融學者紐柏格所說：

「我的建議是，向厲害的投資人學習，而不是跟隨他們。你可以從他們的錯誤和成功中得到好處，而且你可以調整適合自身個性和情境的方法。你的資源需求肯定和任何你模仿的對象不同。」

類似的說法早在九十多年前，作家佛瑞德．凱利在《你為什麼會贏或是輸》（*Why You Win or Lose*）中就已經說過了：「想要從華爾街賺錢唯一的機會，就是你要有點不一樣。」記住，多想想凱利說的「有點不一樣」。在森林裡的樹叢間盪來盪去，遲早有一天你會掉到地上。

我也不喜歡說令你喪氣的話，但就算我不認識你，統計數字也告訴我，你很有可能沒有那個本事。但如果你想要嘗試，我也絕對不會阻止你。

好消息是，本書的第四部會告訴你，如何不必開發自己的優勢也能成為一位好的投資人。你不必成為世界冠軍也能是個好選手。

第十四章

慢了，你就是獵物

「如果你下場（玩牌）30 分鐘卻不知道誰是冤大頭，那麼你就是那個冤大頭。」

——巴菲特

先前我已經解釋過，投資人得到資訊優勢的方法有兩種：

- 比競爭者更快根據資訊採取行動（速度）。
- 比別人更深入運用可公開取得的資訊（程序）。

這一章我想談的是速度。在競爭者取得資訊之前，就合法運用資訊。這乍聽之下很像是違法的內線交易。我還是讓法規當局來決定什麼是合法，什麼不合法好了。但是本章所談的合法運用「速度」，通常都要使用到某種卓越的科技以傳遞資訊。我們現在看到的是每一毫秒都很重要的高頻交易。但是對速度的要求並不是新鮮事；速度一直都很重要。我們就來回顧一下過去，讓我解釋我的意思。

股市開始的最初兩百年，以現在的標準來看，資訊傳輸極為緩慢。舉例來說，以水運傳送資訊靠的是帆船。總部位於倫敦的報紙《尚流》（*Tatler*）在一七二五年寫道：「當西風持續吹拂兩週，新聞就無法送到英吉利海峽的另一邊」，這使得英格蘭和歐陸之間發生新聞斷鏈。

新聞在陸地上同樣以龜速傳送。中距離到長距離的資訊前進，靠的是飛鴿傳書、馬匹和打旗語（在兩座山頭之間的人互相揮舞旗幟）。短距離則是靠跑腿的人。

一直到一八四〇年代，速度才開始變快。這段期間可以說是資訊「太空競賽」誕生的時間，而且到現在還在持續中。我們就來看一看。

電報（一八三〇年代）

美國發明家塞繆爾．摩斯（Samuel Morse）[1]改良了別人的概念，在一八三〇年代開發出卓越的通訊設備。這個方式是透過銅製纜線，用難以想像的速度傳輸電力訊號。電力脈衝啟動目的地的電報音響器，產生喀噠的聲音，再由電報員解讀成短訊息。到了一八四〇年代，這個方法被愈來愈多人使用。

跨大西洋電纜（一八六六年）

一八六六年，第一條跨大西洋電纜成功鋪設，提升了洲際通訊的速度。將紐約與倫敦之間的通訊時間從幾週縮短為幾分鐘。

請思考一下，一星期有超過一萬分鐘。所以，跨大西洋電纜馬上就提升了兩個主要金融中心的資訊傳輸速度高達一萬倍！

1 編按：摩斯電碼的創立者。

股票報價機（一八六七年）

美國發明家愛德華・卡拉漢（Edward Calahan）於一八六三年發明了股票報價機，並於一八六七年開始用於商業用途。報價機這種設備會自動將電報訊號轉換成字母和數字，然後列印在紙條上。這改革了股票市場價格在交易廳與券商和投資公司之間傳送的方式，而且範圍不限於金融區。

我要分享一個故事，以說明新科技有多快取代舊的科技。在股票報價機發明出來以前，速度快、年輕的運動員傳訊人（報價單運送員）負責在金融區傳送資訊。

當年華爾街最知名的報價單運送員（athletic messengers/pad shovers）是一位名叫威廉・希斯（William Heath）的人，綽號是「美國鹿」。身高六呎六吋（約一百九十八公分）的他又高又瘦，還有一撮長長的小鬍子，他會在柏德街和華爾街上，在交易廳和證券商間奔跑傳遞資訊。《紐約時報》甚至評論：「希斯的行動敏捷」。

一八六七年底，券商大衛葛洛斯貝克公司（David Groesbeck & Co）在辦公室安裝了一部卡拉漢股票報價機。當華爾街最快的傳遞員衝進葛洛斯貝克營業廳時，營業員正聚集在新的報價機前。希斯一邊喘氣，一邊說出交易廳最新的股票交易。但他來得太晚，報價機早就已經帶著相同的資訊來到營業廳了。

希斯在一夜之間就被淘汰，新的速度時代已經來臨了。

電話（一八七六年）

一八七六年三月七日，蘇格蘭企業家亞歷山大．格拉漢姆．貝爾（Alexander Graham Bell）取得新發明的專利——電話。投資人現在幾乎可以從任何有電話的地方，立即對券商下單。

就像我在第十章說過的，英國記者赫斯特深受這種新科技發明所感動，而在一九一一年時寫下：「報價機和電話都已臻至完美，實在難以想像輔助投機的工具還能如何突破現有框架，更上一層樓。」顯然赫斯特錯了。從他寫完這句話後，科技還有長足的進步。

現代科技（二十世紀、二十一世紀）

前面幾段通訊方式的發展，絕對震撼當時的人。但是後面還有更驚人的發明。

過去一百年來，光纖、衛星和全球網際網路的發明，使得通訊速度和複雜度大大提升。

現在傳輸速度的優勢已不再是以週、日、分鐘來衡量的了，而是以千分之一秒來計算；但是要滿足對速度的要求也變得更貴。高頻交易公司要支付數百萬美元，以取得大量券商提供的有利資料。然後還要再花數百萬美元買下光纖傳輸的空間以傳送資料。

所以，在這麼昂貴的交易科技面前，身為小小的散戶的你有沒有一席之地？

像你這樣的賭徒，坐在自家辦公桌前，是不可能在這樣的競技場裡比賽的。所以，這些都不能提供你任何競爭優勢。

舉例來說，二〇二〇年和二〇二一新冠肺炎疫情期間，當無數美國年輕人陷入交易迷因股的狂熱時，他們就像待宰的羔羊一樣。他們的交易資訊主要透過社群媒體取得。毫無疑問，許多人相信讀這些貼文能帶給他們交易的優勢，但這些貼文其實也是搞不清楚狀況的賭徒寫的。

這些賭徒都是獵物。他們的交易提供大量資訊，並且被販售給專業交易者，讓他們從中獲利。正如巴菲特在一九八七年致波克夏股東信中，提到撲克牌局時指出：「如果你下場三十分鐘卻不知道誰是冤大頭，那麼你就是那個冤大頭。」大型交易商透過使用尖端科技，搶先當沖的小蝦米。

所以，在你打算用自己的帳戶交易前，你要問問自己到底是獵人還是獵物。在沒有數百萬美元預算以匹敵大戶的情況下，我可以向你保證，你一定是獵物。而且，因為在這場速度的競賽中，你永遠比不上他們，你就可以了解為什麼這一章這麼短了。

第十五章

投資人得是生意人：巴菲特

「真正的投資人最好別管股市，並且把注意力放在股利報酬和公司的營運成果。」

——葛拉漢

我已經用很多詞彙來解釋投資或交易的優勢了。到目前為止，我的描述聽起來有點籠統，所以我想深入解釋巴菲特和西蒙斯這兩位極為成功的投資人，是如何打造出屬於自己的優勢，提供一些明確的說明。本章我將談到巴菲特，下一章則是西蒙斯。

巴菲特和西蒙斯都運用公開可取得的資訊，來發展自己的優勢。但是他們各自尋找的是不同類型的消息，並以獨特的方式來利用這些數據。

在我們開始前，我要再次強調兩件重要的事：

一、接下來描述的，只是可以發展出優勢的眾多方法中的兩個例子。

二、從其他人做過的事情學習，但**不要就這麼認為自己可以模仿他們的成功。**能力好的投資人通常會有一些獨特之處。

股神沒有電腦、不用計算機

大部分的人會想像成功的投資人如何工作。他們以為成功的投資人都一直在電腦或交易螢幕前，做著複雜的金融計算，並且持續買賣股票。

但是如果我告訴你，史上最了不起的選股人**巴菲特的辦公室裡根本沒有電腦**，你相信嗎？

如果我再告訴你，他不會用計算機來計算財務，因為他覺得沒有必要，**他需要的計算都很簡單，可以心算或是用紙筆就好。**

更令人驚訝的是，他自己本身不做任何股票交易。他把這個工作交給辦公室裡的下屬，按照他的指示執行。

最後再告訴你一件事，所有人都很想知道他的祕密股價評估公式，但他根本沒有這種東西。這些全都是真的。

那麼既然巴菲特不做別人預期厲害的投資人會做的任何典型工作，那麼他的優勢是什麼？他的一天都是怎麼過的？

他整天都在閱讀。是的，就是這樣，他就只是坐在桌前……閱讀。大部分的人不認為億萬富豪投資人會做這件事。但是他透過一生大量的閱讀，而創造了驚人的投資報酬。

接著我們來看看他超越別人的績效數字吧。首先我要引用他管理的投資公司，波克夏海瑟威二〇二一年的財報。

巴菲特於一九六五年接手執掌波克夏後，創造了驚人的年複合投資報酬率二〇．一%。這幾乎是美股標普五百指數年報酬率（加上股利再投資）的兩倍。標普五百指數在二〇二一年的平均年報酬率是一〇．五%。

乍看之下，這些數字似乎低估了巴菲特超越大盤的績效，所以我要用另一種方式來介紹。如果你在一九六五年花一千美元投資美股，然後把所有的股利再投資進去，那麼你現在會得到十九萬八千八百美元。但是花一千美元投資巴菲特的波克夏海瑟威，現在的價值就會是兩千七百四十萬美元，是前者的一百四十倍。這就是以年率的兩倍複利計算的威力！

那麼巴菲特超越大盤的績效是因為他極其幸運，還是因為投資能力好？

巴菲特超越大盤的績效，是一個我研究了很多年的問題。我在本書的序言提到過，我曾五度前往奧瑪哈，參加波克夏海瑟威的年度股東大會，聽巴菲特和蒙格說話。

其中有兩次我聽到一位分析師說，他曾在波克夏位於基威特廣場（Kiewit Plaza）的總部辦公室裡與巴菲特共事，並且詳述了他的選股方法。同樣的，我也聽過許多波克夏子公司的執行長談論巴菲特。這些年來我讀過所有找得到有關巴菲特的資料。

這些「不為人知」的經驗，確實讓我深入了解巴菲特的行事作風，而且我以金融分析師的觀點考量過所有資訊。這個觀點讓我能深入理解他的成就，如此長時間、如此大幅度的超額收益，無疑源自於他的投資能力。

巴菲特的成功路徑

巴菲特從十一歲就開始投資。小巴菲特讀完所有他能找得到的投資書籍，對他影響最大的莫過於葛拉漢的《智慧型股票投資人》。巴菲特第一次讀到這本書是在一九五〇年，當年他十九歲。

當時葛拉漢是投資界的知名人物，他在華爾街的事業非常成功，並且在哥倫比亞大學教授金融學。葛拉漢早期的《證券分析》一書深受金融業、學術界和投資界人士的敬重。

葛拉漢在出版《智慧型股票投資人》二十七年後，於一九七六年過世。在他人生最後的二十年，他和巴菲特建立了很好的關係。巴菲特第一次遇到葛拉漢，是他在哥倫比亞大學教授金融課時。巴菲特曾短暫為葛拉漢工作，並且定期諮詢他的意見。

葛拉漢教巴菲特如何尋找低價的股票，巴菲特也成功運用這個選股方法（稱為「價值投資」）數十年。極佳的成就終於讓他被大眾發現，並且贏得「史上最成功投資人」的美名。

巴菲特表現最好的幾年是他剛開始工作的時候。一九五六年到一九六九年，他管理一個投資合夥公司，創造平均年報酬率近三〇％的佳績。這相當於平均每兩年多一點，投資人的資金就會加倍。

一九六五年，巴菲特接掌上市投資公司波克夏海瑟威，在我撰寫本文時，他仍是公司的龍頭。我之前提到過，巴菲特超過五十七年來創造的績效，比大盤還要高出一百四十倍。一看就知道這就是優勢。

但巴菲特現在的優勢仍和以前一樣好嗎？可能沒有。過去十五年來，巴菲特的績效出現下滑。事實上，過去十五年來交出相當於大盤的成績。那麼從一九五六年到一九六九年這十三年和最近這段時間，是什麼改變了？

影響他績效的因素可能有很多。毫無疑問一個主要的因素是：波克夏海瑟威的規模非常大——已經成為價值將近七千億美元的企業。因為這樣的規模，巴菲特愈來愈難找到投資的機會。他當然會忽略小型投資標的，這類投資不會對報酬造成多大的影響。隨著波克夏規模成長，潛在的投資世界就大幅縮小了。

當然，身為小散戶，你永遠也不會遇上這樣的問題。那麼問題仍是：你是否有可能成功運用巴菲特在管理規模小得多的資產時，所使用的方法？

也許有可能。我們來看看巴菲特是如何創造他的優勢。

巴菲特所使用的投資技巧是價值投資，這需要**持續尋找公平價值或價值被低估的證券**。這個程序有一個很重要的部分，那就是**投資人要自己（獨立）判斷一檔證券的價值**（稱為「內含價值」）。然後投資人要比較這個價格和證券在市場上交易的價格。如果投資人相信市場價格很公平或是被低估，那麼投資人就可能會買進。

我不會深入探討價值投資的方法，但我要把重點放在「為什麼巴菲特能成功執行這個方法」。

投資成功七大優勢

在各行各業中，都有一些特質可以賦予一個人相對於其他人的優勢。投資也不例外。

《財星》雜誌編輯卡蘿．路米斯（Carol Loomis）於二〇一二年十一月接受《查理．羅斯秀》（*The Charlie Rose Show*）節目的採訪。坐在她旁邊的是高齡八十二歲的巴菲特，他臉上還帶著些許難為情的表情。

主持人查理詢問巴菲特的老友路米斯，巴菲特投資成功背後的原因。以下是路米斯在訪談時說到的七大因素：

一、巴菲特了解財務報表。他特別重視財報的註腳，因為壞消息通常都被埋在這裡。
二、他了解如何管理一門生意，所以當潛在的投資機會出現時，他有能力可以判斷。
三、他是個理性的人。他不會因為價格下跌而情緒激動。
四、他是有紀律的人。
五、巴菲特「只有在了解價值時才會投入」。換句話說，他會深入了解正在研究的公司未來的展望。
六、他想要投資擁有「未來五到十年具有競爭優勢」的企業。
七、他經常在投資機會出現之前，就已經先熟悉公司了。

這七點可以濃縮成三點：

一、巴菲特自始至終都是個生意人。
二、他具備一些並非與生俱來的特質。
三、他非常認真工作。

接著我要進一步說明路米斯訪談時說的一些話。

九〇％投資人輸在「不懂生意」

巴菲特生來就是要做生意的。讓我解釋一下為什麼我能這麼有自信的這麼說。

在奧瑪哈時，我在三個不同的場合遇到記者史帝夫．喬登（Steve Jordon），並聽他談到有關巴菲特的事。喬登在《奧瑪哈世界先驅報》（*Omaha World-Herald*）工作五十年，而且其中的三十五年是擔任商業記者。他是報社的「巴菲特專家」。

喬登當時剛出版一本生動訴說巴菲特的傳記（他很慷慨的送了一本簽名書給我，現在放在我的書架上）。這本書的第三頁是一張全版的巴菲特三姐弟照片：華倫和兩位姐妹朵莉絲（Doris）和柏蒂（Bertie）。

這是巴菲特家三姐弟於一九三七年聖誕節當天，站在家門外的照片。小華倫手上拿著新的硬幣分類盒，他早期開始工作時就使用這個硬幣盒：當時是販售可口可樂和口香糖。這張照片顯示，巴菲特早在七歲時就開始想做生意的事了。

一九八〇年代中期的一次訪談，巴菲特進一步說明經營公司的方法，對他的投資風格來說有多重要。

在被問到他覺得自己和其他九〇%的投資經理人有何不同時，巴菲特的回答是：「大部分

> 專業投資人聚焦於股票未來一、兩年可能的走向……他們並不是把自己當成公司的老闆。」

巴菲特不看線圖、不用技術分析、不做動量交易、不靠小道消息、不看交易論壇。相反的，**他從自己了解的產業中，尋找穩健而且獲利的公司營運資訊。**他會決定自己打算花多少錢買，如果價格不吸引人，他就不會買。他會等待，如果股價從來沒跌到吸引人的價位，他就永遠不會買。（有一次我前往奧瑪哈時，《巴菲特的繼承者們》〔*The Warren Buffett CEO*〕作者羅伯．邁爾斯（Robert P Miles）告訴我，巴菲特要在擁有股票十年內就透過獲利和股利回本。）

這種做生意般的思維，是由導師葛拉漢深植於他的心中，葛拉漢說：「真正的投資人最好

> 別管股市，並且把注意力放在股利報酬和公司的營運成果。」

再次引述葛拉漢的話：「當投資就像做生意時，就是最聰明的投資。」

記住，巴菲特第一次聽到這句話是在他年輕時。這些話在他心中迴盪著，而他本來就已經有著生意人的性格。一直到今天，**巴菲特在評估一檔股票投資時，他都會以要買下這間公司的態度，來決定要不要投資。**

我在奧瑪哈時，聽了波克夏旗下幾間公司執行長談論他們與巴菲特的互動。他們都說到巴菲特非常了解他們所負責的公司。巴菲特知道他們的營收和獲利數字是多少，也知道競爭對手的數字；他了解他們所經營的市場、知道客戶群、知道潛在的威脅為何。

波克夏旗下公司的執行長，關於巴菲特對他們公司的營運知識非常有信心，甚至經常向巴菲特請益。每一位執行長都對巴菲特在短時間內取代他們工作的能力，表達極高的信心。事實上，這在一九九一年時發生過一次。投資銀行所羅門兄弟（Salomon Brothers）在一九九〇年代被捲入公債市場的醜聞。巴菲特以臨時董事長的身分解決整個問題。

下次當你要投資某間上市公司時，請問問自己：**我有沒有能力管理自己所投資的公司？**

接著我要更進一步說明巴菲特的商業頭腦有多精明，以及他對自己所投資公司的營運有多了解。有一個簡單的測試如下。請上谷歌網站搜尋「我最喜歡的證券」（The Security I like Best）。這是巴菲特所撰寫的文章，於一九五一年十二月六日刊登在《商業與金融記敘》（*The Commercial and Financial Chronicle*）。文章很短，只有一頁。我要給你的挑戰如下：

- 仔細讀文章裡的每一個字。
- 不要太驚訝——這是篇二十一歲年輕人寫的文章。巴菲特對保險業和文章中的公司（蓋可〔GEICO〕）的了解非常深入。

記住，這篇文章的內容只是其中一個例子，顯示巴菲特二十一歲時所了解的內容。接著問問你自己：

- 我對自己投資的公司及其產業的了解，是否像這篇文章一樣深入？
- 如果不是，我是否準備好投入必要的心力，以了解到這樣的程度？
- 我二十一歲時在做什麼？

現在想一想，多少二十一歲的「投資人」現在會做像他這樣的研究。現在社群媒體經常被認為是適當的投資決策資訊來源，但是這些論壇根本無法取代真正該做的事。正如巴菲特說的，**真正該做的事是認真工作和深厚的知識。**

「耐性、理性、紀律」：這些比才智更重要

巴菲特在一九八〇年的一場訪談中說到，投資經理人必須具備正確的性格，這比卓越的才智更重要：

「從事這一行不需要超高的智商……你需要穩定的個性。你需要的特質是，不論你與群眾的觀點一致或不一致，都不會令你感到高興，因為這一行不是在做民調，這是一個需要思考的工作。」

但這並不表示才智是不必要的，完全不是這樣。巴菲特只是強調，**超高智商並非成功的入場券。你如何自處才是重點。**

那麼我們就來深入研究一下巴菲特的特質吧。我想談談他的五個性格特徵：耐性、理性、紀律、專注，以及能延後滿足。

一、耐性，等待對的機會

價值投資，巴菲特所運用的投資技巧是機會主義。使用這個技巧的人必須極為有耐性，等待對的機會來臨。這個人格特質非常罕見，但剛好巴菲特是個非常有耐心的人。

我造訪過巴菲特的故鄉奧瑪哈五次，其中的三次有機會聽到巴菲特的長女蘇西（Susie）談論她的父親。我最感興趣的是在她形容父親的性格時——有人問蘇西最適合形容她父親的話是什麼，她毫不遲疑說了幾個字：「正直」和「耐性」。

巴菲特的成功要素之一就是他卓越的耐性，我在本書稍後會花一整章來討論這件事。之所以這麼做，不只是巴菲特因為有耐性而成功，而是因為這是任何投資人都必須具備的特質。

二、理性的行為，不受人群影響

我在第四章中解釋過，我們很容易就受到人群的影響而且不自覺。當然，問題在於人群經常會是錯的。因此，**在投資時最好使用完整邏輯做出獨立結論。**

葛拉漢曾在強調蘇格拉底式思考的重要性時寫道：「人群與你的意見不同，並不會證明你是對或是錯。你的想法正確是因為你的資料和推理正確。」

對巴菲特來說，行為理性是很容易的一件事。他的心理素質本來就是一個獨立思考的人。

我們都想要認為我們是自己做決定的。但事實是，我們比較可能沒有發覺自己已經受制於團體迷思。

三、「紀律」才能成功執行投資優勢

有紀律的人對規則或行為準則，會展現出近乎毫不動搖的服從。我之前就討論過，**投資人要成功執行投資優勢，就必須有紀律。**

能力好的投資人會看出優勢，而要執行優勢則需要紀律。偏離紀律就表示他們不再運用致勝的公式。

巴菲特是個紀律極佳的人，我來舉個例子說明這一點。

一九九〇年代末期時，網路狂潮方興未艾。就算是思慮不周、浪費資金的新興公司，只要公司的名稱最後是「.com」，就會成為股市的熱門資產。全世界的投資人都失心瘋的不買高品質股，而是偏好虧錢的爛公司。

巴菲特執掌三十三年的波克夏海瑟威，一九九八年六月時股價高達八萬四千美元。二十個月後，股價腰斬至四萬一千三百美元。顯然波克夏不受投資人青睞，和網路公司熱潮形成強烈的對比。巴菲特總是直言反對，那些被他認為一文不值的網路新興公司的瘋狂股價。所以當市場為之瘋狂時，巴菲特不為所動。他完全不買網路公司，他的策略策略仍然沒有改變。

當波克夏的股價進一步下跌，媒體就開始對他很不友善。《巴倫週刊》（*Barron's*）的頭版新聞問：〈華倫，出了什麼事？〉其他的新聞標題還有〈排名蒙羞〉以及〈墮落天使〉。《澳洲金融評論報》則在一九九九年十二月三十日刊登一則文章，標題為〈老巴遭改變的風向痛毆〉。巴菲特遭受一連串非常尖銳的人身攻擊。但**他並沒有偏離自己原本就決定，而且堅定採取的投資策略。**

就在《澳洲金融評論報》刊出那篇文章幾週後，網路的騙局就崩塌了。成分股包括許多這類網路公司的那斯達克指數，於二〇〇〇年三月觸頂，但是後來的兩年半跌了七八%。

後來，時間證明巴菲特是對的。波克夏的股價在網路泡沫破滅後的十年，就連標普五百的美國績優股也望塵莫及。如果連股利也計算在內，這段時間標普五百指數跌了九%，波克夏的股價則是飆漲了驚人的七七%。

這段期間巴菲特的策略完全沒有改變。

四、專注：一天花六小時閱讀

巴菲特具有非常人的專注力。他會獨自坐在辦公室裡閱讀，連續好幾個小時都不離開。蘇西在描述他的這個特質時說，她小的時候，父親經常不參與社交活動；他活在另一個世界裡，思考著其他事情。蘇西和她的兩個弟妹和父親說話時必須「講重點」。她還說，即使是現在，要他空出十分鐘也是很難的一件事。

巴菲特可以維持長時間極高的專注，賦予他驚人的閱讀能力。

我第二次前往奧瑪哈時，認識了《巴菲特的繼承者們》的作者羅伯·麥爾斯。我後來和羅伯變得很熟，幾次前往奧瑪哈也會和他見面，其中一次他告訴我寫那本書的故事。

羅伯當時和巴菲特討論寫另一本以巴菲特為主的書，但巴菲特建議羅伯，波克夏真正了不起的人其實是旗下眾多子公司的執行長。巴菲特建議，這本書該介紹的應該是他們才對。此外，巴菲特還安排讓他訪談多位執行長，這樣羅伯就可以有很多資料可以使用。

羅伯寫了書，當他把手稿準備好時，他和巴菲特見面吃午餐討論書的內容。羅伯把一份手稿交給巴菲特，希望在付梓前能得到他的認可。

接著就是這個故事最棒的地方。兩人吃完午餐後就各自離開，巴菲特回到基威特廣場的辦公室，下班後便回家吃晚餐。羅伯猜巴菲特可能吃完晚餐後會去打橋牌。但是，雖然時間很短，巴菲特隔天一早就打電話給羅伯，說明他對手稿的看法。

一開始羅伯以為巴菲特只是大致瀏覽了內容，前後挑幾個節章看一看。結果巴菲特說：「我讀完了四百頁的手稿，裡面只有六個錯誤。讓我告訴你是哪些。」巴菲特告訴羅伯是哪幾頁，並強調他認為必須修正的地方。

那麼，巴菲特是如何在這麼短的時間內讀完羅伯的稿子？在那通四十五分鐘的電話中，羅伯問巴菲特：「你的閱讀速度有多快？」

巴菲特回答：「我最快一天可以看五本書。」

即使是現在，**巴菲特在一般工作日也會花六個小時閱讀。**

在尋找最後接掌波克夏海瑟威的人選時，巴菲特和波克夏長期的副董事長蒙格都會尋找的特徵，就是專注力。十年前，為了培養巴菲特／蒙格的接班人，有兩個人受雇管理波克夏投資組合的一部分：托德．康布斯和泰德．魏斯勒。

康布斯在哥倫比亞大學念書時就以巴菲特為目標，幾年後才開始在波克夏工作。當年巴菲特在財務課程上講課時，班上有一位學生問巴菲特，**該如何為投資事業做準備？**

巴菲特對全班學生說，**一天要閱讀五百頁，因為知識是靠長期累積的——就像複利一樣。**他還說，只有少數人能辦得到。年輕的康布斯將這番話謹記在心，開始大量閱讀。等到他開始從事投資工作時，他一天會閱讀五百到一千頁。

但是正如巴菲特告訴他們的，這只有少數人才能做得到。問題是，只有幾個人：

- 擁有必須的專注力。

- 就算有專注力，也不會花這麼多時間閱讀。
- 能接受這種方法來實現成功的投資。
- 有能力記住閱讀內容中枯燥的事實與數字。

這就讓我想起我認識在《奧瑪哈世界先驅報》工作的記者，喬登告訴我的另一個故事。在我前往奧瑪哈的其中一次旅程時，喬登剛寫了一篇報導，內容包含了價值投資人需要的專注與紀律，內容主要是在介紹他和康布斯的訪談。

康布斯解釋道，他、巴菲特和魏斯勒通常會花好幾百小時研究一個投資機會。在花了這麼多時間後，如果他們找到一個很好的理由不該投資，他們就會放棄。只有極少數人能做得到。

大部分的人在花了這麼多時間研究後，都會覺得非買下股票或這間公司不可。所以會忽視發現的負面資訊，專注於正面的資訊並且投入資金。

五、延後滿足的能力

形容巴菲特會「延後滿足」，我承認這聽起來有點誤導。應該是說，他本來就沒有很強烈的物慾。

在二〇一九年波克夏海瑟威年度股東大會上，一位股東問蒙格，如何幫助孩子發展延後滿足的能力？延後滿足並存錢，這是成功投資必要的元素。而蒙格的回答很簡潔：「這是天生的。

你可以看出自己有沒有這個能力，而不是發展這種能力。」

坐在旁邊的巴菲特補充蒙格的回答並說，延後滿足並非每個人都適合（或可能）辦得到，對他（巴菲特）來說很容易，因為他從來都沒有什麼物慾。他總是覺得自己擁有的已經足夠了。

如果你和巴菲特一樣不是重視物質的人，那麼你就比別人更有投資的優勢。如果不是，那麼你就必須努力一下——假設你願意的話。如果你沒有準備好減少支出並提高儲蓄和投資，那也沒關係。我聽說有些人領社會福利補助金也可以過日子。

你能工作到九十歲嗎？

聽完巴菲特的女兒蘇西對他的形容後，很明顯她對父親非常敬愛。但同樣的，巴菲特很高的工作倫理，也使他和家人有隔閡。每天晚上，全家人吃完晚餐後，巴菲特就會上樓讀書（閱讀清單通常都會有年報）。

他的動力在於他熱愛自己的工作。的確，即使是現在高齡九十三歲，他還是形容自己「踩著輕快的步伐去工作」。而且他一週有六天保持這樣的心情。

你該問問自己，當你到了九十歲時，還能不能坐在桌前好幾個小時，閱讀枯燥的財報和貿易月刊——**甚至是現在，你有沒有辦法做到？**

我發現人們喜歡做簡單、輕鬆的事。所以大部分的人選擇研究線圖、技術分析、投資資訊網站、相信小道消息和用直覺來投資。這些方法都是典型的人類特質，也就是尋找模式、輕鬆和社會認同。

巴菲特具備他的時代所需的投資技能。如果他再晚一點出生，那麼他的投資風格可能就不會那麼成功。

價值投資沒有公式

你可能想問，巴菲特讀這麼多東西幹嘛？看起來只是被動的吸收資訊。而且，投資不就是數字、計算、市場和圖表嗎？

未必如此。巴菲特的投資風格需要大量的實地研究，不只是數字。他閱讀是在累積本來就已經很龐大的知識庫——當他要做投資決策時，簡直就像一整間銀行在評估市場可能性。其他投資人，包括那些假裝模仿巴菲特的人，都沒有完全了解閱讀對巴菲特的重要性有多大，以及數學計算和股價估值公式的應用有多不重要。

世界各地都有龐大的價值投資人，他們相信價值投資的關鍵在於套用正確的公式。那些新加入的「賭徒」，對這些股價評估公式深感敬畏。

彷彿第一次接觸到這種簡單的代數關係，就能讓他們得到解開股市祕訣的方法。但事實並非如此。

這些公式衍生自現金流量折現法（discounted cash flow，DCF）的概念，這早在八個世紀前就出現了，而且很可能還更久。我們找到現金流量折現法最早的紀錄，是一二〇二年比薩的李奧納多（Leonardo Pisano，即數學家斐波那契〔Fibonacci〕）的著作《計算之書》（*Liber Abaci*）。

光是了解一個八百年前的基本概念，並不會給你什麼優勢。

有意思的是，《雪球：巴菲特傳》（*Buffett*）的作者艾莉絲・施洛德（Alice Schroeder）在二〇〇八年一場價值投資大會上介紹時說，她沒有看到巴菲特使用現金流量折現法的證據。我也聽巴菲特六十年的老朋友與同事蒙格說，**他從沒看過巴菲特使用現金流量折現法公式，來計算股票的內在價值。**

一九九五年在波克夏海瑟威的年度股東大會上，有人問巴菲特：「當你在折算未來盈餘時，你會計算到多久之後？」他的回答完全說明了為什麼他根本懶得用計算機。

「雖然我們可以用一個很簡單且直接的算式來決定這個數字，但我們從沒有坐下來寫出一大堆和那個公式相關的數字。我們可以說是用心算……我們喜歡看起來非常明顯的決定，而且不需要動用繁雜的計算。」

儘管他已經這麼說了，但我看過無數本宣稱已解開巴菲特成功之謎的書——大部分這種書的核心在於：冗長的討論折算現金流公式。

關於那些宣稱「巴菲特的優勢，來自於運用計算內在價值的公式」的書，我的結論只有這幾個字：騙人的。

價值投資已死？

價值投資基於理性的論證，它承認市場很多變——也就是說，股價在短期到中期受到社會影響非常大。這些影響會造成股價偏離內在價值很多（不論你如何選擇判斷內在價值）。能獨立判斷出內在價值的人就會擁有優勢，即使判斷未必絕對正確，但至少比其他人能判斷的結果更正確。

理論上，這些投資原則應該要能經得起時間的考驗。然而問題在於，**如果有夠多投資人擁有並有效運用這樣的能力，那麼這個優勢就會消失。**

我有點懷疑，現在閱讀葛拉漢的《證券分析》，或是巴菲特致波克夏海瑟威的股東信，是否還是能帶來像以前一樣的優勢？畢竟這個時代運用葛拉漢投資原則的分析師，比以前多更多。這可能讓優勢消失。

並不是只有我這麼說，葛拉漢和巴菲特都針對這件事表達過他們的意見。葛拉漢於一九七六年過世，被稱為價值投資之父的他在生命最後一年，針對自己一生推廣的技能是這麼說的：

「我已經不再推廣使用複雜的證券分析方法，來尋找絕佳價值的機會了。在大約四十年前我們的教科書《證券分析》[1]出版時，這麼做能帶來很高的回報；但是從那之後情況已經大幅改變了。」

這是葛拉漢好幾十年前說的。他所說的改變從那之後又更劇烈了，這表示現在他說的話比一九七六年時更是如此。

接著我們來看看巴菲特對這件事的說法。二〇一九年在波克夏海瑟威的年度股東大會上，巴菲特談到選股時說：「在我剛開始工作時，選股比較像是在尋寶。當時的競爭不大。」

事實是，價值投資是另一個時代的產物（其實比葛拉漢提出的還要早得多；只不過人們經常把他的名字和價值投資連結在一起）。舉個例子來說，紐約證券分析師協會成立於一九三七年（創立者包括葛拉漢及其他人），當時有二十位成員。

而現在紐約特許金融分析師協會（CFA Society of New York）成員遍及全世界，多達十七·

八萬人。現在全世界到處都有非常厲害的分析師，全都在同一場競爭中運用同樣的方法爭奪同樣的獎勵。

市場研究機構「格林威治聯營」（Greenwich Associates）的創辦人查爾斯・艾利斯（Charles Ellis）曾說：「過去五十年來，我們從大約五千人從事主動式投資，到現在已有逾一百萬人從事主動式投資。」

提高成為安全、理性投資人的機會

如果你以為研究巴菲特就可以模仿他的成功，那你恐怕會白忙一場。你很可能不具備他與生俱來的能力，而且我也懷疑他的能力到了現在是否和以前一樣有用。

但這並不表示學習他的方法是在浪費時間。他的個人特質：耐心、理性、紀律、專注和延後滿足，這些對於投資來說還是很重要。但是這些特質是否能創造和他一樣的成果，那又是另一回事了。但是運用這些原則，可以提高你成為安全、理性和有能力的投資人的機會。

1 編按：原文寫作《葛拉漢與達德》（*Graham and Dodd*），為《證券分析》一書的別稱，得名自本書的兩位作者，葛拉漢與大衛・達德（David Dodd）。

第十六章

量化分析：不受雜訊影響

「絕對不要派人類去做機器的工作。」

——《駭客任務》中的史密斯探員

我在前一章描述過，一九三七年的聖誕節，七歲的巴菲特手上拿著硬幣分類盒，這顯示小小年紀的他，當時就已經在想做生意的事了。

和巴菲特同為美國同胞的避險基金「文藝復興科技」創辦人西蒙斯，也早在八歲時就知道自己長大要成為數學家。他三歲的時候就已經展現了卓越的數學天分。

所以，當西蒙斯成為一位備受敬重的數學家時，沒有人感到驚訝。西蒙斯二十三歲就在加州大學柏克萊分校取得博士學位，並在冷戰期間擔任國安局的解碼員；一九七六年，獲得奧斯瓦爾德．維布倫幾何學獎（Oswald Veblen Prize in Geo-metry）；也曾在麻省理工學院和哈佛大學教授數學。

西蒙斯顯然是菁英中的菁英，他和美國史上最受敬重的數學家比肩而坐。但是卻在四十歲時放下一切。他想要在金融市場靠著交易證券賺大錢！儘管他的新事業起步較晚，但西蒙斯也成為最成功的交易者之一。

讓我們來把他的成就量化一下吧。從一九八八到二〇一八這三十年內，文藝復興科技基金未扣除管理費的平均年報酬率為六六．一％（扣除管理費後為三九．一％）。這比波克夏海瑟威達到的年報酬率高三倍，而且比美股大盤的報酬率高近七倍。真的是非常高！這表示文藝復興這三十年來，光是靠交易的獲利就賺了一千零四十五．三億美元。

雖然西蒙斯和巴菲特是在同一個領域，但他們各自採用完全不同的策略。巴菲特經常一整年只買賣一、兩檔個股；西蒙斯的模型「大獎章基金」（Medallion fund）則可以在一天之內做數十萬筆交易。

巴菲特總是在尋找高品質但股價低於價值的企業。一旦買下來，他就會長期持有。我之前已經說過，巴菲特的投資風格深受葛拉漢影響，葛拉漢建議要把持有的每檔股票都當成自己的公司。這很合理，如果你打算持有任何公司的一小部分（就是股份的意思），那麼請確保這個生意很穩健而且會賺錢。

而數學家西蒙斯從來不覺得需要研究公司的基本面，則形成強烈的對比。事實上，西蒙斯從來沒有修過商學課程。他對市場的看法一直都只是數學家的觀點。

西蒙斯和龐大的團隊將程式碼輸入電腦，**設法找出可交易的定價不合理之處。**他們在很多不同的金融市場這麼做。造成這些定價不合理的原因，對西蒙斯來說並不重要，他只是想要找出能獲利的情況。

西蒙斯手下最成功的交易員之一名叫埃爾溫・伯利坎普（Elwyn Berlekamp），他說自己根本不知道企業如何獲利，也沒有興趣知道。

西蒙斯不是第一個採用電腦計算投資的人，就像巴菲特不是發明價值投資的人一樣。這兩個人實現了重大成就，並不是因為他們在各自領域有突破性的發展。相反的，而是因為**他們在執行自己所選擇的方法時，運用高深的技巧。**

巴菲特和西蒙斯另一個強烈的對比在於：他們對運算工具的依賴。巴菲特的桌上根本連最基本的運算工具都沒有，而西蒙斯如果沒有強大的運算能力就無法運作。

西蒙斯這樣的交易者稱為「量化分析師」（quantitative analyst，英文簡稱「quants」）。為了解釋西蒙斯如何發展出自己的優勢，我必須先解釋一下量化分析師的工作方式。

演算法讓投資不受情緒影響

我們先從演算法開始。演算法是一連串嚴格的指示，遵守這些指示就可以用來計算和解決問題。

現在整個世界都是靠演算法運作的，但這並不表示演算法是新的東西。事實上，演算法已經存在好幾千年了。早在耶穌出生前，巴比倫和埃及數學家早就在玩演算法了。甚至連「演算法」（algorithm）這個詞都不是新詞，這是衍生自九世紀波斯數學家穆罕默德・伊本・穆沙・花拉子米（Muhammad ibn Mūsā al-Khwārizmī）——把 al-Khwārizmī 音譯成拉丁文就是 Algoritmi，後來變成英文的 algorithm（演算法）。

就像培根和雞蛋一樣，演算法和電腦也是天作之合。彷彿演算法等待電腦被發明出來等了數千年一樣。現在我們將演算法以電腦程式碼的方式輸入電腦中。

演算法之美在於，它以機械化的方式來解決問題。這對投資界來說是很有吸引力的事。

回想一下，我在第一部解釋過人類做決定的方式有很多問題。結論會受到偏見、社會影響，以及沒有根據的恐懼與情緒，這些造成傷害的力量所影響。但是電腦完全不會受到這些影響。**這種機械化得出的答案，完全不受荒謬的雜訊所影響。交易決策不會受到人類情緒的左右。**

並不是買一部桌上型電腦然後安裝一些軟體，就能創造出靠電腦強化的投資優勢。所以千萬不要被那些選擇權交易套裝軟體的業務給話術了。像西蒙斯這樣成功的人，都是很聰明的人，他們會自己找到市場的不規則、自己寫程式碼。最重要的是，**當他們開發出交易優勢時，他們不會和別人分享這些祕密。**如果分享了，他們的優勢就消失了。

我來詳細說明一下情緒這件事。

一九五四年，明尼蘇達大學的心理學教授保羅．米爾（Paul Meehl）出版了《臨床與統計預測比較：理論分析與證據檢視》（*Clinical Versus Statistical Prediction: A Theoretical Analysis and a Review of the Evidence*）。書中比較人類判斷的準確性，以及只是運用「預先決定的規則」所得出的結果準確性。

這基本上就是我們剛剛討論的事：人類的判斷相對於遵守規則的演算法。米爾審閱了二十份研究並得出結論認為，**遵循簡單的機械式規則所得到的答案，通常會比人類的判斷好得多。**

舉例來說，我們來想像一個以規則為主的數學模型，需要輸入十個值以預測未來可能的結果。每一個輸入值要根據對結果可能的影響（稱為「相關性」），套用一個加權權重。然後以準確的方式套用這個規模為主的系統，最後得出答案。

現在假設將人類判斷套用在相同的問題——沒有規則，**只有人類的判斷。偏見和不一致會**

影響判斷結果。這表示重要的因素沒有被考量到，而且不重要的因素卻被認為有相關性。產生的結果就會變得完全不可靠。

人類會相信不重要的東西，這就是為什麼有關就業的研究發現，長相好看的人比長相沒那麼好看的人更可能受雇，也比較可能得到較高的薪水。這也是為什麼《美國好聲音》（*The Voice*）的評審在初次選擇團隊時，要背對著參賽者的原因。這也是為什麼恐慌的投資人，在重大市場修正剛開始時遠離股市的原因（但這時反而是多年來價格最好的時候）。

數十年前，美國研究員路易士・戈德堡（Lewis Goldberg）進行了一項研究，他將人類的直覺以及遵守規則的人類模型做比較。這聽起來很瘋狂，畢竟模型只是更複雜的人類和成熟的自己的簡化版本。但是模型的決策績效卻超越人類。這怎麼可能？

我可以詳細說明戈德堡的發現，但是基本上他所發現的就是，**（人類）憑直覺與經驗所做的判斷，太容易受到許多不理性和不一致的影響，而遵守規則的判斷則不會受影響。**

看來答案已經確定了。規則和演算法的表現比人類更好。

量化分析師使用電腦有兩個主要的原因。第一個我已經解釋過了：電腦沒有情緒。

第二個原因是，**電腦能處理大量的資料以及處理的速度非常快**。簡單來說就是，載入對的演算法後，電腦就像熱追蹤飛彈一樣，從幾兆位元組的歷史資料中搜尋現在和未來的交易機會，而這是相較之下有如爬蟲類腦的人類，無法理解也看不出來的機會。

除了搜尋能力強之外，電腦還有一個特點就是它**能學習並修正先前的錯誤**。電腦可以改善自己的效能，不必靠人類來調整程式。

用數據，找出市場的祕密

量化分析師把程式碼輸入電腦中，以尋找可交易模式、關係和相關性的歷史資料。他們希望這些過去的相關性會持續到未來，這樣就可以從中獲利。以下是一些簡單的範例，讓你感受一下我說的是什麼意思：

- 股價在星期一早上的價格是否比星期五下午還要高（考量所有其他條件後）？
- 央行公布利率後，匯率是否反映一開始的過度反應，然後又恢復？如果是，平均是多少？
- 過去的氣候模式和目前的小麥期貨價格，是否有可交易的關係？
- 社群媒體上的閒聊是否有助於預測短期股價波動？
- 追蹤油輪[1]在世界各地的移動，是否能提供有用的資訊？舉例來說，油輪的數目是否和油價或未來的經濟活動有關係？

1 編按：oil tanker，運輸原油等石油化工液體產品的貨船。

• 沃爾瑪超市停車場的車輛，是否有助於預測這間超市巨擘下一次的財報？

這樣你就大概了解了，所有的資訊都會加以探討。唯有當證明了具有可交易的相關性，才會使用。通常兩者間的相關性並不清楚，但是對量化分析師來說並不重要。**他們尋找的是可獲利的交易，而不是去探討因果。**

此外，量化分析師並不在乎他們所交易的市場。他們會投入外匯市場、大宗商品和債券市場、選擇權、期貨和實體市場。只要能賺錢的地方，他們就會出現。但是對大型量化分析公司來說，他們選擇的市場必須夠大，以執行他們要交易的規模。

天文學家也能在華爾街領高薪

正如我談到過的，受雇於西蒙斯的量化分析師必須絕頂聰明。二〇一〇年的一項資料顯示，公司兩百五十位量化分析師中，有六十位擁有博士學位。

有沒有財務背景並不重要。對文藝復興基金來說，華爾街金融業者的能力不是他們要的。他們認為財務的部分很輕鬆就可以學會，只有必要時才會去學。相反的，他們雇用的新人都是從量子物理學、人工智慧研究、統計學、電腦語言學與天文學等領域挖角過來的人才。

舉例來說，文藝復興基金的兩位重要人物羅柏・默瑟（Robert Mercer）和彼得・布朗（Peter Brown）曾在IBM研發電腦語言辨識系統。默瑟後來發現，交易股票和語言辨識很類似；文藝復興基金後來便從IBM電腦語言團隊挖角最佳人才。高額薪資是轉換跑道很大的誘因，即使對充滿熱情做研究的科學家來說也是！

西蒙斯也雇用天文學家，雖然把天文學應用在金融交易聽起來好像很奇怪，但兩者的關聯性在於天文學家解決問題的方式；**天文學家習慣從龐大的資料集中篩選，設法在看來一團混亂中尋找意義。這正是西蒙斯想要文藝復興基金做的事。**

可交易因素：以規則為主的投資系統

金融業的人一直都在尋找可交易因素，而且絕對比量化分析師的出現還要早。十六世紀，比利時港口城市安特衛普（Antwerpen）的大宗商品交易員克里斯多福・克茲（Christopher Kurz）相信，觀察星象可以預測未來的價格。克茲並不是預言到了二十一世紀，量化分析基金會雇用天文學家；他是真的在尋找天體運行和市場價格之間的關聯。

距今一個多世紀前，英國銀行家亨利・霍爾的著作《證券投資的獲利方法》（*How Money is Made in Security Investments*），也描述過**以規則為主的投資系統**。

在討論股票市場價格模式與格里曆（Gregorian calendar，即世界通用的公曆）時，霍爾寫道：「包括一八九〇年在內的二十七年來，一月有十七次價格高於前一個月。而且有六次是全年最高價。」

霍爾記錄了投資人對一年中每一個月的價格預期。他的方法很粗糙簡單，是觀察的結果。我們可以說他的樣本數很小，因此不具有統計顯著性。但這正是現在的量化分析師所尋找的，只不過規模大且密集得多。

霍爾所形容的「元月效應」有點不公平的被認為是別人發現的。《金融經濟學期刊》（*The Journal of Financial Economics*）在一九七六年底發表的一項研究，標題和霍爾的很像：〈資本市場的季節性：股票的報酬率〉（*Capital market seasonality: The case of stock returns*）。這篇文章的作者羅澤夫（M. Rozeff）和奇尼（W. Kinney）發現，全世界的股市在一月時都非常奇特，權重相同的股票指數報酬率特別高。

霍爾在一九一六年描述的另一個簡單的交易規則，是「五年交易」。在當時被其他人廣為宣傳，那就是「當股價跌到或跌破過去五年的平均價格時，就是買進的時候。」

同樣的，現在的運算能力會確認這是有效（或無效）的交易優勢。霍爾當時沒有電腦可以測試，但在手動回溯前幾年的功效後，他認為該系統毫無用處。

股價的反轉型態常被說是交易規則的基礎。舉例來說，如果股票近年來的表現很好，是否會顯示未來的表現沒那麼好？

在一九九七年的暢銷書《投資策略實戰分析》（*What Works on Wall Street*）中，作家暨金融業者詹姆士·歐蕭尼西（James O'Shaughnessy）建議使用一些容易了解的交易規則。他的規則主要是根據買進價值組合有吸引力的股票。這些價值組合包括低本益比、低股價淨值比、低股價現金流比、低股價營收比，以及高股利殖利率，這些只是其中的幾項。

但是量化分析師不會讀歐蕭尼西的書。量化分析師不會想用暢銷書簡單的方法來創造超越大盤的績效。舉例來說，西蒙斯一直以來都會要求文藝復興基金新進員工，簽署滴水不漏的保密協議，這是他們的雇用條件。

我目前為止形容的可交易因素，只是其中的一小部分而已。我想要做的是讓你大概知道，量化分析師在尋找的無效市場和機會。

另一個對量化分析師來說很重要的領域是套利。**套利最純粹的形式就是，在同一個時間兩個不同市場的價格不一樣。這樣就有機會在一個市場便宜買進，然後馬上在另一個市場賣出，賺取沒有風險的獲利。**

「套利」這個詞也可以套用在更廣的情況中。舉例來說，兩個金融工具或證券的價格波動存在可識別的關係時，這就可能會是很大的套利機會。

儘管學術界不斷鼓吹金融市場總是存在價格效率，事實並非如此。事實是，市場充斥著價格無效率性和不一致性。

關於學術界的說法，我只能承認一件事，那就是**這些無效率的情形很不明顯**。大部分的人不是沒有能力看出來，就是沒有能力採取行動。

從市場大眾的無能找到優勢

在我結束這個主題前，我要告訴你文藝復興科技基金的重要大人物默瑟曾對朋友說過的話；這句話讓我之前說的優勢聽起來更有力。在提到文藝復興基金時默瑟說：「我們只有五〇．七五％的時間是正確的，但是在這五〇．七五％的時間裡，我們百分之百正確。我們就是靠這樣賺進數十億美元的。」

問題是它有四九．二五％的時間是錯的，這就帶來了一系列的麻煩。在全球金融危機期間，文藝復興的大獎章基金在一週之內虧損逾十億美元。而由於他們認同近五成的虧損率，他們當時也搞不清楚為什麼會發生這種事。

是因為他們的程式碼有誤嗎？或者他們只是現在連續虧損，之後就會好轉？文藝復興基金可以選擇停止交易，或是再次檢查程式碼，並讓程式繼續執行。如果程式碼一切正常，他們所能做的就只是期望情況能夠反轉！

在這樣的情況下，你會怎麼投資或交易？在虧損了十億美元之後，你對自己的系統還能保持信心嗎（如果你有系統的話）？

我先前解釋過，金融市場代表著金額固定的資金池，如果有些人從市場中拿走較多錢，就表示別人會虧錢。

文藝復興的研究部副總亨利．洛佛（Henry Laufer）曾提供文藝復興基金從市場上賺取大量超額獲利的潛在來源，他告訴一位同事，那些虧錢的人「有很多人是牙醫。」

洛佛的說法描述了各種成功交易和投資形式之間主要的相似性。就這一點來說，**文藝復興科技基金做的事和巴菲特一樣。他們都是利用自己的能力來對付市場大眾的脆弱和無能。**他們各自找到了自己的優勢。

那麼，你的優勢是什麼呢？

第十七章

人工智慧：未來股神？

「當機器一旦開始思考，不久後應該就會超越人類弱小的能力。」

——艾倫．圖靈（Alan Turing，英國電腦科學家、數學家）

圖靈是卓越的數學家、電腦科學家和解碼員，生活於二十世紀前半期，深受人工智慧吸引。一九五〇年，圖靈撰寫了題為〈運算機器與智慧〉（*Computing Machinery and Intelligence*）的文章，他在文中設計了一個測試，協助判斷電腦是否有能力模仿人類智慧。這個測試後來被稱為「圖靈測試」。在圖靈測試中，如果提問的人類無法分辨回答者是電腦還是人類，那這部電腦就會被認為是有智慧的。

那麼，我們已經製造能達到圖靈標準的電腦了嗎？舉例來說，蘋果的Siri是否符合圖靈的定義？「她」的確看來能以聰明的方式回答問題。所以，我們何不請Siri來打敗大盤？

可惜的是，Siri不是我們要找的對象，她無法幫我們賺大錢。此外，提問者可以輕鬆騙她上當。

根據圖靈的定義，機器還無法發展出像人類一樣的智力。電腦儲存與反覆思考事實的能力非常強大，甚至可以設計成模仿人類的行為。但是這些都不能代表真的智力。

那麼機器學習呢？機器學習是指電腦從過去的錯誤中學習，並修正自己處理資訊的方式，以提升未來的效能。其實機器學習已存在一段時間了。量化分析師已經成功運用這項科技，將機器學習打造成以電腦為主的交易系統。

事實上，以電腦為主的交易已經發展到將人類交易員淘汰了。過去人類交易員對歷史價格進行手繪線圖和視覺呈現，到了現在早就過時了，就像福特的T型車對現在的汽車產業一樣。

以機器為主的交易出現後取代了人類交易，就像是飛機的出現超越鳥類一樣。一部七四七噴射機的鋁製機身雖然沒有鳥類的骨頭、羽毛和肌肉那麼複雜，但我知道自己會搭乘哪一種往來倫敦和雪梨之間。

人工智慧到底會往什麼方向走？由電腦帶動的金融「太空競賽」會在哪裡結束？電腦已經稱霸短期交易（高頻和西蒙斯式的交易）；巴菲特式的投資最終會打敗最聰明的人工智慧嗎？

那麼「通用人工智慧」（artificial general intelligence，AGI）又如何呢？通用人工智慧是指「機器可以學習任何人類智力可以做的任務」。通用人工智慧是否還需要長足的發展，選股的工作才能交由機器負責？通用人工智慧是否能進行傳統買進並持有的投資方式？機器是否有一天將不只能匹敵人類現有的才智，且終究還會把人類遠遠拋在腦後？**電腦是否會有能力找出我們的價格無效率性，到最後將不再有價格無效率？**那麼股市就會真的成為對所有人來說公平的遊戲場所了。

如果是這樣，也不算太糟。主動式基金經理人（就連厲害的人也是）會變得不重要，就像馬鞭對運輸來說不重要一樣。

人類處理資訊的方式是線性的。我們可以了解簡單的關係，例如A會影響B，C會影響D。我們傾向把事情簡化，因為我們必須這麼做——我們的腦子就只能處理簡單的事。

當我們要考慮一個問題的多個獨立資訊時——例如有X、Y、Z——就會變得複雜。當Y影響X，B有時會影響Z，但是唯有K影響Y但是不影響P的時候，就會產生複雜的互動循環。

人類大腦不擅長處理互動的資訊，但是這正是財務分析所要求的能力。未來的聰明電腦很可能在互動式思考方面，令人類望塵莫及。

電腦如何成為股神？

俄勒岡大學心理學教授保羅．斯洛維克（Paul Slovic）是決策研究（Decision Research）的創辦人暨總裁，他研究專業股市分析師在推薦個股時，運用互動式推理以及線性思考的程度。他很客氣的評估，約有四％的分析師決策是使用互動式的程序。這表示在許多情況下，多數會壓制少數——信任人類產生的研究結果，就像飲用有九六％是汙水的水源一樣。

就算我們的投資能力最終將被電腦超越，還是可能會有人持續仰賴自己的腦袋。還是有人喜歡尋找好的投資機會的過程。舉個例子來說明：

- 即使已發明了電子鼓，鼓手還是會繼續打鼓。
- 有了合成音樂，人們還是會繼續彈鋼琴。
- 有了汽車，人們還是會騎馬。
- 有了電動船，人們還是會駕駛帆船。

所以，即使發展出更先進的電腦和投資軟體，有些人還是會花腦筋做投資。但是這些都有一個非常重大的前提：投資令人愉快有很大一部分來自財務上的獎勵。如果獎勵沒了，投資的理由也沒了。如果人們知道完全釣不到魚，他們還會去釣魚嗎？如果投資人知道賺不到錢，他們還會把腦筋花在研究股票上嗎？

我知道我不會。所以也許人們有一天會把投資分析這件事，完全交給電腦去做。只有時間才能告訴我們。

第3部

把自己綁在船桅

第十八章

股市就是有漲跌

「少一個幻想比找到一個事實會讓人更有智慧。」

——路德維希．伯恩（Ludwig Börne，
猶太裔德意志作家、報社編輯）

接著我想改變一下方向，畢竟本書的態度到目前為止都很負面。

我已經讓你知道，自己的投資能力可能存在的限制了。我描述了雖然大家普遍認為投資界存在，但實際上並不存在的事。我提醒過讀者可能掉入的陷阱，也就是引誘你脫離穩健的投資原則與行為，甚至是誘惑你衝向破產的投資迷魂曲。

雖然看起來很負面，但是我認為這些全都是必要的知識。事實上，因為我讀過了的一句非常棒的投資建議，所以我才知道這些陷阱的存在。諷刺的是，這個建議並不是由投資專業人士提供的，而且他也不是把這當成投資建議。這個建議對投資來說非常重要。章名頁的這段話，是德國政治與諷刺作家路德維希・伯恩所說的金玉良言。

伯恩的建議強而有力，我們會無意識的把假相當成真相，把幻想當成事實。雖然虛構的事完全沒有證據，但我們卻會相信虛構的內容。然後根據這些虛構故事做出不好的決策——投資界就充斥著這樣的情形。

正是伯恩的建議，決定了本書的架構。這就是我為什麼花了這麼多篇幅，試著摧毀任何你可能有的不實觀念。關於你對投資能力的謊言、投資報酬的謊言、其他資訊不足的人宣稱的成就謊言。伯恩的建議正是我要花這麼多心力告訴你，什麼東西沒有用的原因。

但現在是時候來談談什麼東西有用了。我想讓你有能力做出穩健、正確的決策。所以，我們就來了解投資界有什麼是真實的話。

本書接下來要談的就是這個。

重挫和飆漲，只是點閱率

我的一位好友在媒體業工作。他承認，電視與報紙編輯的箴言就是「見血才能上頭條」。所以才會有那麼多語不驚人死不休的主持人。

事實是，**媒體是一門生意**。媒體的目標一直都是盡可能吸引人們來看他們的內容，或是以現在的術語來說，就是「點閱率」。因此財經評論員描述股市時不是說「修正」而是「重挫」。同樣的，股市通常被不會被形容成「上漲」而是「飆漲」。

這些描述是在玩弄我們的情緒。舉個例子來說明：我有個朋友，當股市上漲時就會覺得自己比較富裕，股市下跌的時候就覺得自己變窮了。不論漲跌幅有多小，他都會這麼覺得。

但是對長期投資人來說，長期報酬率才有意義，而不是每日的震盪。

長期報酬率才是真的

下頁圖18-1顯示澳股過去一百二十年來的表現（以價格標示）。其中還包括一個我們記憶猶新的事件：二〇二〇年新冠肺炎導致股市下跌。

我想你會同意，過去一百多年來澳股的表現非常傑出。

另外還有兩件重要的事，讓股市的表現更顯示強勢：

一、看一下Y軸（指數的漲幅）的數字。這使用的是對數尺度（logarithmic scale），若用線性尺度，那麼Y軸會有十個人那麼高。

二、這張圖只反映股價的漲勢，如果還包括股利再投資，那麼這條線就會衝上天了。

再說明一下股利「再投資」的影響，如果在一九〇〇年投資十澳幣，現在的價值就會是七百五十萬澳幣（未經通膨調整）。而且這是拿原始投資獲得的股利

圖 18-1：澳股過去 120 年來的表現。
每次爆發危機，股市都會回升而且漲更高！

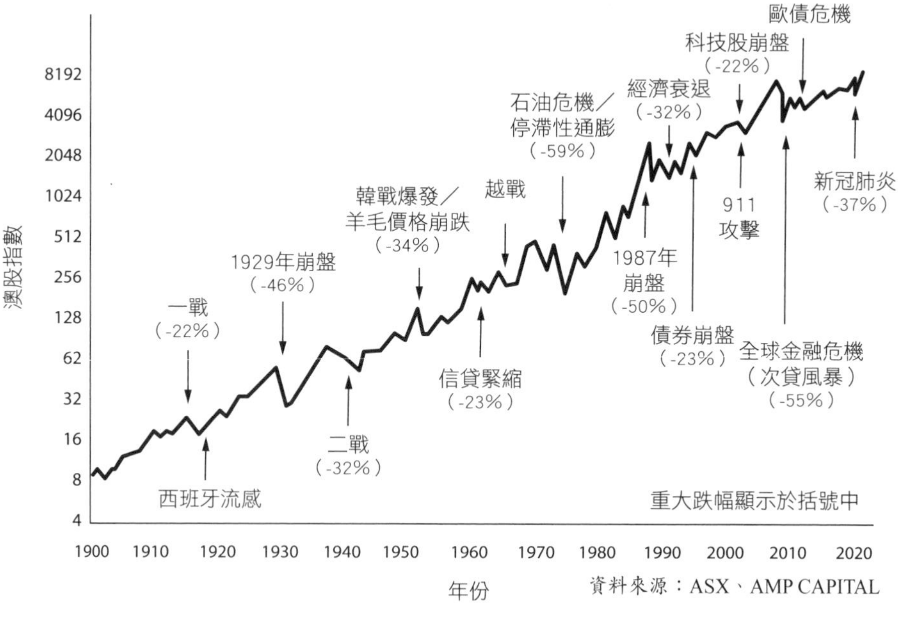

資料來源：ASX、AMP CAPITAL

再投資，而不是原始投資之外再加碼的結果。

我知道沒有人的投資目標會拉到一百二十年那麼長，我只是想指出一個重點，那就是**每一次爆發危機，股市都會回升而且漲得更高**。這些危機還包括衰退、燃料危機、兩次世界大戰和兩次疾病疫情。第一次疫情是一九一八年、一九一九年的西班牙流感，這是人類史上最致命的疫情。

過去一百年，股市有八一％時間在上漲

我們再回來談談務實的考量。如果你的目標是準備退休金，那麼投資期間很容易就會拉長到五十年或六十年。知道這一點之後，再回去看一次前面的圖。

你必須接受無可避免的現實，那就是有幾年的時間，你的投資組合價值會大跌。這件事可能會令你很困擾，但好消息是：這不像桌遊蛇梯棋，股市的梯子高得不成比例。雖然會下跌，但是長期下來股市絕對是往上走的。

自一九〇〇年以來，股市有九十七年的時間是往上漲的（八一％時間），只有二十三年是下跌的（一九％）。就連世界級撲克牌玩家的勝率也沒有這麼高！意思就是，你投資的時間愈長，就愈有可能成功。

接著我們來想一想，投資股票務實的報酬率應該是多少。從一九〇〇年以來，澳股創下平均年報酬率一三．二％，經通膨調整後則為七％到八％的報酬率。請以這個做為你比較報酬率的基準，而不是別人宣稱的數字、希望、夢想……和謊言。

面對震盪，拿出信仰

我已連續投資股市三十五年，我的投資組合遭到三次怪物級的金融事件打擊：一九八七年十月的崩盤（股市單日就跌了二五％）、全球金融危機（整體下跌五五％），還有二〇二〇年的新冠肺炎災難（幾週內就重挫三七％）。

在經歷這三次大屠殺後，我現在看股市修正對我的人生造成的影響，就像豹式坦克駕駛看到蟲子撞上擋風玻璃一樣：**一點也不在乎。**

我從一九八七年初就開始投資，就在股市史上最大單日跌幅的前幾個月。你會覺得剛開始投資就遭遇這樣的挫折，我就會打退堂鼓。但並沒有，我的投資眼光是長期的。

那麼我們就來看看幾個數字，以了解股市從那之後的表現，以及我決定繼續留在股市裡為何是正確的決定。我現在要談的是一個非常重要的投資期間：我的期間！

澳股累積指數（All Ordinaries Accumulation Index，現在稱為總報酬指數）在一九八七年一開始是三千九百九十一點，這個指數考量了所有股利再投資。在我撰寫本文時，同一個指數是八萬六千五百零九點。不必去拿計算機了：這是二十一倍的漲幅。我要提醒你一件事，這樣的報酬率還包括了市場經歷以下事件。

- 一個世紀以來最嚴重的疫病，全球各地無一倖免。
- 八十年來全球最嚴重金融危機。
- 史上最大單日跌幅。

如果你曾經歷過「股市震盪」，那就往後大退一步，深呼吸一口氣，然後看一看大局。因為投資股市就是這麼一回事。股市會上漲，會下跌。保持信心，長期下來報酬會很可觀。

第十九章

賠錢比沒賺更痛，所以……

「投資要分散。股票、債券都一樣，分散才能降低風險。」

——約翰·坦伯頓爵士（Sir John Templeton，

英國股票投資者、企業家）

股票虧損，大部分投資人都會覺得痛苦。研究顯示，比起賺錢感到的喜悅，投資人在虧損同樣金額時所感受到的痛苦，會更強烈一倍。

當公司倒閉時，感覺還會更痛苦。這不同於公司經營不善導致股價下跌（發生這種事還是有機會漲回來），倒閉就是永遠的虧損。這筆錢是不可能回來了。公司和你的錢都泡湯了。

那麼，**你該怎麼做才能把潛在的痛苦降到最低呢？把投資分散，到處都投資一點**。就像那句老話說的，別把雞蛋全放在同一個籃子裡。這樣一來任何單一的虧損，就會因為投資組合其他的績效而變得不重要。

然而我也得說，並非所有人都喜歡投資多種類別（例如股票、債券和不動產），或是分散於不同的股票。**雖然多元分散會限制下跌的虧損，但也會減少上漲時的獲利**。如果一檔賺錢的股票只占你投資組合的一小部分，那麼你就可能因為當初沒多買一點而自責不已。

二〇一九年波克夏海瑟威年度股東大會上，蒙格把這件事稱為「多慘化」（diworsification，這並非他發明的用詞，但他承認他很樂意借用這個詞）。蒙格覺得投資人仔細研究並投資於幾檔個股，賺錢的機會將會好得多。分散投資違反了以能力和研究資訊投資的目的。

巴菲特對分散投資有自己的看法。把資產分散在非常多間公司這樣的策略，他描述為「諾亞方舟式」的投資技巧：「不管什麼都買兩個，最後就會變成動物園。」

如果蒙格和巴菲特都這麼覺得，那麼為什麼巴菲特在二〇一三年的波克夏致股東信中寫道：「我對信託人的建議非常簡單。把一〇%的資金放在短期政府公債，九〇%放在非常低成本的標普指數型基金。」巴菲特的分散還真是多元：投資於五百間不同的公司。

巴菲特的建議看似互相衝突，但其實很容易就能看懂。首先，我了解蒙格和巴菲特所說的分散的缺點。你不能投資大盤或投資組合接近大盤，還期望績效能超越大盤。**多元分散雖然安全，但報酬幾乎就是平均值（或接近平均值）**。

然而，巴菲特和蒙格可以這麼說是因為他們都是了不起的投資人。而且如果巴菲特的事業一直都在分散投資，那他現在的身價就不會是這樣了。巴菲特要家人把錢分散投資於大盤指數型基金，也是很穩健的做法。他知道他的家人不具有和他一樣的投資天分。他要家人在他過世後，把錢放在安全的地方。

巴菲特的分散投資建議，也適用於每一個普通投資人。意思就是幾乎所有人。應該還要包括許多專業的基金經理人！

雖然是這麼說，當我聽到本身並不具備任何投資天分，卻把「多慘化」當成負面的用語時，我都會覺得很好笑。而且管理別人錢的主動式基金經理人說得特別大聲。他們不會建議多元化，他們嘲笑這樣的說法，主要是因為他們要客戶支付高額的管理費給他們。

我想請你查看最大聲宣揚的人過去的投資紀錄。我自己就查看過，這種人的績效幾乎乏善可陳。我很意外，任何人都能查得到這些人的績效落後大盤，竟然還有臉敢說這種話。

我給你的建議是，分散投資這件事就像尤利西斯的船桅。所以，請把自己綁在上面。這麼做能保護你不受到宣稱能打敗大盤的冒牌貨引誘。

第二十章

均值回歸：股市真理

「均值回歸是金融市場的鐵律。」

——約翰・柏格

雖然金融的世界經常既模糊又不精確，但還是有一些真理。其中一個就是「專家」所做的預測，通常都是錯的（不論是未來的經濟狀況或是金融市場的走勢）。沒有幾個人了解到，**電視上的經濟學家、CNN的名嘴，或是央行高官所做的一大堆評論，其實都是沒有用的雜音。**所以情況很複雜，畢竟人們信任這些專家的話。

那麼你該怎麼辦？多年前我學到，判斷市場狀況的方式，就是接受一種叫做「均值回歸」的概念。這個概念並非每次都適用，但偶爾會很有用。

除非你的數學很好，否則你大概不會知道均值回歸是什麼。那麼我們就來探究一下這個概念吧。

為了幫助我解釋，請想像一下一個老爺鐘的鐘擺移動。鐘擺開始移動時，請看著它在兩側之間的擺盪。不論擺盪的弧形有多大，鐘擺終究會停下來，然後再盪到另一端，彷彿它想要待在中間垂直的位置。中間就是鐘擺所有位置的「平均值」。

平均值的數學用語叫做「均值」。因為鐘擺總是會回到中線，所以我們可以把這稱為「回歸平均」。當我在判斷情況會往哪個方向發展時，這就是我應用在金融市場的概念。

以利率為例，我對於短期內利率會往哪個方向走，並沒有太強烈的看法。但是**當利率在極低或極高的位置時，我會願意對未來的走向進行長期判斷。**

一九九〇年時我在金融市場工作，當時的隔夜拆款利率[1]是天文數字般的一七・五%。那時我在和一位債券交易員聊天，我對他說：「利率這麼高（按歷史標準來看），所以一段時間後很有可能大幅下降。」他說我嗑嗨了。

出現極端，平均值就不遠了

這個人似乎有點遲鈍。竟然相信未來和現在不會有什麼不同。這種想法很常見。**人們對未來的觀點，通常很大程度會受到當下發生的事影響。**這個人完全無法理解利率可能會從一九九〇年代超高的水準下滑。

利率後來的確下降了。事實上，就是從我說的時候開始下滑。四年後，隔夜拆款利率到了五％左右，並且維持在這個水準將近十二年。那整整十二年期間，我完全不猜測利率會往哪個方向走，因為這已經不是極端的水準了。

後來利率又再次下降。到了二〇二〇年底，（澳洲的）隔夜拆款利率已經達到史上最低點的〇．一％。我認為這時鐘擺是在弧線的另一個極端了。那時我認為利率過低。不意外的，利率在二〇二二年時迅速上升。

我有什麼特別的洞見嗎？並沒有。**我只知道極端的情形不會持續下去。**

1 編按：overnight rate，澳洲和紐西蘭用於銀行利率的術語，指當天起息第二天歸還的銀行同業拆放貸款利率。

我怎麼知道已經達到極端的水準，情形即將反轉？我並不知道。但我看得出來情況偏離歷史正常值太多。我從來無法精準猜中情況反轉的時間，能精準預測的都只是誤打誤撞的好運氣而已。

那麼當市場、大宗商品、貨幣或利率不是極端的狀況時——也就是離長期平均不遠時——你該怎麼做？那時情況就很難說了。可能往任何方向走。意思就是，大部分的時候不適用均值回歸的概念。

極端的問題在於，**當極端情形提供機會時，沒有幾個人有足夠的耐心等待機會來臨。而當機會來臨時，更是沒有幾個人有信心把握機會。**

就連市場專業人士也很難看出這些極端機會的時機。我記得全球金融危機最嚴峻的期間，股市跌了超過五〇％後，到處都出現買進的機會時，一位知名市場評論者在電腦上告訴觀眾，這時進場買股票太危險——投資人最好持有現金。

他的評語幾乎就代表著市場的反轉，股價開始飆漲。一年後，大盤漲了四〇％。諷刺的是，這個傢伙竟然宣稱自己很會把握市場時機！

雖然金融市場並不像老爺鐘的鐘擺那麼容易預測，但你可以**把均值回歸當成判斷的指南。當別人都慌了手腳不知道該怎麼辦時，試著以此做為行為準則。**你可以把這當成另一個尤利西斯的船桅。我會建議你，**當金融界抓狂時，以均值回歸當成船桅，把自己綁在上面。**

左頁表 20-1 是澳洲金融市場長期平均和範圍。這可以幫助你從大局去看當下的經濟和市場情況。

請記住，均值回歸並非一個精確的工具，所以在判斷金融市場情況以做出決策時，這不應該是你唯一的參考工具。但在極端市場狀況下，這的確能幫助你務實看待情況。**當下的情況接近均值時，均值回歸對於判斷未來的情況就沒那麼大的幫助了。**

關於本益比的其他說明

本益比是股票投資人經常用來判斷相對價值的財務比率。通常用在個別企業，計算方式是將公司目前的股價，除以最近公布的每股盈餘。

其概念也可以套用在股市整體。當大盤的本益比超過二十倍，或只有個位數時，通常被視為具有高度均值回歸（按照歷史標準）的特性。長期平均市場本益比大約是在十五倍左右，有些人喜歡用這個數值來抓市場時機（尋找股市的進場點或出場點）。

表 20-1：澳洲金融市場相關的長期平均值與時間範圍

類別	平均／範圍	期間
澳洲央行隔夜拆款利率	從 0.1%到 17.5%	過去 32 年
平均通膨率	4.9%	過去 55 年
平均本益比	16 倍	過去 42 年
平均殖利率	4.1%	過去 42 年
平均年報酬率	13.2%，未經通膨調整並包含股利再投資	過去 122 年

＊本表資料為 2023 年 1 月前

北卡羅萊納州立大學的金融教授傑克・威爾森（Jack Wilson）和查爾斯・瓊斯（Charles Jones），研究了美國自一八七一年以來的大盤本益比。

下表 20-2 摘要他們的發現，顯示**高於平均的年報酬率，通常是在市場本益比過低剛開始的時候。**但是相反的情況就不是那麼明確了；也就是說，低於平均的年報酬率未必是在市場高本益比的時候，這要視計算的期間而定。

表 20-2：自 1871 年以來，經歷過高／過低本益比之後的美股報酬率

期間	大盤本益比 < 10 之後的幾年	大盤本益比 > 20 之後的幾年	所有年份
1 年	16.2%	11.6%	10.2%
3 年	14.8%	9.6%	9.4%
5 年	15.1%	10.3%	9.3%
10 年	14.2%	8.2%	9.1%

第二十一章

從歷史看見「人類常數」

「我只能以過去判斷未來。」

——派翠克·亨利（Patrick Henry，美國開國元勳、政治家）

我們在尋找不變的事——這就像是船桅，讓我們把自己綁在上面，它在充滿隨機性的金融市界裡，提供我們一點點的確定性。而最牢靠、最安全的船桅就是歷史。

歷史可以教我們很多事。但對我來說，**歷史能教我們的主要是人類的行為**。在相同或類似的情況下，我們的行為竟然會如此一致，真是不可思議。

所以在我的第二本拙作《真知灼見：自股市成立以來的投資智慧》中，我花了一整章的篇幅在討論這件事。那一章的名稱是〈人類常數〉（*The Human Constant*）。

為什麼找出反覆發生的人類行為模式這麼重要？因為**人的行為會影響市場的價格**。

讓我告訴你一個故事。一九八七年十月二十日早上，發生了澳洲史上最嚴重的股災。我在墨爾本市柯林斯街三六七號的電梯裡，正要前往信孚銀行的辦公室。電梯裡有一位經驗豐富的股票交易員打破沉默說：「我覺得這是好事。畢竟也該跌了，股價已經高過頭了。」

他指的是幾個小時前，澳洲人一早醒來就聽到「華爾街單日跌幅驚人的高達二三％」。那是美股史上最大單日跌幅，澳股也跟著崩盤。事實上，到了收盤時，澳洲的跌勢比華爾街還大，重挫了二五％。

我還記得當時自己對那段話的反應，但我並沒有說出來，我認為他瘋了。畢竟說實在的，誰會覺得股市崩盤是好事？

你得知道一件事，當年我才二十幾歲，第一次經歷金融恐慌，而且我也有一些錢在股市裡。**雖然幾個世紀以來發生過多次股市崩盤，但這次不一樣：這次發生在我身上！**不過現在我已六十幾歲了。在經歷了四次嚴重的崩盤（一九八七年、二〇〇〇年、二〇〇八年和二〇二〇年）後，我完全能了解電梯裡那個人說這話的意思。

股市崩盤很正常，這種事就是會發生。這就是投資無可避免的事，崩盤並沒有人們說的那麼嚴重。

股市的歷史很豐富且深入。股票交易已經持續了超過四個世紀，有一大群研究歷史的人，已經把每一次重大走勢都記錄了下來。所以有很多歷史資料和過去的經驗可以借鏡。

當我讀歷史時，都會把歷史內化。你也該這麼做。歷史絕對不是沒有用的東西。歷史能幫助我們穩定，就像船錨一樣。你該把自己綁在歷史這個船桅上。

正如美國哲學家喬治・桑塔亞那（George Santayana）說：「不記得過去的人，注定重蹈覆轍。」**忽略歷史教訓，就是年輕人和沒有經驗的投資人破產的原因。**

讀歷史，要想像自己活在其中

因為重大的股市崩盤並不常發生，你讀的歷史廣度應該要長達好幾個世紀，而不只是幾個月、幾年或幾十年。在讀故事時，你要想像生活在那些事件中人們的感受。那是多久以前的事並不重要，過去人們的感受和現在人會有的感受是完全一樣的。

這讓我想起一七二一年《加圖來信》（*Cato's Letters*）中的一句話。《加圖來信》是英國作家約翰・特倫查（John Trenchard）和湯瑪士・戈登（Thomas Gordon）所寫的文集，在一七二〇年到一七二三年間發表。這句話非常適合用來說明我要說的話：

「人類的本質一定非常愚蠢，否則不會一再掉入相同的陷阱上千次。即使他們記得過去的不幸，也會繼續迎合和助長造成這些不幸的原因，而這些原因將再次帶給他們不幸。」

不了解金融史的投資人，很容易就陷入相同的陷阱裡。

接著我們就來看《加圖來信》中一個很好的例子。

一七二〇年的英國正深陷被稱為南海泡沫的金融狂熱中。帶動這股風潮的原因是南海公司。南海公司被授予有限的交易權，可與新世界交易（尤其是南美洲）。關於潛在的交易機會的故事和傳言，把南海公司的股價推得非常高。在一七二〇年八月之前，股價被推升了十倍。

飆升的股價最能吸引大眾注意，人們對這支飆股的興趣也外溢到其他各類股票。金融投機者想像出各種類型的企業，以滿足大眾對股票貪得無厭的胃口。各種奇怪又瘋狂的公司成立，而且名稱也同樣奇怪又瘋狂。

這些虛假、空殼公司被稱為「泡沫公司」，被拋售給容易上當、貪心的大眾。（同樣的情形也發生在網路泡沫、加密貨幣狂潮時：**創造出沒有價值的東西以滿足大眾需求。主要目的通**

常是讓創造那些東西的人變有錢。）

我就不詳細列出那些泡沫公司了，但如果你想了解人們是如何集體喪失理智，那麼你可以讀查爾斯・麥凱的《異常流行幻象與群眾瘋狂》這本經典著作。在所有創造出來欺騙十八世紀投資人的公司中，他形容其中一間可說是鶴立雞群。公司的股票發行說明書寫道：「這是間具有非常大的優勢，但沒有人知道是什麼優勢的公司。」

我記得三十年前讀到麥凱書中這個故事時的反應。我完全不敢相信人們會這麼愚蠢，投資根本不存在的東西。但事實就是這樣，到現在還是一樣。

一九九二年末期網路泡沫高點時，一間叫做 NetJ.com 的公司成立了。這間公司吸引了高達一・一億美元的資金，但公司的上市說明書明明寫著：「公司目前沒有從事任何重大活動，而且在可預見的未來也沒有打算。」大家比較一下這兩個相隔將近三個世紀的上市說明書，這就是**我完全不同情**網路泡沫期間，NetJ 股票投資人的原因。

在上市後的幾個月，NetJ 股價漲了十八倍；早期投資人一定相信自己很聰明。但是推升股價的就只有買方的熱度而已，每天都有更大的傻子進場。

他們以愈來愈高的價格買進這些一文不值的股票。每一個人都向前一位笨蛋手中接過 NetJ 的股票。或是就像亞當・安德森（Adam Anderson，南海公司的前出納員）在幾個世紀前形容的一樣，他說那些買股票的人「把股票拋給比他們更容易上當的人」。安德森的形容就是我們現在說的「最大笨蛋理論」（greater fool theory）。

好吧，不是人人都讀過一七二〇年的南海泡沫。我承認將近三個世紀前的歷史是有點久了。但我敢說網路泡沫的投資人，一定都可以買得到麥凱和其他介紹一七二〇年事件的書。

驚人的是，二十年過去了，到了二〇二〇年，這種事又發生了。

那一年，有個朋友傳訊息給我，附上一個《彭博》（*Bloomberg*）的文章連結，標題是〈二〇二〇年的股市，沒有營收也沒有問題〉（*No Revenue Is No Problem in the 2020 Stock Market*）。

儘管在百年一次的嚴重疫病流行期間，還是有人準備好不計後果的投資。這篇文章描述投資人對一種金融工具的愛好，這種工具稱為「特殊目的收購公司」（special purpose acquisition companies，又稱「空白支票」公司）。這種公司的成立目的是要向好騙而且樂觀的投資人募集資金。他們的錢被保留用於日後要買進的公司。

這種投資無異於兒童派對中的摸彩遊戲：把你口袋裡的錢交出來，就可以伸手進一個黑箱裡，自己抓一個驚喜小玩具。但是以特殊目的收購公司來說，這個驚喜小玩具則是公司，而且這可不是什麼小錢。從二〇二〇年初到二〇二二年中，美國募集了兩千六百億美元的資金，投資於特殊目的收購公司。

我要說清楚一件事。這些人拋出數千億美元，買的是「具有非常大的優勢，但沒有人知道是什麼優勢的公司」。

這些瘋狂的時代——一七二〇年、一九九九年和二〇二一年，全都在同樣的鐘擺位置——每一次都是擺盪到極端。

第二十二章

凱因斯的警告：耐心才能贏得遊戲

「了不起的人不會急就章；他們有無限的耐性。」

——亨利．霍爾（英國銀行家）

尤利西斯被船員綁在船桅上，以防止他把船駛向岩石。但身為一位投資人，在做了一筆投資交易後，請朋友把你綁起來並不是務實的做法。所以現在我要告訴你耐性的美德。

二十世紀最知名的經濟學家凱因斯在他的著作《一般理論》中，把投資人耐性這件事說得很好：

「人性都想要快一點看到結果，人們特別想要快一點賺到錢，而稍後的獲利則會被一般人用很高的比率折算。對於賭性不堅強的人來說，專業投資這場遊戲實在無聊得令人難受；而賭性堅強的人則必須為這種傾向付出適當代價。」

凱因斯在提醒我們，許多投資人沒有耐性，總是想要高額、立即的報酬。這種想法的問題在於，能迅速給予投資人報酬的股票就像流星一樣很稀少、無法預測，而且發光時間很短暫。**擁有這種股票而賺錢，主要是運氣好。**對大部分的人來說，等到這種流星變得明顯時才上車根本沒有用，因為動力已經快要燒完了。

投資並不是一個你能反覆選到獲利之王的遊戲，你可以把這想像成一個防守的比賽。這是一個透過少量增加以累積很多分數，長期下來才會勝利的遊戲。而這需要非常大的耐性。

但是可不是只有我這麼說而已。很多人都說過一樣的話。

我書架上最舊的兩本書是斐波那契的《計算之書》（成書於一二〇二年）和德拉維加的經

典著作《混亂中的混亂》（成書於一六八八年）。顯然這兩本都不是初版，但都是原版重印。我也有很多成書於十九世紀的書，其中有好幾本經常會出現同一個詞，那就是「耐性」。毫無疑問，耐性這種人格特質一直都被認為是投資成功的助力。

十七世紀時，投資人暨作家德拉維加描述了投資時一些必要的性格。沒錯，你猜到了，其中一個就是耐性。他寫道：「想要贏得這場遊戲的人必須有耐性和金錢。」

更有意思的是德拉維加解釋這些特質重要的原因：

「因為股票的價值很不固定，而且傳言也沒有事實根據。懂得如何承受（股價下跌）打擊而不會恐懼的人，就像獅子以吼聲回應雷鳴，不同於因為受到驚嚇而奔逃的母鹿。可以肯定的是，不放棄希望的人能獲勝，並取得開始時想要贏得的資金。由於股市變化無常，許多人會做可笑的事，例如投機客以夢想為指引，有些人則相信預言、幻想和情緒，還有無數的人則相信不存在的事。」

請仔細思考這些話，或甚至是再讀一次。當你讀這些話時，請記住這是一六八八年時寫的，但到了現在還是適用。這是因為這些話在描述人類的行為。正如我在上一章解釋過的，幾個世紀以來這種事一點也沒變。

德拉維加說，有計畫、不偏離計畫，而且不會心癢難耐的人，就會得到最終的報酬。他描述投資人經歷的夢想、預言、幻覺、情緒和不存在的東西，都是必須抗拒的事物，就像尤利西斯抗拒海妖的迷魂曲才不會撞上岩石一樣。他要說的是，投資人必須把自己綁在船桅！

以時間證明耐性

作家馬修・海爾・史密斯（Matthew Hale Smith）於一百五十年前寫道：「能買進並長期持有的人，就能收穫財富。」

亨利・霍爾在逾一百年前說：「急忙、衝動的投資人什麼也得不到。耐性，無限的耐性，是在金融界交易證券主要且能獲得成功的性格，永遠是華爾街最賺錢的美德。」

九十年前，葛拉漢在著作《證券分析》中形容打敗股市的經典方法：「顯然，逆風的想法和行動需要勇氣；還需要耐性以等待機會，而機會可能要等上好幾年才會出現。」

如果你認為現代投資不需要耐性，我們就來看看本書非常熟悉的兩位現代投資人：巴菲特與西蒙斯。

我在第十五章提到過，有人請巴菲特的長女蘇西形容她父親的特質時，她毫不遲疑的回答「正直」和「耐性」。

那麼交易者西蒙斯又如何？你可能會認為耐性不是他的交易風格。他以電腦為主的大獎章基金一天就可能做數十萬次交易，這怎麼會是耐性的表現？

別忘了，西蒙斯一直到四十歲才開始交易證券。在那之前，他曾經嘗試開始投資交易好幾次。此外，西蒙斯一直到五十歲才開始賺到很多錢。他是個有耐性的人，努力很久、很認真，然後才實現成功。

而且，雖然西蒙斯的交易系統速度非常快，但是請想一想，開發出這樣的系統需要花非常多的時間，在成功之前會有無數次的失敗。我得說，西蒙斯和他的團隊在成功前展現了非常大的耐性。

幾年前我接到一位老同學的電話。我們不常聯絡，一旦聯絡上了，我總是很高興和他見面。當時他剛領到母親留給他一筆不小的遺產，我猜他這輩子從沒有這麼多錢。他想請我解決的問題，就是如何處理這筆錢。

通常在這種情況下，我會建議人們去找好的理財規畫人員。但我的老同學是個喜歡親力親為的人。舉個例子來說明：他會用自己砍的木材、在自己的木材廠鋸好，建造自己的房子。他不太可能去找理財規畫師。他只想要問我，他有哪些選項。他不需要明確的指示，他會自己做決定。

在聊了幾個小時後（我們有很多話要聊），我們談到可以把他剛得到的財富投資於手續費低的股票指數型基金。我告訴他，這種投資向來都能創造七％到八％的年報酬率（經通膨調整後），但不是馬上就能得到。這麼做會比他自己選股要來得安全，但是這需要耐性。只要時間夠久，指數型基金會是很棒的複利機器。

但我沒想到的是，在我談論投資績優股時，他想的卻是加密貨幣和大麻股。結果他就把錢投資在這上面。顯然這些東西看來比較有吸引力。我還沒有去找他，問他投資的成果如何。

我想耐性這回事，應該都是與生俱來的……或是生來就沒有的。

第二十三章

本金、利率、時間：投資奇蹟三部曲

「我的財富是生活在美國、擁有好運的基因還有複利的組合。」

——巴菲特

那天我剛結束一場有大群投資人參加的演講，正要走向出口時，我發現有位女士正惡狠狠的盯著我。

我走向門口，她就站在那裡，擋著我的路。

「做這種簡報有什麼用？」她怒吼：「你浪費了我一個小時。你不知道嗎？以我的年紀（她看起來約七十五歲左右），你剛才說的投資策略根本沒有用！」

就在她的怒氣開始平息下來時，一個和她年齡差不多的男士經過，非常開心的對我微笑並豎起大姆指。「很棒的簡報」他說：「我做了你剛才介紹的那些方法。」

我到底說了什麼？是什麼樣的投資策略引來如此兩極的反應？

我簡報的內容是複利，對任何投資人來說都是最強大的武器。

據說當愛因斯坦被問到，他認為人類最了不起的發現是什麼時，他的回答是：「複利。」顯然他還說，複利是世界第八大奇蹟。雖然並沒有證據顯示愛因斯坦真的說過，但這句話仍非常有力。

不過這和其他七大奇蹟不太一樣吧？你知道我在說什麼——吉薩金字塔、羅德島太陽神銅像，或是巴比倫的空中花園……這項奇蹟並不是一個建築物，也絕對不會被列為觀光景點。但我同意那句話，複利和其他奇蹟一樣了不起。那麼我們就來看一看吧，反正進入這個世界奇蹟不用收費。

我年紀很輕時就學到複利。我六年級的教師告訴全班這個概念。但是當你只有十一歲時，你不會把數學課上學到的東西和投資聯想在一起。所以這個概念對我來說完全沒有「世界第八大奇蹟」的魔力，直到我長大之後。

數學能力好的人，看一眼複利的公式就可以想像。那個公式就是……請看：

$$A = P(1+r/n)^{(nt)}$$

其中：

A = 最後的金額

P = 本金（投入的初始資金）

r = 利率（以小數點表示）

n = 每1t複利的次數

t = 時間

我猜你對這個公式無感，對吧？你應該寧可去看金字塔。不過，當愛因斯坦對某個公式感到興奮時，請一定要相信他！我們回來繼續討論，我要解釋一下為什麼這個公式對大部分的人來說，不比 $E = mc^2$ 還有意思。

我要用一個簡單的例子來說明這個公式如何運作。假設你有個銀行帳戶，每年底會給五％

利息。如果你存了一千元在裡面，到了年底就會收到五十元利息。如果你每年都從帳戶中領出這筆利息，那麼十年後你的帳戶裡還是只有一千元，而你總共賺了五百元的利息收入。

把本金和利息加一加，你總共會有一千五百元（但你不太可能會持有這筆錢十年，因為你可能早就把利息花掉了）。

現在我們來想一下，如果你把賺到的利息留在帳戶裡，沒有每年提領出來，你會有多少錢。十年後的年底，你總共會有一千六百二十八．八九元，比原本多了一百二十八元。

那麼，多的錢是哪裡來的？

答案是複利。把第一年的利息五十元留在銀行帳戶裡，而不是年底時把錢領出來，到了第二年，你不只會賺到本金一千元的五％利息（五十元），第一年利息存在銀行裡的五十元還會再賺到五％。到了第三年，除了本金一千元的五％利息，第二年的利息還會再賺到利息，而且第一年的利息所賺到的利息，也還會再賺到一筆利息。

我就不再繼續說下去了，讓這筆錢累積夠久，就會開始產生動能。事實上，有三件事決定最後這筆錢會是多少：

一、**一開始存進複利帳戶的金額**——這筆錢愈多，你最後得到的就愈多。

二、**每一期賺到的利率**——利率愈高，你最後得到的就愈多。

三、**你把錢存多久**——存得愈久，你最後得到的就愈多。

如果你想看看我說的是不是正確的，只要再看一遍我開始這段討論之前提供的公式就好。

公式就是：本金、利率和時間。

現在我們知道複利怎麼運作了，但我不認為你和愛因斯坦一樣興奮。所以，我們再繼續看下去。

我現在要和你分享的是一個很古老的複利例子。很多人用這個來證明時間對複利的作用。事實上，我在我的第一本書《創造真正的財富》中也寫了這個故事。所以我要用自己書中的話，重複我已經寫過的東西。

這是關於紐約曼哈頓島的故事——殖民者如何從「曼納哈塔」（Manna-hata，意為多山的島嶼）的原住民雷納佩人（Lenape）手中買來。一六二六年，新阿姆斯特丹（當時荷蘭殖民者對現今紐約的稱呼）殖民官彼得．米紐特（Peter Minuit）以價值六十荷蘭盾的瑣碎雜物，向當地人「買下」曼哈頓。一六二六年時還沒發行美元，但是一八四六年歷史學家約翰．羅米恩．布洛海德（John Romeyn Brodhead）計算出六十荷蘭盾相當於二十四美元。

據說雷納佩人並沒有土地所有權的觀念，所以他們不知道自己到底同意了什麼東西。但他們還是接受了荷蘭人給他們的珠子和緞帶。用二十四美元買下二十三平方英哩（約六十平方公里）的土地，而且這塊地後來成為全世界最重要的地產。這聽起來似乎很離譜，但是如果你計算一下用二十四美元投資，並將報酬以複利計算後現在的價值，就不會這麼覺得了。

如果雷納佩人沒有接受這些廉價的物品，而是將二十四美元存進荷蘭的銀行，以六．五％這麼低的利率複利，那麼當初的二十四美元，在本金沒有增加的情況下，到了二〇一〇年就會是七千三百六十億美元。到了二〇二〇年，這筆錢就會超過一．四兆美元，每天都會增加二．五五億美元。

我要先確定一下你懂我在說什麼：一兆是一百萬乘以一百萬。而且這個幾乎無法理解的金額，就只是用一筆二十四美元投資，以微薄的六．五％年利率複利所得到的結果。

接著，我們就可以了解為什麼愛因斯坦會這麼興奮了。

這筆金額會這麼大是因為我們把複利公式中的時間加快。畢竟等三百九十四年才把錢從銀行領出來是很長的時間。

那麼複利公式中的另外兩個值呢？分別是最初的本金，以及複利的利率。第一個數字，也就是初始投資的金額非常明顯。如果雷納佩人在一六二六年要求米紐特再多付二十四美元的話，那現在他們就會有二．八兆美元。一開始把金額加倍，等於最後的金額也會加倍。

但是複利的利率就像時間一樣，可能會對最後的結果有更大的影響。這時想要追逐高額報酬的投資人要坐好、注意看。我要再引用自己第一本書中的另一個例子：

你會選擇下列哪個方案？

一：現在就收到一百萬美元，或是二：現在收到〇．〇一美元，後續的三十天，每天都會增加一倍？正確但是反直覺的答案是後者，因為用〇．〇一美元每天複利計算，到了第三十天就會是一千萬美元。即使一開始只有〇．〇一美元，但是每個月增加一倍，三年後也會有六．八七億美元。

相較於雷納佩的故事，在這個例子中，這些金額這麼大的原因和時間的關係比較小。三年對投資人來說是很短的時間，而三十天根本一眨眼就過了。這個例子中主要加速的原因是高報酬率，在複利的公式中就是高利率（r）。

但事實是，沒有人的錢能每個月增加一倍，更不用說每天了。增加一倍表示百分之百的報酬！我用這些極端的例子唯一的原因是你比較可能會記得，複利的力量要視三件事而定：

一、一開始就能投入多少錢就投入，然後慢慢持續加碼。

二、得到你能得到最好的利率，也就是投資報酬率（請記住，別為了高利率就把錢借給不可靠的朋友）。

三、及早投資（年輕就開始）才能讓複利機器盡可能運作很久。

我要說清楚一件事，長時間複利是一部引擎，能讓真正的投資人抵達最終目的地。有關複利的課程結束了，我們就開始給複利公式一個真正可行的數字吧。因為這時候你才會覺得興奮。

我要給你一些作業。因為這是你和你的財務未來，我想你會喜歡的。我要你用澳洲政府提供的複利計算機，網址：moneysmart.gov.au/budgeting/compound-interest-calculator[1]。在以下幾個欄位輸入適當的數字：

一、你開始複利旅程的金額（最初的存款）。

二、你每個月可以存的金額（定期加碼到初始金額）。

三、你想收到的複利率。

四、你想投資幾年。

然後就會出現一張漂亮的圖和最後的金額。

我就幫你假設一下，輸入幾個數字。我用年金保險做為投資工具，假設：

- 你的年金基金已有五萬元。
- 你的雇主必須提撥存入你的退休基金，而且你可以加碼差不多的金額（扣除退休金稅後總計每月八百五十元）。
- 你的資金大部分都投資於股票，所以你預期收到稅後七·五%的年報酬率（這是複利）。
- 你目前三十歲，打算在六十五歲時退休。

輸入這些數字……然後就會出現兩百二十萬澳幣。這可是不少錢。因為我們用的是經通膨調整後的複利率七．五％來計算，以現在的金額來看你未來的購買力，最後的金額兩百二十萬澳幣是很不錯的數字。最後的名目金額（未經通膨調整）很可能會多更多。

關於複利，愛因斯坦他老人家說得真的沒錯！

1 編按：讀者可自行搜尋「複利計算機」，網路上皆有中文版可使用。

第二十四章

十歲小孩打敗理專的方法：ETF

「想要投資成功一輩子，不需要超高的智商、不凡的商業頭腦，或是內線消息。」

——巴菲特

我要提出一個問題。如果你有一個十歲的孩子，你會讓他參加溫布頓網球公開賽還是美國高爾夫公開賽？或者任何一種體育運動錦標賽，那些只有世界精英才能參加的比賽？

這個問題聽起來很瘋狂吧？如果我告訴你，你的十歲小孩很有機會在網球或高爾夫球錦標賽上打敗其他大部分競爭者，你會怎麼想？

我們再更瘋狂一點。如果我告訴你，只要給你家的小天才十分鐘指導，他就可以上網球場或高爾夫球場創造這樣的成果，你覺得如何？

沒錯，這實在是太離譜了。但是在投資的世界裡，提出這種問題一點也不離譜。那是因為**只要給任何十歲孩子十分鐘指導，他的績效就能可靠而且持續超越大部分專業基金經理人。**

記得第九章我談到過SPIVA（標準普爾指數與主動型基金經理人對比）。這個結果顯示，五年的期間，有八〇%主動式基金的績效落後大盤。全世界的結果都差不多。所以，如果可以只投資指數，那麼你就可以教孩子超越大部分專業基金經理人的辦法了。

好消息是，真的有辦法這麼做！有這種不必動腦的基金可以投資。這種基金會把你的錢配置在和指數完全相同的公司，且按照大盤的比重。這些基金複製大盤，並不是要創造超越大盤的績效，而是要和大盤一致。這就表示這些基金可以創造和大盤一樣的報酬率。

應該說，幾乎一樣的報酬率。就連指數型基金也會收取一筆管理費。但是這筆費用比起主動型基金的費用小得多。收費低廉正是指數型基超越主動式管理基金的優勢。

你不必接受和巴菲特、西蒙斯，或任何其他世界精英投資人一樣的訓練，就能賺到財富。

只要投資收費超低的指數型基金，你的績效就有可能超越大部分的專業基金經理人。

還記得巴菲特建議信託人，等他過世後如何處理他家人的錢嗎？就是投資非常低成本的標普指數型基金，巴菲特的導師葛拉漢也是這麼認為的。

葛拉漢過世前兩年，他在一場對退休基金主管所做的演溝中說：「愈來愈多機構可能會發現，他們無法預期股票投資組合能創造優於大盤的績效……有些機構可能會轉為接受與標普五百指數一致的報酬，就是可接受的績效常態。」

別誤會葛拉漢的意思。他不是說不可能超越大盤。他只是說，對大部分的人來說不可能。這表示透過低費用的指數型基金投資股市，是取代主動式管理非常合理的選擇。

ETF使得這個方法變得更簡單，買賣方式和公司股票一樣。透過你的券商買進，你就能投資整個大盤。

而且這個致富的動作，只需要不到十分鐘就能解釋完了！

第二十五章

被動式管理，避免主動式賠錢

「買指數型基金看起來不需要做太多事，卻是最聰明的一件事。」

——查爾斯．施瓦布（Charles Schwab，嘉信理財集團創辦人）

也許你還不太相信，所以我想再多談談指數型基金的好處。

雖然股市已經成立好幾個世紀，而第一個股價指數也在一八八四年就創立了，但人們一直是到最近才想出投資指數這個策略。

這個想法誕生於一九六〇年一月，愛德華・藍蕭（Edward Renshaw）和保羅・菲爾斯汀（Paul Feldstein）在《金融分析師期刊》（*Financial Analysts Journal*）發表一篇報告，標題為〈支持無人管理的投資公司〉（*The Case for an Unmanaged Investment Company*）。

這篇報告提出：

「我們要建議成立一個新的投資機構，稱之為『無人管理投資公司』，換句話說，這間公司致力於追蹤代表性的指數。」

這篇文章提出了一個令人困惑的問題：為什麼到現在還沒有出現無人管理投資公司？

被動式基金管理產業的發展，主要和一個人有關：約翰・柏格。雖然柏格並非第一個想出指數型基金的人，也不是第一個創造這種基金的人，但他比任何人更不遺餘力推廣和發展這個概念。

一九五一年四月，柏格當時是二十一歲的普林斯頓大學生，他提交了一份認真研究的評估論文。標題是〈投資公司的經濟角色〉（*The Economic Role of the Investment Company*）。有一句話出現在他的論文前半部，清楚描述支撐著柏格一生執著的指數投資好處：「基金無法超越大盤。」

一九七五年，柏格成立先鋒領航集團（The Vanguard Group），隔年創辦了先鋒五百指數型基金。這是第一個開放給散戶的被動式投資基金。

這時指數投資開始受到重視。一九七五年，格林威治聯營董事合夥人艾利斯撰寫的文章，刊登在《金融分析師期刊》的七／八月號，標題是〈必輸的遊戲〉（*The Loser's Game*）這也是一篇早期否定主動式管理基金的文章。

艾利斯認為，主動式管理想要超越大盤的績效是在浪費時間。這並非全新的想法。但是發表在期刊裡，而且讀者幾乎全都是主動式基金經理人，這個爭議就很大了。

他說道，**主動式管理所實現的報酬，大部分都是隨機事件的結果。**績效超越大盤是運氣好。績效落後大盤是運氣不好。他在文章裡寫的是：「投資管理業的基本信念是：專業的經理人會打敗大盤。這個前提看來是錯的。」

艾利斯運氣好，金融分析師都是守法的人，沒有人雇用殺手找上門。在他寫了這篇文章四十七年後，他還活得好好的。

而且不只是艾利斯和柏格在攪亂一池春水。一九六〇年代和一九七〇年代發表了非常多的學術研究，全都支持他們的看法。學術界重量級人士尤金．法馬和保羅．薩繆森就是其中之一；他們的研究發現認為，**大部分選股者做的事簡直和賭數字輪盤沒兩樣。**

柏格的遺贈——先鋒五百

柏格已經於二〇一九年過世，但他身後留下了一個永恆的事業。不同於那些自肥的基金經理人，柏格比基金管理史上任何人都更盡力幫助投資大眾受惠。

柏格成立的先鋒集團是共同基金。也就是說，投資人就是老闆。先鋒沒有想賺錢想瘋了的老闆先撈一筆，所以能維持收取超低的管理費。追蹤指數也表示，付給主動式管理基金，雇用一大群投資分析師的錢也比較少。費用較低就代表投資人能領到更多錢。

不意外的，先鋒後來成為全球最大的共同基金公司，在我撰寫這章時，先鋒管理的資產高達七・五兆美元。

我必須承認，自己剛聽到指數型基金時的反應，就和剛發現瓶裝水一樣。打開水龍頭就有水了，為什麼要買瓶裝水？

我同樣也質疑，明明就可以得到超越大盤的績效，自己為什麼要接受指數型基金（平均）的報酬？

我現在明白，當初的反應是因為無知。對，我當時並不知道所有的資料。正如心理學家康納曼說的，我的情況是一種思考捷徑：「你認為所有看到的就是全貌」。

所以，請從我的無知中學到教訓。接受研究結果，而不是主動式基金經理人的自肥言論。

巴菲特的賭注

我要告訴你一個很傳奇的故事，是世界上最厲害的選股者，打敗一群主動式基金經理人的故事。沒錯，你猜對了，這個選股者就是指數型基金！

二〇〇八年一月，巴菲特做了一件他通常連想都不會想做的事。他下了一個賭注。我說的不是賭賽馬、賽狗或撲克牌；也不是刮刮樂。巴菲特的賭注是，沒有任何一個投資專家可以挑選至少五檔避險基金（高收費主動式基金），打敗被動式指數型基金（先鋒五百指數型基金）的十年期績效。

巴菲特認為指數型基金的績效會最好，他向任何願意接受賭注的人挑戰。賭金總計一百萬美元（巴菲特以及和他對賭的人各五十萬美元），投資十年。

當巴菲特拋出這個挑戰時，他說應該會有很多專業人士和他對賭，畢竟事關他們的名聲。正如巴菲特所言：「這些基金經理人要別人在他們身上押注數十億美元。所以為什麼不敢把自己的錢拿出來賭？」

結果，他們還真的不敢！主動式基金經理人都保持沉默，顯然沉默是保住名譽的辦法。

然後……有一位經理人接下這個挑戰。泰德・賽德斯（Ted Seides）是避險基金門徒合夥（Protégé Partners）的經理人，只有他接下這個賭注。

賽德斯選擇了五檔「組合型基金」迎戰。這五檔組合型基金投資，超過一百檔其他專業基金經理人的基金（按照賭注條件，不能揭露這些組合型基金名稱）。這是大衛與巨人之戰，一群穿著條紋西裝、自視甚高的人，對決一檔簡單的被動式指數型基金。

但是巴菲特相當有信心，他知道自己的勝算比較高。因為巴菲特選擇的基金管理費非常低，而以獲利為中心的對手則收取相當高的費用。

那麼最後這十年的結果如何？巴菲特不只贏了賭注，而且還痛宰對手。巴菲特的勝算高到十年結果還沒公布，門徒基金就舉白旗投降了。

最後巴菲特的賭金加倍。門徒基金的策略在這段期間則創造二四％報酬率。年化後的報酬率只有微薄二．二％。（這不是把二四％除以十年，而是正確計算複利後的結果。）

我們再進一步剖析這個結果，門徒所選擇的基金，沒有一個績效超越巴菲特信任的大盤。十年期一到，巴菲特就把勝利者高額的支票，交給一個奧瑪哈當地的慈善組織。

不過，巴菲特也並非總是贏得賭注。二〇〇一年他在佛羅里達州一場慈善高爾夫球賽中，擔任老虎．伍茲（Tiger Woods）的桿弟。打到第十八洞時，伍茲向巴菲特提出挑戰。

伍茲說，就算他跪著打一洞，也可以打敗巴菲特。

巴菲特同意了，他借了一枝球桿然後揮桿把球打出球座。伍茲跪在地上，把球打出球道兩百五十碼外。巴菲特第二球打進水裡。伍茲的第二球還是一樣跪在地上打，然後球掉到了果嶺。

在搭飛機回家時，巴菲特的好戰友蒙格問他和伍茲比賽的結果如何。

巴菲特回答：「我在第十八洞時讓他跪了下來。」

為什麼基金經理人還是有錢賺？

我非常喜歡一句諺語。我多年來一直用這句話，解釋那些一開始不是很明顯的事。幾年前我告訴一個朋友，他說從那以後這句話幫助他了解很多事。**當你不清楚人們為什麼有某些行事作風，你可以先找出金錢的流向。事情通常就會變得非常明顯了。**我稱之為「大M原則」。

接著我們就把這個原則套用在本節提出的問題：「證據放在眼前，為什麼基金經理人還是繼續管理基金？」這是因為他們忽略證據，所以能賺進很多錢。

主動式管理的基金經理人馬上就會說，有利於被動式投資的證據是錯的。我忍不住想到法國哲學家笛卡兒（René Descartes）四個世紀前說過的話：「人類無法理解任何會影響自己收入的論點。」

我們針對這個已經確定的事再談最後一個論點。假設有個天真爛漫、剛拿到金融學位的新鮮人得到管理基金的工作。這是個聰明人，應該已經知道研究顯示他的基金績效超越大盤的機會非常低。那麼他可能會想些什麼事呢？

只有兩件事：盲目的樂觀，還有他第一張薪水支票的金額。

第二十六章

別讓管理費偷走獲利

「成本的小差異，造就重大的報酬。」

——約翰・柏格

我有個好朋友，我們會定期閒聊理財類的話題。他在這個產業工作，所以我們閒聊時經常會使用各種理財的術語。我們都知道彼此在說什麼。

我記得幾年前有一次接到他的電話，他對《華爾街日報》（*The Wall Street Journal*）刊登的一篇文章非常興奮。文章內容是關於一位名叫史帝芬・艾德蒙森（Steve Edmundson）的基金經理人。史帝芬是總部位於美國內華達雇員退休基金（Employees' Retirement System of Nevada）的投資部門主管。文章刊登時，這個基金管理的資金為三百五十億美元。

你可能會以為史帝芬需要一大群人來幫忙管理這麼多錢。舉個例子來說明：我知道某個澳洲產業基金管理了差不多金額的基金，而且雇用超過兩百五十人。值得說明的是，產業基金總是告訴我們，他們的收費低廉對會員來說是一大福祉，而員工人數少在任何組織中應該就相當於成本低廉。所以，以這個標準來看，兩百五十名員工應該就是史帝芬管理他的美國基金，所需要的最少員工數。

事實並非如此。根據那篇文章，史帝芬沒有同事。他幾乎不開會，而且午餐經常是吃前一天的剩菜。

我再重複一遍：**史帝芬沒有同事。他是一人投資團隊！**這表示他不需要浪費時間開會、不需要監督經濟和投資分析師、沒有非必要的出差（沒有差旅費），也不會產生沒有意義的內部報告需要他進一步研究。

史帝芬的桌上連股票報價的終端機也沒有，他也不浪費時間看「消費者新聞與商業頻道」

（CNBC）。事實上，**他根本完全不看經濟新聞，他認為這不過是沒有用的噪音。但是他的基金績效卻非常卓越。**

舉個例子來說明：他的一年、三年、五年和十年報酬率，全都超越美國最大的公共退休基金：加州公務員退休基金。

那麼為什麼史帝芬認為雇用一大群員工是浪費錢呢？這和他的投資策略有關。基本上，這個策略就是盡可能無為而治，通常這表示……什麼也不做。

這件事是真的，因為我的澳洲朋友聯絡史帝芬有關採訪的事，所以問他何時有空可以通電話或是視訊。

史帝芬馬上回電子郵件說：「樂意之至。我這星期和下星期都有空。」

他這麼閒，令人忍不住想要問，為什麼史帝芬的績效比其他基金經理人——那些雇用數百位分析師、經濟學家和辦事員的基金經理人——還要好得多？

那是因為管理他的基金所花費的成本很低。成本低代表他向會員的收費低。其他條件相同的情況下，低收費就會帶來更高的投資報酬。

史帝芬的辦公室只有他一個人，因為他知道絕大多數理財分析師就像小倉鼠在輪子上原地跑，試圖創造超越大盤的績效。他知道如果把人力分成兩組就會有這樣的效果：其中一組人挖洞，另一組人再把洞填滿。

史帝芬研讀過所有的經濟研究，並發現為客戶創造吸引人的投資報酬最佳的方式就是：

- 不要試著創造超越大盤的績效。
- 把管理成本維持得非常、非常低。

史帝芬非常堅持這麼做，他甚至把自己的私生活成本降到最低。在那篇文章刊登出來時，他開的是十一年老本田汽車，哩程數累積了十七萬五千英哩。他的午餐會在辦公桌前吃前一天的剩菜而不是每天花錢買，因為他認為這樣一年可以省下好幾千元澳幣。

好吧，降低成本說到這裡就夠了。史帝芬到底投資了什麼？他把所有的錢投資於模仿大盤的低成本基金。而至於調整投資組合，他可能一年只做一次更動。

就像我一直說的，你也可以投資於追蹤大盤的低成本指數型基金，也就是ＥＴＦ。

接著我要來談談幾個數字，以說明管理費的影響。

假設你二十五歲開始透過退休基金儲蓄；再假設你每年存兩萬七千五百澳幣（稅前）一直到退休（六十五歲）。我知道隨著時間過去，你能存進去的錢會更多，但是這只是舉例，我們就維持簡單就好。

假設扣除費用前的報酬率，經通膨調整後是七．五％（這是股市標準的歷史長期報酬），我們來比較一下，到你退休時可能會有多少錢。

如果你投資的是費用低廉的基金（假設年管理費是〇．一％），那麼根據這些假設，當你六十五歲退休時就會有五百一十八萬澳幣（經通膨調整後的現值）。

接著我們再來看看，如果你把錢投資在扣除費用前績效相同，但是管理費卻高達一・五%的基金（很多基金收的費用比這個還要高），你最後會拿到多少錢。當你六十五歲退休後會領到三百六十二萬澳幣。

請注意，這兩個情況只有一個不同點，那就是管理費。投資高收費的基金，你就等於是放棄了一百五十六萬元，你本來可以拿到這麼多錢！這根本是暗地裡偷走你的錢，因為你根本不會看到錢的流向，這表示你永遠不會發現自己的錢被拿走了。

最後，我要告訴你一則最近看到的報導：一個針對五千四百九十四檔澳洲基金十年期績效的研究發現，八一%基金績效落後大盤二・二一%，而且他們還收取一・七九%的管理費。

這就是明證，與大盤一致的績效扣除高額的費用後，得到的就是低於標準的績效。

我要再說一遍。投資人剛開始投資時，沒有可靠的方法以選擇有能力，或選股技術好的基金經理人。但是投資人可以選擇維持低管理費，這就是投資人最強大的武器，可以獲得不錯的報酬。

以下是主動式與被動式管理的資訊摘要：

- 主動式管理（由專業基金經理人執行）的目標是創造超越大盤的投資報酬。
- 被動式管理的目標只是創造與大盤一致的報酬率（費用低廉）。

- 主動式管理基金的經理人，大多無法創造超越大盤的績效。
- 主動式管理基金的經理人創造的報酬率，每個人都不一樣，但是沒有辦法事先判斷哪些經理人能超越大盤。
- 顯示過去投資績效的績效排名，無法用來預測未來的績效。
- 如果你想要讓專業人士來投資，那麼理性的投資選擇不是在主動和被動管理之間，而是選擇管理費低廉，不選擇管理費高昂的基金。
- SPIVA（標準普爾指數與主動型基金對比）研究顯示，投資超低管理費、追蹤大盤的基金，可以提高你賺到不錯報酬的機率；而投資高管理費、主動式投資的基金，會提高報酬率不理想的機率。

第二十七章

長期收益靠農場，不是賭場

「他們（商業家）的興趣不是買賣股票，而是股利保障的收入。」

——德拉維加

二十多年前，一對夫妻請我幫他們安排投資組合中的股票。他們已到退休年齡，並希望投資組合在之後的歲月能持續提供他們收入。這是很正確的想法。在經過詳談後，他們選擇了高品質、高收益的不動產投資信託（REITs）。這是一種受管理的信託結構，裡面是商用不動產的投資組合。

投資高品質的 REITs，你就是不動產的部分業主，而這個不動產會給你可靠、長期的租金收入流。此外，這些不動產有專業人士管理，這表示你只需要坐著看租金定期匯入銀行帳戶就好了。

我為他們提供的協助有一個很重要的前提：因為這些 REITs 在股票交易所掛牌交易，所以我知道這些價格也會有類似上市股票的波動（上漲和下跌）。就算投資標的是不動產，但是只要股市震盪，REITs 的市價也會跟著波動。

我建議那對夫妻，不要去管短期的價格波動，應該專注於不動產、房客的品質，還有定期和可靠的租金分配。我請他們記住，**提供他們未來收入的是租金收益流，不是波動不停的股價。**我甚至要他們保證，不會定期查看投資市價的波動。

結果發生了什麼事？他們買了 REITs 後就定期查看價格，有時候一天會查看好幾次。然後就我開始接到他們打電話來抱怨 REITs 的價格情況。

接著全球金融危機爆發，所有股票都重挫，REITs 也不能倖免。所以他們就更常打電話來。最後（不是我）決定把整個不動產投資信託投資組合變現，把錢存在銀行裡。

不用說，他們賣了 REITs 之後，價格又強勢回漲。此外，他們的銀行存款領到的利息，比 REITs 支付的租金分配還要少得多。

這是誤解造成的遺憾故事，也許我要負很大一部分的責任；我不該認為只要請他們忽視價格波動，就能減輕憂慮。

也許在相同的情況下，你也會緊張的做出同樣的反應。但我希望不會。

接下來我要解釋一下，我自己如何忽視股價的波動。

別管波動，只看收入

我把股票的投資組合當成永遠的資金庫。我會一直加碼這個資金庫，但很少賣出。我把這個資金庫視為增加資產的收入來源——我不需要工作就能領到收益的來源（又稱為「被動式投資收益」）。

我不去管股票的代號和波動的股價，而是想像在我所擁有的公司工作的那些人。我想像他們每天通勤上下班、每天工作、開車、賣出、打字、補貨和設計。然後我再想像他們打卡下班回家。

我是他們的老闆，他們為我工作。股票對我來說就是這樣。當我開始這麼想，我就開始比較重視公司的長期生產績效，比較不重視股價的波動。

我要盡可能強調一點：**你要想的是股票分配給你的收入，而不是股價的波動**，這樣你晚上才能睡得安穩。

這令我想起另一件事，所以我要暫時轉移話題。我每年都要繳很高額的稅，我並沒有因此感到不滿。我住在很棒的國家。但我的確偶爾會對家人開玩笑說，我繳的稅足以養好幾個家庭——靠退休金和社會福利的家庭。接著我會笑著說，去年聖誕節這些家庭都沒寄卡片來給我。

我不想指責別人，但自己卻做一樣的事。所以，如果你在澳洲上市公司工作，我想要向你說聲謝謝。我是認真的。謝謝你辛勤工作以造福我和我的家人。

賭博才會讓你完全虧損

今天早上（我撰寫本章時）我在報上讀到一句話令我心情不適。那是一個假裝是投資建議的專欄文章。那句話是：「關於投資最重要的一句箴言是，絕對不要把你不能虧損的東西拿去投資。」

我可以從很多方面反駁那句話，但我只想專注在一件事情上。這份報紙的建議比較適合賭博，而不是投資。常常有太多人把投資和賭博混為一談，這兩者不應該搞混。那個建議所隱含的意思是，投資人可能會使自己虧掉所有的錢。**如果你的投資方法很不謹慎，導致你可能虧損所有的錢，那麼我建議你完全不要投資。**

投資永遠不應該像是去賭場一樣。相反的，你應該**把投資當成是打造財務農場（投資組合）的過程，最終會為你帶來豐厚的財務收穫。**

我不是第一個提出這個建議的人。猶太商人、投資人德拉維加在一六八八年寫道：

「財務大亨和大資本家每年都會享受股票配發的股利，這些可能是他們繼承自祖上或是用自己的錢買的股票。他們在乎的不是股價波動，因為他們的利益並不在於賣出股票，而是透過股利得到的收入保障。」

德拉維加說**財務大亨看待他們的投資組合，就像農人看待農場一樣。**農人幾乎不會賣出他們的農地或是買進新的農地。他們也不會根據下星期的天氣預測，來決定要不要買新的農場，或是賣出他們手中已有的土地。

想像一下，一位老農夫抬頭看著天空，然後心想：嗯，看起來這星期不會下雨，我最好趁農地市場重挫前趕快把農地賣掉。這位老農夫也不會每天查看農作物或牲畜的價格好幾次。但是股票市場的人們卻會這麼做。他們會被不斷變化中的經濟新聞和波動中的股價影響。

農地、不動產、公司，這些全都是能帶來收入的長期資產。必須以相同的觀點來看待。

打造財務農場

在我漫長的事業生涯裡，我打造了自己的財務農場。三十五年來，我花的錢一直少於賺的錢，並且每個月將剩下的錢用來投資。長期下來，這些投資變成了可觀的投資組合，當投資組合成長，就會產生愈來愈多被動收入（股利和租金）。我用這筆收入來做更多投資。不同收入來源的結合，代表幾年下來我的財務農場成長得愈來愈快。

我們再以老農夫的比喻來說明。我還在工作時，一英畝一英畝的慢慢買下財務農場。最後我的大農場占地好幾英畝。現在我不再工作了，我的農場大到足以支付我和家人的需要。

每年我的財務農場都會有收成（也就是股利）讓我花用。以後我要花的錢全都來自每年的收成，不需要賣掉農場。但事實是，因為我已經累積了一個很大的農場，所以我還是在存錢。雖然我不再工作了，但很幸運的是農場還會繼續變大！

股市崩盤時怎麼辦？

農民可能面臨旱災、森林大火、水災和蟲害。農作物收成可能有時候大豐收，有時候歉收。

此外，農民賣出農作物的價格每年都不一樣。

就算是這樣，農場也還是存在。所以你的股票投資也應該是這樣。

我知道如果投資組合沒有大到能讓一個人只靠股利就能生活，那麼每年就需要賣掉一部分的投資組合，才能餵飽家人。我也明白在股市崩盤時賣股票是最糟的時候。為了因應這種情況，我們隨時都應該要有至少一年生活開銷的現金。

人們誇大了股市崩盤的嚴重性。在崩盤時，股利從來不會像股價那樣跌得那麼慘。重點是，說到你的股票投資組合，我要你像小說《李伯大夢》（*Rip Van Winkle*）裡的主角一樣，把時間花在睡覺，不要一直查看你的股價。

農場應該要多大？

很少人會問一個重要的問題：我身為投資人要達到的目標是什麼？你的目標可能是要賺很多錢。但是相信我，投資並非只是賺很多錢。投資還有助於其他方面的成功。

所以，我建議你以更廣的角度來看待成功，而不只是財務上。除了用數字來形容，我也喜歡用情緒的觀點來解釋投資這件事。

博學的德國人亞伯特．史懷哲（Albert Schweitzer）是少數了解到真諦的人，他說成功並非幸福的關鍵；幸福才是成功的關鍵。延伸這樣的想法到投資上，就表示**投資成功不應該定義為累積了無限的金錢；應該定義為累積「足夠」的金錢**。你的財務農場規模應該要足夠大——足以讓你做真正重要的事。

足以讓你有時間陪伴朋友和家人；讓你擺脫財務壓力的桎梏；讓你不必再做自己不想做的工作。

我總是覺得，關於金錢，首先而且最重要的就是必須深植於哲學、情緒和社會議題。這些很重要，非常非常重要。

蘇格蘭經濟學家兼哲學家亞當·斯密（Adam Smith）說的一句話，很適合在這段討論中提出來。他在將近三個世紀前在《道德情操論》（*The Theory of Moral Sentiments*）中提問：「世界上這麼多的痛苦和辛勞，目的為何？貪婪與野心、追求財富與權利及名望的目標為何？」

投資顧問林哈特·斯提恩（Linhart Stearns）提供了一個簡短，但的確適合用來形容投資的答案：「投資的目的應該是平靜。」

平靜？是的，我懂。平靜、詳和、幸福、滿足。

在第三部結束前，我要承認一件事：我刻意忽略一個很值得討論的主題。事實上，大部分認真的投資人會說，在討論船桅（以及把你綁在船桅上）時，這是最明顯該討論的主題。

這個主題就是價值，或者應該說，是內在價值。

關於內在價值……

許多經驗豐富的投資人會認為「內在價值代表重要的基本面」，或是把它當成錨，衡量市場價格的波動。

我會這麼說是因為，有自信能確認一檔個股內在價值（而非市場價值）的高手投資人，就能忽略所有的市場雜訊、價格震盪，還有股市常見但思慮不周的評論。對有本事的投資人來說，內在價值是混亂世界中的基石。

但是我在第三部分卻完全沒提到！為什麼？

就是我在第八章中談過的所有原因。

因為要計算出有意義的內在價值，需要絕佳的能力和花費的心力，這些都超過大部分投資人的能力太多了。我不去談是因為我想要給你真正可以用的船桅。而計算內在價值基本上並非你能用的方式。

接著，我們就要進入本書最重要的部分了。

第4部

尤利西斯之約

第二十八章

抵達目的地前，請待在船上

「投資是將資產配置給有策略且能執行的人去處理，而不是給沒有策略或不會執行的人。」

——威廉・伯恩斯坦（William Bernstein，美國金融理論家）

我把最好的留到最後。這不只是最後一章，也是最重要的一章。其實這是我寫本書的主要原因。這一章的核心內容是理財心法，是我花了四十年才得到的覺悟。

我學習的速度很慢，一直到最近才想通投資這場遊戲的規則。我了解到對任何人來說，投資成功可以是個非常簡單的過程。

雖然花了這麼久才得到這個結論，但我並不因此覺得覺得丟臉——首先，因為有許多事除非自己想通了，否則你找不到；第二，那些備受敬重的前輩也花了很多時間才了解。偉大的葛拉漢在過世前曾說：「我在華爾街的經歷將近五十年，我發現自己愈來愈不了解股市會有什麼發展，但我愈來愈知道投資人該怎麼做；而這是很重要的心態轉變。」

晨星研究服務（Morningstar Research Services）的彼得・迪特雷沙（Peter Di Teresa）說：「投資人通常要花很多時間才會夠成熟，以了解投資有多簡單。」那麼這個簡單的東西，背後有什麼特別的祕密嗎？

了不起的投資人、先鋒基金集團創辦人柏格的答案很簡潔有力，他寫道：「最後，投資的祕訣就是，沒有祕訣。」

這個建議並沒有那麼隱晦。簡單來說就是，**愈早停止尋找不存在的黃金愈好。**

大部分的人以為，要成為成功的投資人需要某種特殊技能。但這個假設是被誤導了。雖然假的專家製造了很多雜音、術語、看似困難的事、沒有用的評論和沒有根據的判斷，但事實上投資應該是非常簡單的。你只需要應用幾個基本原則，並且堅持下去就好。

首先要了解的就是，**成為成功的投資人最重要的並不是智力。重要的是個人特質，那就是要有紀律、一致性以及耐性。**

請把這個牢記在心中：紀律、一致、耐性。

面對現實，大部分的人一開始至少缺乏其中一個特質。好消息是，如果你是這樣的人也沒有關係。只要有正確的計畫，你也可以克服這些人性的弱點。**這個計畫要以堅持不懈為基礎，徹底執行理財的尤利西斯之約——讓尤利西斯之約來做最困難的工作。**

在數位時代立下尤利西斯之約其實很簡單，讓理財計畫自動執行就好——儲蓄、投資、複利。不需要干預太多，就好像有一群看不見的員工在為你打造理財農場一樣。**投資計畫中自己執行的部分愈多，就愈容易被金融市場上那些令你心癢難耐、與投資不相關的事誘惑。**

這個計畫非常簡單，遵循波克夏海瑟威公司副總裁蒙格所提出的建議，你就能辦到：「很多人問我實現財務安全，或是為退休儲蓄且絕對不會出錯的方法……答案是量入為出；永遠保持儲蓄；把錢存進遞延所得稅帳戶中。長期下來就會累積出成果。簡單到不用思考。」

我們來摘要蒙格簡單的計畫：

一、量入為出。

二、永遠保持儲蓄。

三、存進遞延所得稅帳戶。

第三點代表把你的投資放在最低稅率的情況下，複利的速度會更快。對一般澳洲勞工來說，就是退休基金。

對你以及對幾乎所有人來說，這個辦法非常好。我知道這聽起來很不吸引人，但是**投資本來就不該是誘人的事。你只需要投入，然後不要偏離軌道就好。**你終究會到達目的地。請相信我，對大部分的人來說，那個**目的地才是少數真正吸引人的事。**

但我覺得諷刺的是，對大部分人來說，誘惑就藏在避免誘惑之中。

知道終點，投資才會合理

討論儲蓄和投資雖然是好事，但你需要有計畫。美國棒球員尤吉．貝拉（Yogi Berra）曾說過一句話：「如果你不知道自己要去哪裡，你就要小心了，因為你最後可能到不了。」

重點是必須**先知道自己為什麼要投資**、目的地看起來是什麼樣子，以及你要如何抵達目的地，**投資才會合理**。

針對這段討論，我們先來假設你投資是為了未來的退休計畫。那麼，你需要累積多少錢才能得到財務保障？需要多少時間來累積這筆錢？

我們首先來談談你需要多少錢。澳大利亞退休基金協會（The Association of Superannuation Funds of Australia，ASFA）定期公布這方面的最新數字[1]。截至二〇二二年六月為止，澳退協會認為一對擁有自己房屋（沒有房貸）的退休夫妻，至少需要年收入六萬六千七百二十五澳幣[2]才能輕鬆生活。澳洲退休基金消費者協會（Super Consumers Australia）的數字更高；他們認為一年要七萬三千澳幣才夠用。

你自己的目標可能不一樣，也許你需要更多錢。也許你想要每年去歐洲度假六週、每三年買一輛新車。或者也許你用更少的錢，就能過很舒服的生活。你不喜歡旅行、自己養雞、在後院裡種蔬菜。如果是這樣，那麼退休基金可能就夠了。

舉個例子來說明，我要說一下我的祖父羅夫的故事。在我二十幾歲時羅夫過世了，他教了我很多人生的道理。他並不是對我說教，而是我透過觀察他如何過生活學到的。

羅夫似乎是個非常快樂的人，我最感興趣的是他幸福的來源。重要的是人際關係，大家都愛他。當他進入屋裡，整個氣氛都變得很愉快。

他擁有的東西並不多，名下從來沒有房子或車子，都是搭乘公共運輸。他和我祖母婚後都一直住在同一間租來的房子裡。他沒有興趣買一些別人很想要的小東西。

1 編按：二〇二三年國泰世華銀行發布「臺灣全民財務健康關鍵報告」，調查發現民眾認為至少要準備新臺幣一千四百三十一萬元才能於六十歲退休，退休後每個月生活費約需五萬元。

2 編按：約新臺幣一百四十萬元；澳幣與新臺幣約為一：二〇．九一。

顯然他的財務需求幾乎是零。羅夫從來沒打造財務農場，但是他其實也不需要。他的人生可以用我在第一章引述哲學家梭羅的那句話來形容：「花最少錢就能得到快樂的人，就是最富有的人。」

表面上看來，有些人可能會覺得羅夫很窮。但我了解他，我認為他非常富有。這就顯示了人們對財務需求的程度有多不一樣。

那麼你認為自己需要多少收入？只有你能回答這個問題。回答了這個問題，就決定了你需要打造多大的財務農場才能實現。每年需要的收穫愈多，你要實現這個目標的財務農場就愈大。

年金制度：強制的尤利西斯之約

澳洲政府透過強制雇主提撥年金的制度[3]，為數以百萬計的澳洲人規畫並啟動了數百萬筆財務的尤利西斯之約。退休年金是一筆儲蓄和投資規畫，對勞工來說，這是會自動執行的規畫。但這不是萬靈丹。退休金制度有很多潛在的漏洞，使人們沒有得到保障。例如：

- 自雇者並未強制儲蓄退休金。
- 低收入或臨時工比較不可能存到足夠的金額。

- 離開職場一段相當長的時間後，許多人領到的雇主支付額很少。
- 在財務困難時，政府改變規則並允許人們領出部分退休金。未屆退休年齡就把錢領出來，最後的餘額可能會減少很多。

重要的是，每個人都要關心自己退休金的設立以及執行。請仔細閱讀退休基金寄給你的執行說明書，看看基金的產品說明。這會告訴你那些錢如何投資、費用如何收取。如果你看不懂，要勇於找人解釋給你聽。選擇費用低廉而且長期報酬很好（股票比重高）的基金，通常就能得到最佳的長期報酬。

財務農場的五道難題

你需要回答以下五個問題，以開始建立自己的財務農場：

3 編按：目前中華民國勞動基準法規定：雇主每個月應該替勞工提繳工資總額六％退休金；勞工自己也可以按月提繳一％～六％。讀者可上勞工保險局網站查詢及試算。

一、從現在到你想要投資組合支付生活開銷這段期間，還需要工作多少年？
二、在那之後，你認為自己可以不工作幾年？
三、你不工作時需要多少年收入？
四、你在工作時，一年可以存多少錢而不覺得拮据？
五、等你退休後，你想要只靠每年的收穫過生活嗎？或者，為了滿足你的財務需求，你準備每年逐漸賣出一些財務農場？

顯然很難對這些問題提出精確的答案。但是如果你不試著找出答案，那麼你就無法規畫。我們就來舉個例子，假設有個名叫約翰的勞工，讓他幫你找出答案。

一、從現在到你想要投資組合支付生活開銷這段期間，還需要工作多少年？

約翰三十五歲，預計還要再工作三十年。所以他還有三十年的時間可以打造財務農場。

二、在那之後，你認為自己可以不工作幾年？

顯然約翰不知道第二個問題精確的答案。但他是樂觀的人，所以他認為退休後應該還可以再活個三十五年才會壽終正寢。

三、你不工作時需要多少年收入？

對約翰來說，一年八萬澳幣的收入聽起來是個不錯的數字。畢竟他想要每年都好好度個假，直到他的健康不允許為止。

四、你在工作時，一年可以存多少錢而不覺得拮据？

約翰的銀行帳戶目前是空的，他的退休金餘額也接近零（新冠肺炎期間，政府允許他提領出兩萬澳幣，他把這筆錢拿來買車）。

他幾乎沒有存款，但他知道新的雇主會幫他提撥退休基金。以他年收入的一二％來計算，相當於一年一萬零八百美元（約翰的新工作年薪是九萬澳幣）。支付了一五％的退休金稅後，他一年實際存下了九千一百八十澳幣。但是這樣夠嗎？

他把這個數字輸入澳洲政府網站提供的複利計算機，複利訂為七％（稅後），結果計算出最後的金額略高於八十六萬七千澳幣。

約翰知道八十六萬七千澳幣的農場不夠大，所以他必須更主動。他現在計算出一筆預算，檢視一年的所有支出，然後計算如果刪減部分支出，以現在的收入可以存下多少錢。他計算自己的稅前所得可以無痛儲蓄一萬澳幣。現在約翰請老闆幫他把一萬澳幣存進退休金帳戶裡（又稱為「提撥金額」）。

總而言之，約翰更堅持他的理財尤利西斯之約。第一部分已經完成了，那就是他的政府強制退休金方案，但他每年都再加碼一萬澳幣。有了這筆額外的錢由雇主自動撥入退休金帳戶（所以約翰不能動用這筆錢），把它花掉的誘惑就解除了。約翰非常堅持他的尤利西斯之約！

約翰現在每年都提撥兩萬零八百澳幣（扣掉退休金提撥稅後為一萬七千六百八十澳幣）到退休金帳戶裡。為了了解新的尤利西斯之約能給他多少錢，他把這個金額輸入剛才那個網址的計算機中，並計算出一百六十七萬澳幣。

約翰深深吸了一口氣，然後檢查這個數字。沒錯，他會成為百萬富翁。但是這筆錢足夠他生活三十年嗎？

答案是，足夠。其實我們幾乎可以確定，實際上最後這筆錢會多更多。那是因為他以七％的複利計算，而且是經通膨調整後的複利率；所以這計算了物價上漲的部分。換句話說，用經通膨調整後的複利率，表示一百六十七萬澳幣這個最後的金額，其實是以現值來表達未來的購買力。

五、等你退休後，你想要只靠每年的收穫過生活嗎？

約翰一百六十七萬澳幣的農場，足以提供他想要的每年八萬澳幣收入嗎？

我們來假設，約翰的投資組合有很大的比重放在配發股利的股票。雖然殖利率每年都不一樣，但稅後通常都是四％，而免稅的部分則略低於六％。好消息是，稅務政策沒有改變，所以當約翰接近六十五歲並打算開始提領退休金時，他的投資所得將會是免稅的。

約翰打算在退休後持有的現金比例比現在略高一點。這樣會使他的投資組合整體報酬降低一點。所以他用更保守的五．五%的年報酬率，來計算等到他退休階段時可能的收入。約翰現在預估，他退休後的年收入如下：

1,670,000 × 0.055 = 91,850

約翰開了一瓶香檳。如果他繼續堅持這個方案，那麼就算他活到一百一十歲也不會把錢花完。而且還會有很多錢可以留給子孫！

但是，如果約翰在工作的那些年沒有每個月提撥薪資呢？如果他只靠雇主提撥到退休金戶呢？同樣的，複利計算機計算出他最後的金額會是八十六．七萬澳幣。所以他計算退休後每個月的收入如下：

867,000 × 0.055 = 47,685

這顯然比約翰希望的八萬元還要少很多。要達到八萬元的目標，他有兩個選擇：他必須更努力執行每個月提撥薪資一萬元，否則退休後每個月都必須賣出一部分的農場，才能彌補收入不足的部分。

所以，我們就來看看第二個選擇。我們假設約翰在六十五歲退休，退休金帳戶的雇主提撥金額累積八十六．七萬。約翰把八十六．七萬輸入退休金計算機（每年提領八萬）。糟了！他的退休基金會在十五年內就花完。雖然這個未來還很遙遠，但他已經感覺到財務困境的痛苦了。約翰必須堅持第一個選項（提撥薪資），不然就是退休後過著較清苦的生活。

好，舉例完畢。你可以自己輸入數字玩玩看。

我必須告訴你，在前面的例子中我沒有加入澳洲社會福利聯絡中心（Centrelink）支付的金額。在我撰寫這章時，澳洲政府會從低退休基金餘額補助低收入戶。政府是透過退休金來補助的。雖然可能一直都是如此，但如果約翰和我三十五歲時一樣，那他就會擔心政府的政策未來幾十年可能改變。還是靠自己比較安全。

理財規畫師，重點在管理費

我要談一談理財規畫師的角色。他們是受過訓練以協助開發個人投資計畫的人。如果你對自己理財沒有信心，我會建議你尋求他們的協助。

但我得先提醒你一件事：有些理財規畫師會收取高額費用。這個費用可能完全來自服務費

（例如你付給醫師或律師的錢），但是也可能按照他們管理你的資金金額來收費（有時高達管理資金的一％）。

所以，我建議你要求對方給你完整的費用說明，然後再決定要不要使用他們的服務。

還有，詢問規畫師建議你投資的基金所收取的管理費；規畫師的費用和基金管理費是兩筆分開的支出，必須加在一起才能知道你的投資組合被收取了多少費用。

如果總金額是一．五％左右，但你的基金在扣除費用前只能創造五％報酬率，那麼你等於是付出潛在獲利的三〇％（1.5 ÷ 5 = 0.3）！這可是很大的一筆錢。

為投資帶來結果的是「紀律」

現在我要分享我自己的投資旅程。

我還記得這一切開始的那天晚上。大約是三十年前，我坐在書房裡把數字輸入 Excel 的試算表裡。聽起來很像數學家吧？雖然感覺起來不像是在家度過有趣的夜晚，但是那個試算表真的引起我很大的注意。

我才剛讀完傑諾米．席格爾（Jeremy Siegel）的《長線獲利之道：散戶投資正典》（*Stocks For The Long Run*）。書中提供了我一直在尋找的重要問題的解答。

這本書告訴我美股的長期複利平均年報酬率是一〇%（經通膨調整後為七%）。你可以保守估計澳股的長期報酬率也是這個數字。使用這個經通膨調整後的平均報酬率很重要，因為這給了我試算表複利公式所缺少的資料。現在我可以大概知道自己未來的財務方向了。

沒有什麼是確定的，但我現在可以計算我的股票投資組合未來十年、二十年、三十年和四十年可能的價值。

我花的錢一直比賺的錢還要少，所以我計算每個月能存的錢，並且投入長期股票投資。我的計畫包括盡可能提撥最高金額到退休金帳戶；儲蓄餘額可以投資在我的公司。

然後我把數字輸入試算表……結果答案出來了。

不，不可能吧，應該有哪裡不太對。多了一個零。

所以我再次檢查所有的數字，然後得到同樣的答案。

我的天啊。愛因斯坦說得對——複利真的是世界第八大奇蹟！

我就不說出我計算出來的數字了。但我要強調的是紀律，這比巴菲特式的投資智慧還更重要，這讓我抵達我的目的地。

記住：**紀律能創造你要的投資成果。投資的時候，完全不需要什麼花俏的東西。**

從那天晚上到現在已經過了三十年。我花了整整三十年遵守我的尤利西斯合約。這並不困難，事實上非常簡單。而且我都沒有為此犧牲我的生活。

我每個月會存入一筆固定的金額，每個月都會投資股市。我忽視這三十年來市場所有的漲跌起伏。我沒有脫離計畫。

最後的結果是，我超越了原先預期的目標——也就是三十年前我的試算表計算出的數字。

簽下你的尤利西斯之約

那麼現在呢？我已經六十五歲了，我如何管理我的財務農場？答案是它會管理自己。

我家人的非住宅資產大約超過一半都是由基金管理，其中大部分是費用很低的ＥＴＦ。我知道選股要花費多大的心力，所以我的選股生涯已經結束了。

我只有不到二〇％的資產是在多年前買的優質上市公司股票。這些股票真是寶，為我創造的股利比我當年付出的錢還要多。我可能會把這留給我的孩子。另外還有二〇％非住宅資產，是出租用的商用辦公室不動產。

現在這些由我女兒負責管理。雖然是個很不錯的投資，但如果重來一次，我就不會買這些資產。我會選擇投資 REITs 而不是實體不動產。

剩下的一〇％是現金。畢竟我必須為下次股市重挫做好準備。

而我的生活呢？我現在做的是我真正喜歡的事……例如寫這本書！

最後我要提供十點摘要，希望能給你本書最精華的資訊：

一、弄清楚你現在的狀況、想要的目標，以及需要固定儲蓄和投資多少，才能抵達目的地。
二、建立一個固定自動轉帳制度，將新的儲蓄加入現有且正在增加中的投資資金庫。
三、除非你是選股天才，否則請投資低成本、投資大盤的指數型基金（假設你的投資期限很長）。
四、別聽親朋好友的投資建議。你的鄰居、小舅子、叔伯或好朋友根本不了解。
五、不要去聽內心的恐懼和貪婪。
六、別管所有經濟和金融預測。
七、別試著預測時機。
八、別被最新的投資狂潮誘惑。
九、別殺進殺出。
十、要有耐心。

最後，請簽下不可反悔的尤利西斯之約。

好了，現在你準備好了。祝你有一趟安全且成功的投資之旅！

附錄一 指數型基金

投資澳股的指數型基金有很多[1]，其中最知名的是追蹤兩大股票指數的基金，分別是標普澳股兩百和標普澳股三百。前者包含澳股中最大的約兩百間公司（依市值計算），後者則包含三百間。

當指數型基金剛成立時，投資人可以把錢直接交給成立基金的公司，然後公司會發行投資人的基金單位。你現在還是可以這樣投資，但現在有更簡單而且便宜的選擇，那就是ＥＴＦ。ＥＴＦ在股票市場中交易，而且交易方式和股市中掛牌的個股完全一樣。

1 編按：臺灣則有元大台灣五十（0050）、富邦台五十（006208）等。

該投資哪一檔指數型基金？

全世界有數千檔ETF，其中有幾百檔不同的ETF在澳洲證交所交易。不是所有的ETF都是以指數投資為主，但大部分受歡迎的ETF都會模仿大盤。

在決定要買哪些ETF時，你需要想一想ETF的規模和收取的費用。較大型的基金比較可能繼續營運，這表示你的錢就會持續投資於這些基金（而不會因為停止營運而把錢退還給你）。較大型的基金也比較可能收取較低的管理費。

如需按類別分類ETF的清單，請上澳洲證交所網站[2]：asx.com.au/products/etf/managed-funds-etp-product-list.htm。

附錄二
上市投資公司

為了幫助你了解上市投資公司（listed investment companies，LIC）是什麼，我們要把「上市投資公司」這個詞拆解成兩個部分。

首先，「上市」就是指在股票市場報價和交易。就像澳洲股市交易的兩千七百多間上市公司的股票一樣。

第二，稱為「投資公司」是因為這些是為股東所成立的公司投資工具。

那麼「上市投資公司」都投資些什麼？它們投資於股市中交易的其他公司（例如沃爾伍斯〔WOW〕、澳洲電信〔TLS〕、必和必拓〔BHP〕等）。

上市投資公司都是受管理的基金。「受管理」的意思是，管理基金的人目標是要超越大盤（例如澳洲綜合指數或澳股兩百指數）。所以他們會試著創造優於指數型基金的績效（指數型

2 編按：讀者可參考臺灣證券交易所的ETF上市清單：https://www.twse.com.tw/pcversion/zh/ETF/list。

基金的績效則與大盤一致）。

我寫「試著」是因為並非每次都能超越大盤。舉例來說，澳洲最大、歷史最久、最知名的上市投資公司，澳大利亞基礎投資公司（Australian Foundation Investment Company），過去三年和十年來只稍微超越澳股指數，而且過去一年和五年還略為落後大盤。

不論是選擇ETF或上市投資公司，管理費都是最主要的考量。你要選擇的是管理費低的那一個。其他條件相同的情況下，管理費低能創造更好的投資績效；**放進基金經理人口袋裡的錢愈少，放進你口袋裡的錢就愈多。**因為複利報酬放大的倍數，所以低管理費非常重要。

對上市投資公司的需求很高時，股價就會高於公司持有的投資組合資產價值。這通常會導致溢價（又稱為「淨有形資產溢價」，或「NTA溢價」）。

需求低的時候，上市投資公司的股價就會比持有的資產價值還低。這稱為「NTA折價」。這種時候投資人就可以用較低的價格買進。用折價五％的價格買進上市投資公司的股票，就像是用〇．九五元買到一元。

那麼，要如何判斷上市投資公司的價格是溢價還是折價？上市投資公司會定期計算並公布這項資訊。可以從他們的網站或是查看他們對澳股交易所公布的資訊。稅前或稅後折價、溢價的資訊都會公布。稅前NTA比較重要，因為稅後的數字是假設基金的股份全部賣出變現後的價值（但這幾乎不可能發生）。

取得上市公司的其他資訊

大原則是，最好只搜尋大型上市投資公司的資訊。大型公司的管理費用通常較低，而且未來比較可能繼續經營（澳大利亞基礎投資公司從一九二八年就開始管理資金）。

每一間上市投資公司的網站都提供很多實用的資訊。所以你可以上網了解你的資金該如何投資。你也可以看他們各自的產品資訊（網站上都找得到）。如果你有任何問題，請尋求專業人士建議。

附錄三
不動產投資信託

不動產投資信託（REITs）是信託結構，聚集許多投資人的資金然後買下大筆的不動產。投資人是眾多單位的持有人，擁有整個不動產投資組合中的一小部分。上市的 REITs 單位在股票交易所買賣。

共有約五十種不同的 REITs 在澳洲股市進行交易。如果你想看完整的清單，請上澳股交易所的網站。也可以上網搜尋「ASX REIT list」，以尋找更詳細的資訊。

大部分的 REITs 交易的是商用不動產，但有些提供住宅不動產的投資。通常提供的是次級不動產。所以有些 REITs 擁有大量的辦公室、購物中心，以及工業用不動產的投資組合。有些則持有夜店或農地的投資組合。還有一些則分散持有不同類別的不動產。

投資 REITs 比直接擁有不動產更好的優點

以下是六個我喜歡 REITs 的原因：

一、買賣都更容易。你只需要在電腦前花幾分鐘，不需要好幾個星期、幾個月做不動產交易（而且不需要不動產仲介）。只要股市開盤，就會有很多有意願的買賣雙方在交易。
二、資產受到完善管理。所以沒有煩人的電話來告訴你，屋頂漏水了或是熱水系統壞掉了。
三、因為你的投資分散在大量的不動產，所以不必忍受惡房客之苦（反正不是你去處理）。
四、你投資房產的出租收益會直接存入帳戶。
五、REITs 所擁有的房產品質，通常都比你自己直接買進的還要好。
六、租期通常比較長。

這些聽起來都很棒，但你無法逃避一個事實，那就是你還是得自己做研究。
以下是投資 REITs 時需要注意的事：

一、檢查 REITs 所擁有的不動產品質，以及他們出租的房客對象。你可以從最新的年報找到這項資訊。政府部門和穩健的績優股公司都是理想的房客。

二、查看加權平均出租到期年期（weighted average lease expiry，WALE）。這個數字愈長愈好（比起直接擁有出租住宅較短期的租約，這種比較有利。）

三、確認你在研究的 REITs 沒有使用很高的負債來融資不動產投資組合。為了財務安全，請確保收到的租金以及他們支付給你的利息，兩者之間有很大的緩衝空間。

參考書目

Bogle, JC, Bogle on Mutual Funds: *New perspectives for the intelligent investor, Dell Publishing,* New York, 1994.

id., Enough: *True measures of money, business, and life*, John Wiley & Sons, Hoboken (NJ), 2009.

id., 'The economic role of the investment company', Princeton University Senior Theses, 1951.

Buffett, W, 'Chairman's Letter', *Berkshire Hathaway Inc.'s 1997 Annual Report*, 27 February 1998, berkshirehathaway.com/letters/1997.html.

id., 'Chairman's Letter', Berkshire Hathaway Inc.'s 2000 Annual Report, 28 February 2001, berkshirehathaway.com/2000ar/2000letter.html.

Clews, H, Fifty Years in Wall Street, Irving Publishing Company, New York, 1908.

Cooper, AC, Woo, CY & Dunkelberg, WC, 'Entrepreneurs' perceived chances for success', Journal of Business Venturing, vol. 3, no. 2, 1988, pp. 97–108.

Cutler, DM, Poterba, JM & Summers, LH, What Moves Stock Prices?, National Bureau of Economic Research, Cambridge, MA, 1988.

Duke, A, Thinking in Bets: Making smarter decisions when you don't have all the facts, Portfolio, New York, 2018.

Ellis, CD, 'The loser's game', Financial Analysts Journal, vol. 31, no. 4, 1975, pp. 19–26.

Fama, EF & French, KR, 'Luck versus skill in the cross-section of mutual fund returns', The Journal of Finance, vol. 65, no. 5, 2010, pp. 1915–1947.

Fridson, MS (ed.), Extraordinary Popular Delusions and the Madness of Crowds, by Charles Mackay & Confusion de Confusiones, by Joseph de la Vega, John Wiley & Sons, New York, 1995.

Galbraith, JK, A Short History of Financial Euphoria, Penguin Books,New York, 1994.

id., The Great Crash, 1929, Houghton Mifflin, Boston, 1955.

Gardner, D, Future Babble: Why expert predictions fail – and why we believe them anyway, Scribe Publications, Melbourne, 2011.

Goldberg, LR, 'Man versus model of man: a rationale, plus some evidence, for a method of improving on clinical inferences',Psychological Bulletin, vol. 73, no. 6, 1970, pp. 422–432.

Graham, B, The Intelligent Investor, 4th edn, Harper & Row, New York, 1973.

Graham, B & Dodd, DL, Security Analysis, Whittlesey House, McGraw-Hill Book Co., New York, 1934.

Hall, H, How Money is Made in Security Investments, 6th ed., The DeVinne Press, New York, 1916.

Hillstrom, K & Hillstrom, LC, The Industrial Revolution in America: Automobiles, ABC-CLIO, 2006.

Hirst, FW, The Stock Exchange: A short study of investment and speculation, H. Holt & Co., New York, 1911.

Homer, The Odyssey, trans. EV Rieu, Penguin Books, Baltimore, 1970. Hughes, R, The Fatal Shore, Knopf, New York, 1986.

Jordon, S, The Oracle & Omaha: How Warren Buffett and his hometown shaped each other, Omaha World-Herald Company, Omaha (NE), 2013.

Kahneman, D, Thinking, Fast and Slow, Farrar, Straus & Giroux, New York, 2011.

Kahneman, D & Tversky, A, 'On the psychology of prediction', Psychological Review, vol. 80, no. 4, 1973, pp. 237–251.

Kelly, FC, Why You Win or Lose: The psychology of speculation, Houghton Mifflin, Boston & New York, 1930.

Kemp, M, Creating Real Wealth: The four dimensions of wealth creation, IQ Investing, Melbourne, 2010.

Keynes, JM, The General Theory of Employment, Interest and Money, Macmillan, London, 1936.

Marks, H, 'The route to performance', letter, 12 October 1990, oaktreecapital.com/docs/default-source/memos/1990-10-12-the-route-to-performance.pdf.

Meehl, PE, Clinical Versus Statistical Prediction: A theoretical analysis and a review of the evidence, University of Minnesota Press, Minneapolis, 1954.

Mischel, W & Ebbesen, EB, 'Attention in delay of gratification', Journal of Personality and Social Psychology, vol. 16, no. 2, 1970, pp. 329–337.

Mischel, W, Ebbesen, EB & Raskoff Zeiss, A, 'Cognitive and attentional mechanisms in delay of gratification', Journal of Personality and Social Psychology, vol. 21, no. 2, 1972, pp. 204–218.

Moggridge, D (ed.), The Collected Writings of John Maynard Keynes, vol. 12, Macmillan, London, 1971.

Plato, Phaedrus, trans. A Nehamas & P Woodruff, Hackett, Indianapolis, 1995.

Plato, Republic, trans. A Bloom, Basic Books, New York, 1968.

Prelec, D & Loewenstein, G, 'The red and the black: mental accounting of savings and debt', Marketing Science, vol. 17, no. 1, 1998, pp. 4–28.

Renshaw, EF & Feldstein, PJ, 'The case for an unmanaged investment company', Financial Analysts Journal, vol. 16, no. 1, 1960, pp. 43–46.

Roberts, HV, 'Stock-market "patterns" and financial analysis: methodological suggestions', The Journal of Finance, vol. 14, no. 1, 1959, pp. 1–10.

Rozeff, MS & Kinney, W, 'Capital market seasonality: the case of stock returns', Journal of Financial Economics, vol. 3, no. 4, 1976, pp. 379–402.

S&P Global, 'SPIVA | S&P Dow Jones Indices', accessed 25 November 2022, spglobal.com/spdji/en/research-insights/spiva/.

Selden, GC, Psychology of the Stock Market, Ticker, New York, 1912.

Shiller, RJ, 'Investor behaviour in the October 1987 stock market crash: survey evidence', National Bureau of Economic Research working paper series, no. 2466, 1987, pp. 32–33.

Smith, A (pseud. of G Goodman), The Money Game, Random House, 1968.

Smith, A, The Theory of Moral Sentiments, printed for A. Millar, and A. Kincaid and J. Bell, Edinburgh, 1968.

Smith, EL, Common Stocks as Long Term Investments, Macmillan, New York, 1924.

Smith, MH, Twenty Years Among the Bulls and Bears of Wall Street, J. B. Burr & Company, Hartford (CT), 1870.

Taleb, NN, Fooled by Randomness: The hidden role of chance in life and in the markets, Random House, New York, 2005.

Tetlock, P, Expert Political Judgment: How good is it? How can we know?, Princeton University Press, Princeton (NJ), 2005.

Wilson, JW & Jones, CP, 'An analysis of the S&P 500 Index and Cowles's Extensions: price indexes and stock returns, 1870 –1999', The Journal of Business, vol. 75, no. 3, 2002, pp. 505–533.

Working, H, 'A random-difference series for use in the analysis of time series', Journal of the American Statistical Association, vol. 29, no. 185, 1934, pp. 11–24.

Young, A, A Six Months Tour Through the North of England: Containing, an account of the present state of agriculture, manufactures and population, in several counties of this kingdom, W. Strahan, 1770.

國家圖書館出版品預行編目（CIP）資料

尤利西斯之約：玩當沖、做波段、選飆股……害你賠錢的「股市迷魂曲」，不聽就能打敗 80% 投資人／麥可．坎普（Michael Kemp）著；呂佩憶譯 . -- 初版 . -- 新北市：方舟文化，遠足文化事業股份有限公司，2024.03
416 面；17×23 公分
譯　自：The Ulysses Contract: How to never worry about the share market again
ISBN 978-626-7291-99-3（平裝）

1.CST：股票投資 2.CST：投資技術 3.CST：投資分析

563.53　　113000387

方舟文化官方網站　方舟文化讀者回函

致富方舟 0011

尤利西斯之約

玩當沖、做波段、選飆股……害你賠錢的「股市迷魂曲」，
不聽就能打敗 80% 投資人

The Ulysses Contract

作者　麥可．坎普（Michael Kemp）｜**譯者**　呂佩憶｜**封面設計**　萬勝安｜**內頁設計**　陳相蓉｜**副主編**　張祐唐｜**行銷主任**　許文薰｜**總編輯**　林淑雯｜**出版者**　方舟文化／遠足文化事業股份有限公司｜**發行**　遠足文化事業股份有限公司（讀書共和國出版集團）　231 新北市新店區民權路 108-2 號 9 樓　電話：（02）2218-1417　傳真：（02）8667-1851　劃撥帳號：19504465　戶名：遠足文化事業股份有限公司　客服專線：0800-221-029　E-MAIL：service@bookrep.com.tw ｜**網站**　www.bookrep.com.tw ｜**印製**　沈氏藝術印刷股份有限公司　電話：（02）8954-1275 ｜**法律顧問**　華洋法律事務所　蘇文生律師｜**定價**　480 元｜初版一刷
2024 年 03 月